电子商务赢家宝典系列图书

网店推广赢家宝典

主编　王耀成　刘仰华　李高敏

内容提要

本书结合作者多年的网店推广实战经验和常用的推广工具，按照店铺推广的实际操作流程，从免费推广、收费推广和特色推广三方面入手，全面、系统地介绍了利用常用推广工具对淘宝店铺进行推广的实用知识和技巧，以帮助读者有效地推广自己的网店。本书共分 13 章，主要内容涵盖：网店推广概述、淘宝 SEO 揭秘、SEO 的本质是客户体验、老客户口碑推广、用好站内其他免费流量、精准的直通车推广、省力的淘宝客推广、钻石展位、有效的促销、多维度的站外推广、无线端推广、用推广打造爆款的秘笈、从零进化到淘品牌的解决方案。

本书可作为大中专院校电子商务相关专业的教材，也可供培训机构以及想要学习网店推广的卖家和爱好者使用。

图书在版编目（CIP）数据

网店推广赢家宝典 / 王耀成，刘仰华，李高敏主编
. -- 上海 ：上海交通大学出版社，2016（2023 重印）
ISBN 978-7-313-14523-9

Ⅰ. ①网… Ⅱ. ①王… ②刘… ③李… Ⅲ. ①电子商务－商业经营 Ⅳ. ①F713.36

中国版本图书馆 CIP 数据核字(2016)第 026710 号

网店推广赢家宝典

WANGDIAN TUIGUANG YINGJIA BAODIAN

主　　编：王耀成　刘仰华　李高敏
出版发行：上海交通大学出版社
地　　址：上海市番禺路 951 号
邮政编码：200030
电　　话：021-64071208
印　　制：北京京华铭诚工贸有限公司
经　　销：全国新华书店
开　　本：787mm×1092mm　1/16
印　　张：12.5
字　　数：281 千字
版　　次：2016 年 6 月第 1 版
印　　次：2023 年 5 月第 10 次印刷
书　　号：ISBN 978-7-313-14523-9
定　　价：45.00 元

前言

在开网店的9年时间里，遇到过很多人向我咨询如何开网店。然而在最近的两年中，来咨询的人有了明显的变化。首先是人群跨度更大了，不仅有在校大学生和年轻创业者，甚至还有农民、退休老人，他们都来咨询有关开网店的问题；其次是问题更集中了，以前都是各种宽泛问题，现在则集中到了“怎么才能获得更多的流量”上面。

这些变化反映了两个问题：第一，开网店创业的观念已经渗透到更多的人群当中，大家普遍都认识到网店在创业中的重要性；第二，需求更深入了，从最初的“怎么开网店”，变成了“如何开好网店”，意识到“流量”的重要性。

鉴于这些变化，作者精心编写了这本《网店推广赢家宝典》。本书主要以网店的推广为主题，紧紧围绕开网店过程中“如何让更多的人看到我的网店”这一核心进行讲解。

与以往推广理念不同的是，本书除了讲推广本身，还增加了“产品促进推广”这一在长期实践中得出的结论，并讲述“产品”与“推广”二者之间的内在联系，避免了因盲目推广而给产品排名带来的“负作用”。

本书特色

- **实战：**书中每章都以淘宝网中的实际店铺为例，做到“一章配一店”“一店讲一法”。这些店铺都是有着多年经营经验，经历过淘宝的各种风雨变迁而仍能生存下来的典型店铺，各自有着不同的推广实战经验与技巧。
- **全面：**本书几乎讲解了网店的所有推广知识，包括站内与站外，免费与付费，电脑端与手机端，短线操作与长线优化等多个方面。
- **图解：**本书独家制作了关于各种推广方法的图解，或以时间顺序，或以逻辑顺序，可使读者一目了然地看到每种推广方法的理论知识及应用效果。
- **技巧：**在进行推广的过程中，除了基本的操作，还会不可避免地遇到某种难点。针对这些难点，本书在每章最后列举了各种应对的技巧，确保读者在推广过程中能够快速上手、不走弯路。

本书主要内容

本书主要讲解了网店的推广方法与技巧，共 13 章，具体内容如下：

- 第 1 章为推广简介，介绍了网店推广的现状及常用工具。
- 第 2～5 章介绍站内的免费推广，包括淘宝网站内的搜索排名优化、老客户口碑推广及其他免费流量的使用。
- 第 6～9 章介绍站内的收费推广，包括直通车、淘宝客和钻石展位等促销推广工具的使用方法与技巧。
- 第 10～12 章介绍特色推广，包括在特定时期用到的特定推广方法，分别为站外推广、无线端推广和用推广打造爆款。
- 第 13 章总结所有推广方法，并将推广方法和一个网店不同的发展时期连接在一起，讲解网店从零进化到淘品牌的解决方案。

本书内容全部来自实践，方法明确，由简入繁，落地性强，是一本真正从基础到进阶的网店推广实用教程，不仅适合新手开网店使用，对于开店多年的卖家，亦可从本书一窥推广奥妙并搜罗技巧。

为学习贯彻党的二十大精神，提升课程铸魂育人效果，本书专门在扉页“教• 学资源”二维码中设计了相应栏目，以引导学生践行社会主义核心价值观，涵养学生奋斗精神、敬业精神、奉献精神、创新精神、工匠精神、法制精神、绿色环保意识等。

最后，感谢书中提到的每家实战店铺提供的后台数据及经验心得，同时感谢设计师李米对书中绘图的大力支持。由于编者水平有限，书中难免存在疏漏和不足之处，敬请广大读者及同仁批评指正。

本书配有精美的教学课件等，读者可以登录文旌综合教育平台“文旌课堂”（www.wenjingketang.com）下载。此外，如果读者在学习过程中有什么疑问，可以发送邮件至 502040000@qq.com，或添加作者微信号“xiaotiezhuge”进行交流。

本书编委会

主　编　王耀成　刘仰华　李高敏

副主编　许智科　叶　敏　王　瑾

戴国良　王　净　郭　蓉

第1章 月入过万不是梦——网店推广概述

随着网上购物的日益流行，淘宝店铺的数量也在迅速增长。但在当前的“流量天花板”现状下，想要从众多店铺中脱颖而出，网店推广必不可少。通过推广，可以让更多的人看到自己的网店，让网店获得更多的流量，从而促进成交，实现商品销量和搜索排名的提升，最终为卖家赚取丰厚的利润。

第2章 网店流量疯涨的秘密——淘宝SEO揭秘

淘宝网中的商品种类繁多，如何在买家搜索结果中成功展示自己的商品，是所有卖家关注的焦点。为此，卖家需要了解淘宝搜索排名所遵循的原则，以及影响搜索排名的因素。在此基础上，可以对店铺及商品做出优化（即SEO），在短时间内促进网店流量的增长。

第 3 章 不变应万变——SEO 的本质是客户体验

在对网店进行过见效快的 SEO 短线优化后，还可以进行 SEO 长线优化，从而获得长期稳定的良好发展。SEO 的本质是客户体验，因此在长线优化的过程中，需要紧紧围绕着客户体验来操作，这样可以在"小而美"的淘宝策略下，使自己的店铺一直保持优势。

第 4 章 推广裂变从这里起步——老客户口碑推广

随着网购人群增长速度的逐渐变缓，引入新流量的成本越来越高。另外，在现实生活中，人们更愿意参考朋友或已成交买家的意见。因此，卖家应尽可能发挥店铺老客户的作用，尤其是重复消费较高的店铺，维护老客户是其重要发展方向。

第 5 章　生财有道——用好站内其他免费流量

淘宝网力求打造一个丰富的购物生态圈，因此除了关键词搜索外，还提供了多样化的入口（如类目查找、店铺搜索、首页导航、友情链接等）来满足不同人群的需求。尽管这些入口的流量偏小，但挖掘这些免费流量的做法竞争性小、可行性大，也可以在一定程度上促进店铺的发展。

第 6 章　花小钱赚大钱——精准的直通车推广

挖掘完所有免费流量后，卖家还可以使用淘宝网提供的收费推广工具对店铺进行推广。其中，直通车是最精准的付费引流工具。通过精准的直通车推广，可以带动自然搜索排名的提升，从而在自然搜索带来的流量中获得盈利。

第 7 章　花得越多赚得越多——省力的淘宝客推广

卖家个人进行网店推广的力量毕竟有限，因此可以寻求他人的帮助共同进行推广。在淘宝网中，活跃着一批为卖家推广商品并赚取佣金的人，称为淘宝客。卖家可以通过雇佣淘宝客来推广商品，由此而引来的流量可能会超过直通车甚至自然搜索引来的流量，从而为店铺带来可观的利润。

第 8 章　让网店财源滚滚来——钻石展位

买家进入淘宝网首页后，可以看到一块较大的图片展示区域，这就是最具代表性的钻展位置。图片可以带来较强的视觉冲击，精美、有质感的图片能够吸引买家的注意，激起买家浏览店铺的兴趣。因此，卖家可以使用钻展，依靠图片的创意来吸引买家点击，从而获取更多的流量，促进成交。

第 9 章　钱和人气一起赚——有效的促销

很多买家在搜索商品时会设定价格区间，因为对买家来说，价格往往是很敏感的因素。为此，淘宝网设立了各种各样的促销方法（如满就送、限时打折、搭配套餐等），卖家可以通过这些促销方法来吸引买家，以获得更多的自然流量，最终促进点击与成交。

第 10 章 巧用一切资源赚钱——多维度的站外推广

买家不仅活跃在淘宝网，在自媒体、论坛、聊天工具等网络平台中，每一个活跃的用户都可能是潜在的买家。因此，卖家需要在除淘宝网以外的任何一个网络平台进行店铺推广，以获得更多的站外流量，利用一切资源来获取利润。

第 11 章 新的黄金起点——无线端推广

在科技日益发达的今天，手机网民已经超越了传统 PC 的网民规模，移动互联网时代已经来临。人们的消费形式也因为手机端店铺的出现发生了重构，随时随地的移动购物迅速成为人们喜爱的消费方式。利用好无线端的各种机会，是网店在当前形势下发展的新趋势。

第 12 章　以点带面——用推广打造爆款的秘笈

大多数买家在选购商品时，销量往往会成为重要的参考因素。因此，卖家可以通过打造爆款（即销量很高的商品）来争取这部分买家的流量。一件成功的爆款，不仅可以带动自然搜索的排名，还会带动直通车、淘宝客等各方面的表现。

第 13 章　一览众山小——从零进化到淘品牌的解决方案

在淘宝网开通网店很容易，但是想要将店铺做大，却需要一个漫长的过程。在从零基础的新店发展到淘品牌的每个阶段，都需要卖家针对不同的推广重点提出相应的解决方案，并一步步实施，最终才能成功打造出一个淘品牌。

第 1 章 月入过万不是梦——网店推广概述

1.1 网店推广绝技

这是一个属于电商的时代，开网店取得成功的案例不胜枚举。有个网店店主通过微博推广为网店引流，轻轻松松就实现了月入过万的目标。除了微博推广，网店推广的方法还有很多种，每种方法都各有奥妙。掌握了其中任何一种，都能为网店的发展带来帮助，而多种方法之间还可以协同应用，从而进一步推动店铺的人气，使网店实现由“量变”到“质变”。

1.1.1 淘宝、天猫的流量现状

通过推广可以让更多的人看到店铺，这些看到店铺的人统称为“流量”。更多的流量就可能意味着更多的成交，所以关于网店有一句常有的话叫“流量为王”。

现在网店的发展已经到了“流量天花板”的时间，网购人群已经没有初期的高增长量，因此，网店的推广，即获取流量的能力直接决定了网店的成功与失败。

根据阿里巴巴官方披露的数据，经过了前几年的快速增长，从 2011 年开始，淘宝的增速已经逐渐放缓，如图 1-1 所示。

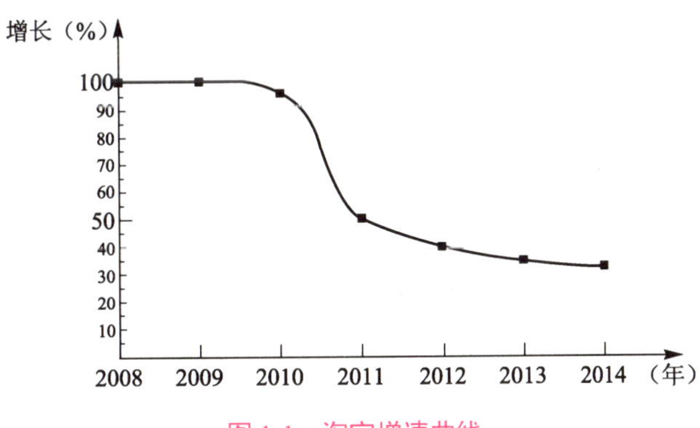

图 1-1 淘宝增速曲线

从早期的 100%的快速增长到后期的 30%的低增长，这意味着淘宝及天猫的“人口红利”正在渐渐消失。现在的淘宝与天猫的流量呈现以下几个特点：

（1）流量的增速放缓。

（2）流量的价值越来越高。

（3）流量向其他平台流失。

但是也有好的方面。

（1）新流量仍然在进入，并下沉到三、四线城市。

（2）无线流量增长很快。

变化不仅仅是危机，也意味着机会。

（1）流量的引入需要更丰富的技巧，多样化的推广手法可以带来别人没有的流量。

（2）流量的引入需要更精准，从而降低流量的单价。

（3）流量的引入需要更完美的创意。

以上三点涉及到的所有绝技，本书将在后续章节中一一为您呈现。

1.1.2 网店推广绝技一览

网店推广方式分为站内推广与站外推广两种，站内推广是指在淘宝网内部进行的推广，站外推广是指在淘宝网以外的地方进行的推广。其中站内推广包括以下几个方面：

- SEO
- 类目
- 直通车
- 淘宝客
- 钻展
- 促销
- 站内其他

站外推广包括以下几个方面：

- 微博
- 论坛
- 广告位
- 站外其他

除此之外，网店推广还包括老客户的口碑推广以及无线端推广，其中无线推广既可以在站内进行，也可以在站外进行。网店推广方法的分类如图 1-2 所示。

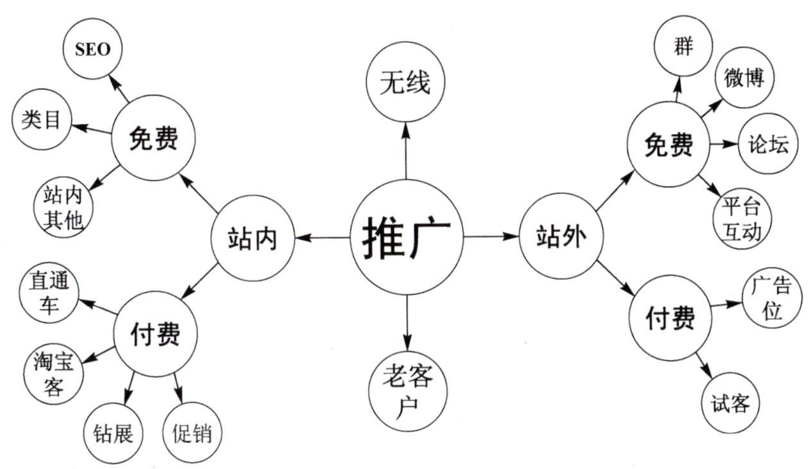

图 1-2　网店推广方法

在所有的推广方法中，最重要的一项是 SEO，它是网店流量的最重要来源，也是以后要重点讲述的方法。

推广要坚持三个原则：① 先站内，后站外；② 先免费，后付费；③ 先精准，后宽泛。

贴心提示

在本书中，我们将以店铺实战的方式进行各种推广方法的讲解。每一种推广方法，都会对应一家淘宝店铺。

1.2 网店推广必备工具

当前网店正处在一个大数据时代，网店推广自然离不开各种数据的整理与分析。下面列出几种最常用的数据分析工具，在后面的各个章节中，会经常用到它们。

1.2.1　人人需要的生意参谋

生意参谋是数据整理与分析最常见的工具，使用它可以分析店铺的各种基础数据。进入生意参谋需要在“卖家中心”→“营销中心”里单击“生意参谋”，如图 1-3 所示。

进入生意参谋以后，在首页可以看到店铺的实时直播、经营分析等分类信息，如图 1-4 所示。

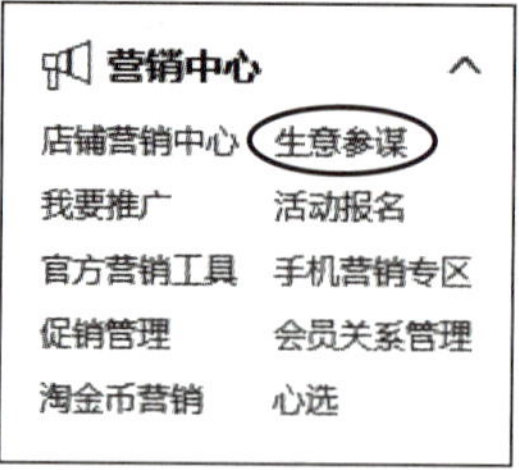

图 1-3　生意参谋入口

图 1-4　生意参谋首页

单击其中的任意一项，可以进一步深入地查看数据。例如单击“经营分析”，可以看到流量分析与商品分析等，如图 1-5 所示。

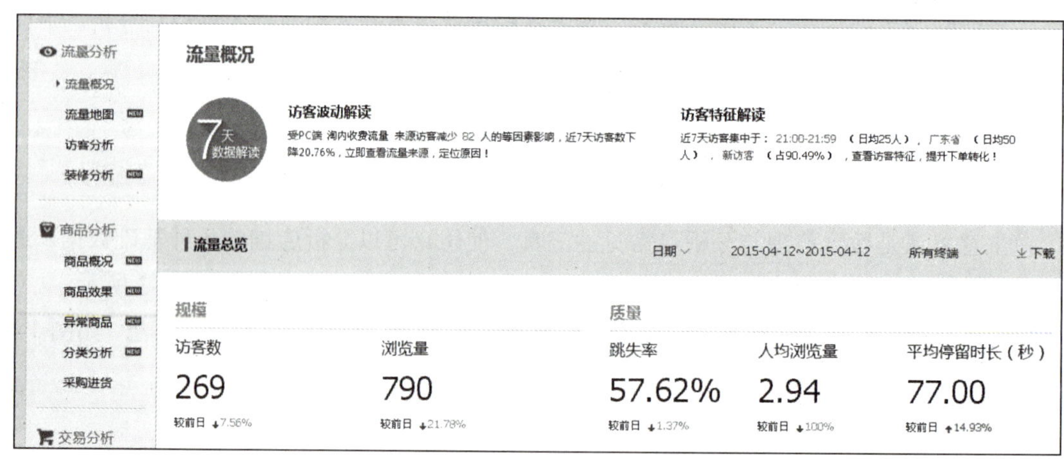

图 1-5　经营分析

1.2.2　神奇的数据魔方

数据魔方工具就如它的名字一样，有着神奇的魔力，这个工具可以在标题选词与直通车关键词选词时派上很大的用场。甚至在卖家挑选出售产品的时候，也可以用到它。

数据魔方是一款需要付费的工具，卖家购买该工具以后，可以在“卖家中心”→“我购买的服务”中找到它，如图 1-6 所示。

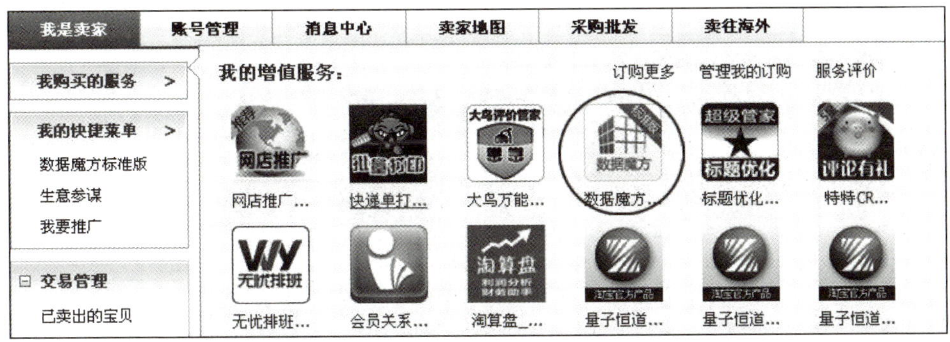

图 1-6　数据魔方工具

卖家可以通过数据魔方官方网站（http://mofang.taobao.com）进行订购。

在数据魔方里，有行业热词榜、全网关键词榜查询等查词功能，如图 1-7 所示。

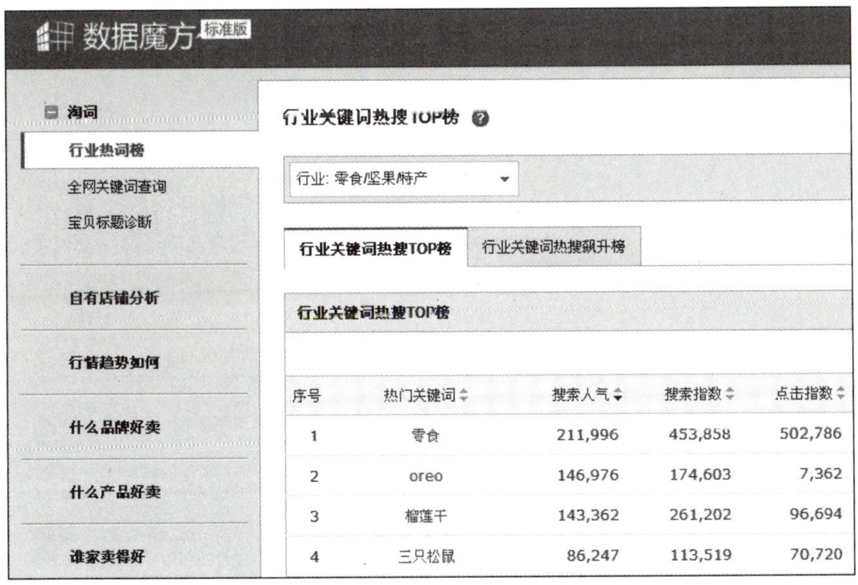

图 1-7　数据魔方的淘词功能

1.2.3 流行风向标——淘宝指数

淘宝指数是一款公开、免费的工具，不仅仅是卖家可以使用，买家也可以使用。用户可以使用该工具查看某个产品词的搜索指数，从而把握流行风向的变化。

在浏览器地址栏中输入“shu.taobao.com”，按 Enter 键就可以进入到淘宝指数，如图 1-8 所示。

图 1-8 淘宝指数

在淘宝指数页面，输入“女装”和“男装”两个关键词，再单击“对比”按钮，系统就会自动给出两个词的搜索指数，同时用简单明了的曲线进行对比，如图 1-9 所示。

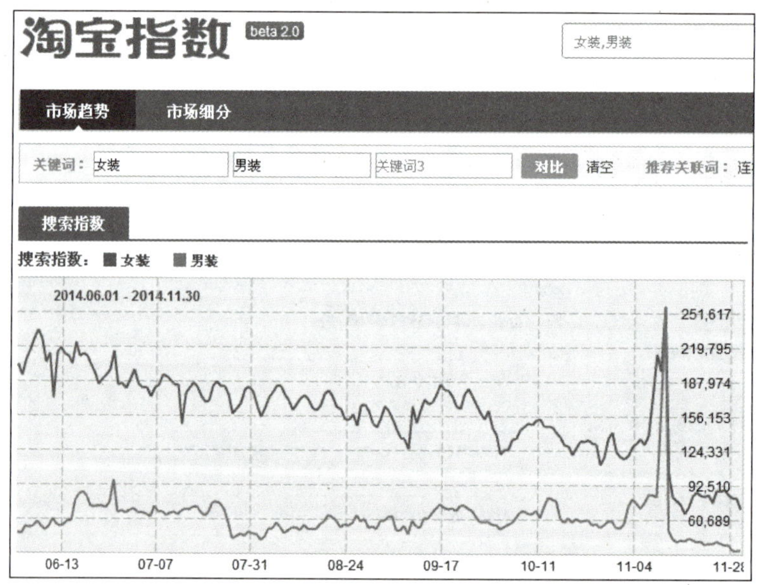

图 1-9 对比“女装”和“男装”两个关键词

淘宝指数代表的是某个词在淘宝的搜索热度，并不是准确的搜索数据，卖家可以使用淘宝指数配合数据魔方进行选词方面的辅助分析。

1.2.4　排名查询工具

在淘宝的服务市场里有很多监测产品排名的工具，同样也是收费工具。卖家订购以后，可以在“卖家中心”→“我订购的应用”中找到它，如图 1-10 所示。

图 1-10　排名查询工具

排名查询类工具主要用于监测产品的排名，这样无论是在搜索引擎优化还是在通过活动增加销量的时候，卖家都可以看到产品排名的变化，从而判断推广中的这些操作是否有效。

排名监控可以通过在搜索框中输入自己产品的关键词进行查询，如图 1-11 所示。

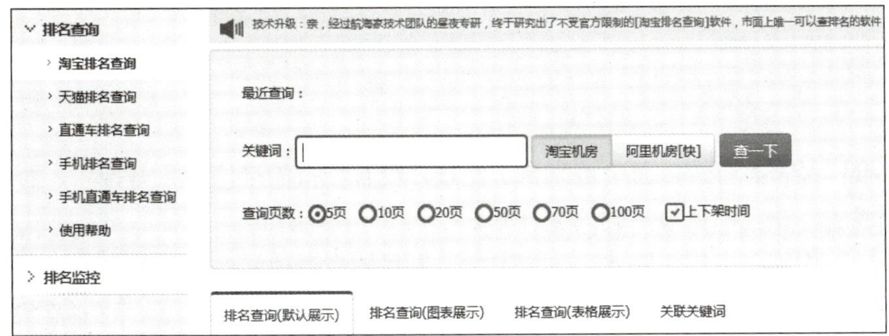

图 1-11　排名查询功能

1.2.5　常用入口与词语

使用淘宝账号在网页登录淘宝网以后，在首页右上方有“卖家中心”选项，如图 1-12 所示。

图 1-12　“卖家中心”选项

单击进入“卖家中心”后，界面左侧列表中有卖家的各种操作入口，包括“交易管理”、

“物流管理”、“宝贝管理”、“店铺管理”等，如图 1-13 所示。

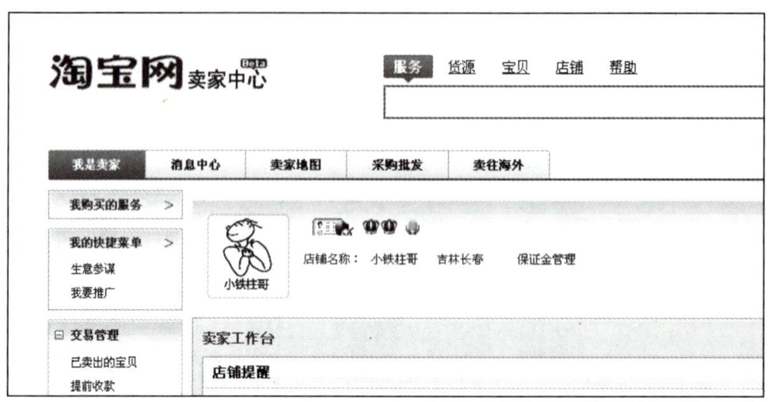

图 1-13 “卖家中心”首页

淘宝网是一个充满人文气息的网站，其中有一些特定的称呼，例如卖家所销售的产品叫做“宝贝”，开店的店主叫做“掌柜”。

在本书中，根据不同的需求会经常性的使用到“掌柜”、“宝贝”等词语，有时还会与“卖家”、“产品”等常用语交替使用，其含义是一样的。

掌柜小结

网店推广经常有奇迹，而奇迹来自于绝技，没有绝技的推广不是好推广，而绝技是需要慢慢养成的，让我们从最基础的先开始。

本章对网店推广进行了概述，包括淘宝、天猫的流量现状，网店推广所使用的工具和平台等。对网店推广有了初期的了解后，才能为学习网店推广打下坚实的理论基础。小伙伴们，让我们开始愉快地进行下一章的学习吧！

第 2 章 网店流量疯涨的秘密——淘宝 SEO 揭秘

2.1 店铺背景

店铺名称：解花语花草茶

店铺主营：花草茶

店铺等级：2 皇冠

店铺人员：3 人

经营时间：8 年

年营业额：55 万

店铺现状：解花语花草茶店铺处在转型期。由于淘宝和天猫的流量增长放缓，导致店铺的销量减少，因此需要从以前的粗放式经营，向数据分析化的精细经营转变，从而挖掘更多的流量。这个过程，首要入手的就是店铺的 SEO。

2.2 相关知识

SEO 由英文 Search Engine Optimization 缩写而来，中文译为搜索引擎优化。

2.2.1 淘宝 SEO 基本概念

讲解 SEO 之前，我们先来了解一下淘宝搜索引擎。进入淘宝网后，会发现在淘宝网首页最上方有一个搜索框。买家购物时，一般会在搜索框中输入想要寻找的产品关键词。例如输入“花草茶”，单击“搜索”按钮，如图 2-1 所示。

淘宝网 Taobao.com　宝贝 天猫 店铺　花草茶　搜索　高级搜索

衬衫 男士钱包 女真皮钱包 高领打底衫 老人手机 檀香 女针织衫 女士衬衫 钱包女 双肩包女 时尚连衣裙 牛仔裤男 更多

图 2-1　淘宝网首页搜索框

搜索结果如图 2-2 所示。

图 2-2　“花草茶”搜索结果

淘宝网的搜索结果最多显示 100 页。通常来说，宝贝所在的页面越靠前，被看到的机会就越大；而在同一页中，宝贝处于页面上方的位置时被看到的机会又要大于下方的位置。宝贝被浏览的机会与所在页面位置的关系如图 2-3 所示。

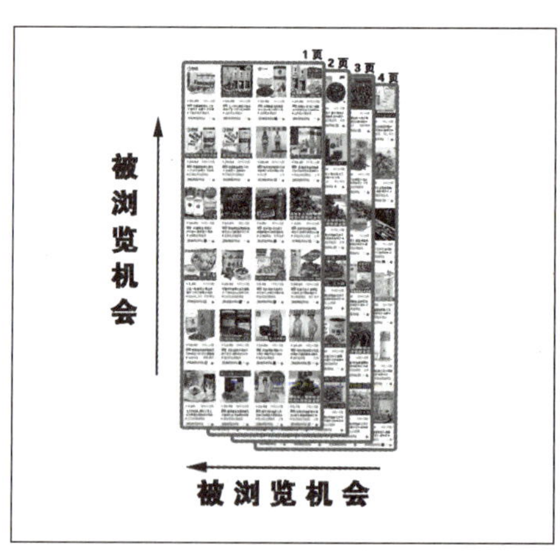

图 2-3　宝贝被浏览机会与所在页面位置的关系

由此可知，SEO 就是通过优化自己店铺所售产品的各种属性，使产品能够在搜索引擎产生的结果中排在一个最理想的位置。理所当然，最好的位置是第一页最上方。SEO 的过程就是让店铺的产品排名不断地向前、向上的运动过程。

2.2.2　淘宝搜索排名的原则

淘宝里面有大量的商品，但搜索结果最多只能显示 100 页。搜索排名会遵循以下几个原则：

（1）公平原则：所有商品轮流展现，每个商品都会获得展现机会。

（2）优质原则：在同样获得展现机会的同时，优质的商品会比其他商品获得更多的展现时间和展现频率。

（3）精准原则：搜索引擎会将买卖双方的数据进行匹配，优先展示买家最想购买的商品。

2.2.3　淘宝搜索排名的权重组成

影响搜索排名的因素有很多，大致包括以下几个方面：标题、浏览量、收藏量、销量、转化率、信用评分（仅限动态评分）、橱窗、下架时间、退款率（仅限纠纷退款率）、完整性（属性、主图、详情页）、新品、消保、在线时间、咨询响应速度、发货速度、支付宝使用率、回头客、直通车、违规等，如图 2-4 所示。

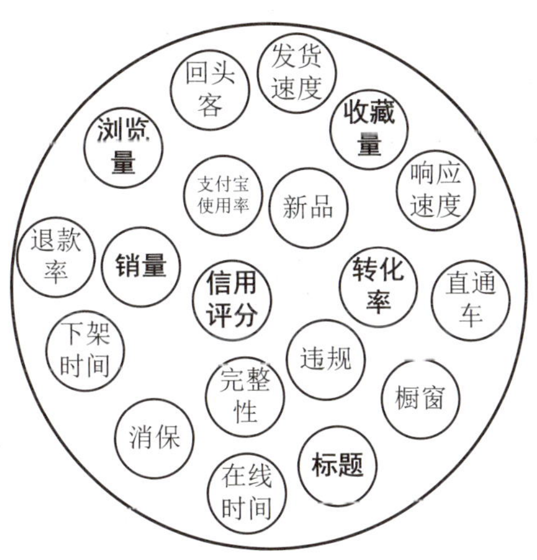

图 2-4　影响搜索排名的因素

在这些因素中，每个因素的重要性都不一样，这种重要性就叫做权重。权重越高的因素对搜索排名结果的影响就越大，反之则越小。

2.3 店铺推广实战

根据以上影响搜索排名的各个因素，我们以解花语花草茶店铺为例，进行 SEO 实战操作。

2.3.1 宝贝标题的优化

标题是搜索排名的必要前提条件，没有标题里面的文字，宝贝就不可能被搜索系统检索到，当然也就谈不上搜索优化。因此，我们可以首先进行宝贝标题的优化。

1. 标题中词的分类

宝贝标题的最大长度为 30 个汉字，可以由不同的词组成。根据搜索次数的多少，标题中的词可以分为热词和长尾词 2 种，其中热词数量少，被搜索的次数多；长尾词数量较多，但被搜索的次数少。

热词与长尾词通常没有明显的划分界限，一般由热词到长尾词，其搜索比例是逐渐降低的。例如：女裙、连衣裙、碎花连衣裙、粉色连衣裙的搜索次数如图 2-5 所示。标题中的热词大多为类目词与属性词，而长尾词大多是个性词。

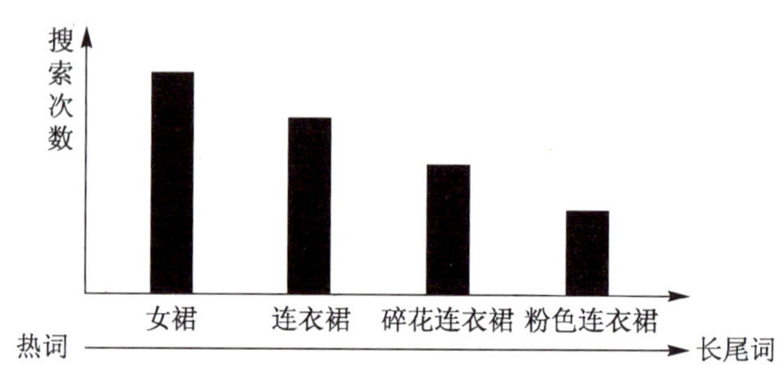

图 2-5 热词与长尾词

1）类目词与属性词

类目词是指指代范围宽泛的词，例如男装、化妆品、茶叶等。类目可分为一级类目与二级类目，例如男装为一级类目，而男装类别下又可以分为衬衫、风衣、夹克等多个二级类目。登陆淘宝网以后，选择“卖家中心”→“发布宝贝”，在发布新宝贝时就会有类目显示，如图 2-6 所示。

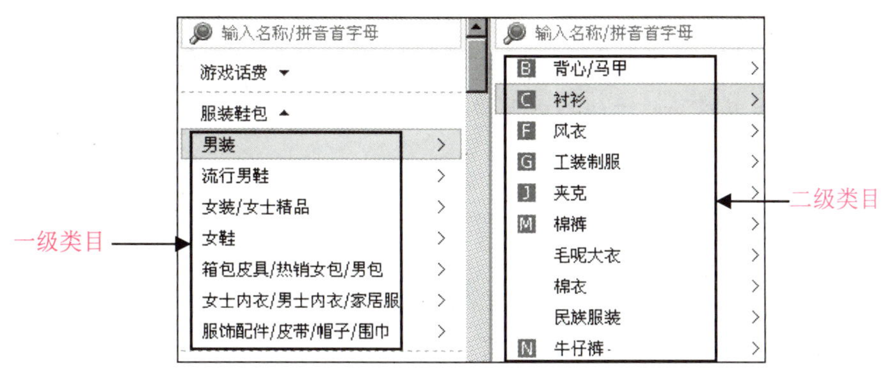

图 2-6 类目词

属性词是在类目词的基础上更进一步的精细划分。例如，在衬衫类目下，又可以分为长袖和短袖，修身和休闲等。在发布宝贝时，选择好宝贝类目后就需要选择属性，在“宝贝属性”设置区里即可选择属性词，如图 2-7 所示。

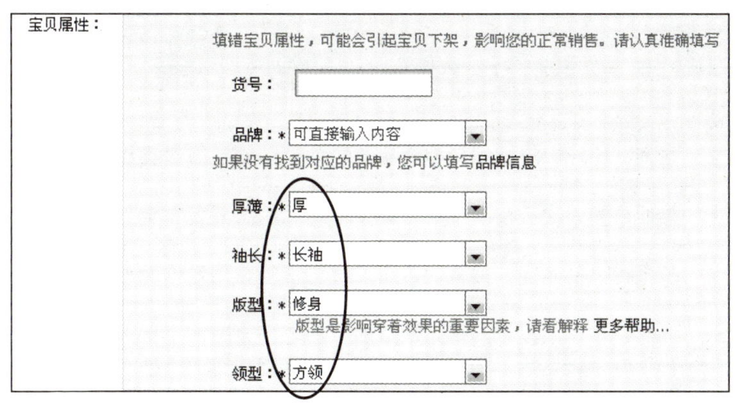

图 2-7 属性词

2）个性词与流行词

除了系统设定的类目词与属性词外，还有一部分买家在搜索商品时会加入自己独特的要求，这些要求通常是比较少见、系统没有默认提供且千差万别的，这类词称为个性词。个性词因为搜索的次数较少，所以通常为长尾词，例如怀旧、百搭、喜庆等。

除了类目词、属性词和个性词以外，还有的词会在某一时间段内搜索次数突然增多，并在持续一段时间后搜索次数再次下降，这类词属于流行词。

通过以上的介绍，我们知道一件宝贝的标题一般包含的词共有四种：类目词、属性词、个性词与流行词。其中，类目词与属性词是热词，相对固定，也是标题中必备的。而个性词与流行词并不固定，需要卖家根据自己宝贝的特点与流行度进行寻找和优化。

3）相关词

相关词是买家在搜索产品时，按照自己的习惯添加的词，比如流行、时尚等。相关词与属性词偶尔会有重叠，但相关词更宽泛，更注重买家搜索的随意性，甚至可以有错别字。

2. 标题的优化

标题优化，就是利用标题中 30 个汉字的选择与组合，为自己带来最大的搜索量。标题优化的过程为：找词→选词→排序→调整。

1）找词

找词的一般流程是：先通过发布宝贝时所选的类目确定类目词，再通过宝贝属性确定属性词。然后通过数据魔方寻找个性词，最后通过搜索下拉框补充最近一段时间的搜索流行词。

归纳整理以上方法，如表 2-1 所示。

表 2-1 各类词的寻找方法

词 名	含 义	寻找方法
类目词	热词，比较广泛的词，搜索次数较多	查找一级类目与二级类目
属性词	热词，搜索次数仅次于类目词	查看发布宝贝时所选择的属性
个性词	长尾词，不固定，搜索次数少	使用数据魔方的淘词功能
流行词	准热词，在某段时间搜索次数多	查看淘宝首页搜索下拉框

以解花语花草茶店铺中的主打产品薰衣草为例，根据前面介绍的流程和方法对其进行标题优化。当前薰衣草的标题为：

薰衣草正品 薰衣草家用 治疗失眠 厂家批发 来自新疆

先选择“卖家中心”→“宝贝管理”→“发布宝贝”，将发布宝贝时所选择的类目提取为类目词，如图 2-8 所示。

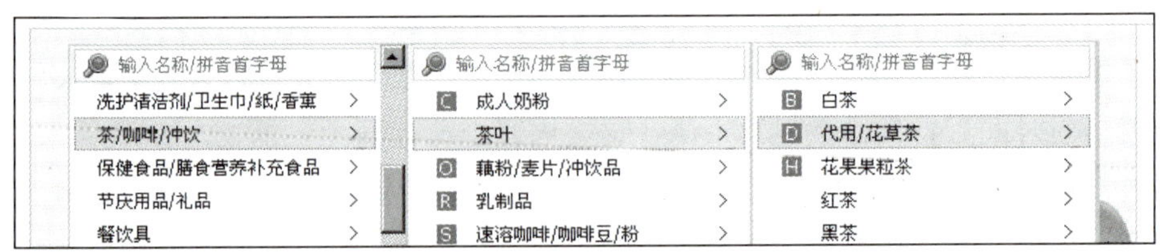

图 2-8 提取类目词

进入到宝贝发布页面后，在“宝贝基本信息”设置区里找到属性词：熏衣草、新疆、伊犁，如图 2-9 所示。

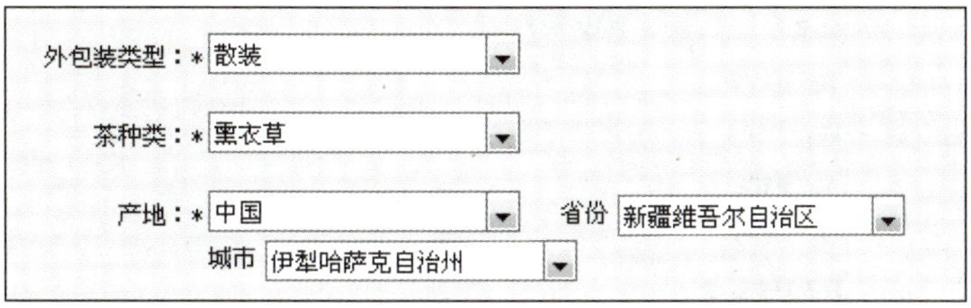

外包装类型：* 散装
茶种类：* 熏衣草
产地：* 中国
省份 新疆维吾尔自治区
城市 伊犁哈萨克自治州

图 2-9　提取属性词

然后进入数据魔方，在首页“淘词”里单击“全网关键词查询”，并在搜索框里输入“熏衣草”，如图 2-10 所示。

熏衣草
搜索
* 目前淘词功能提供每日100次关键词查询

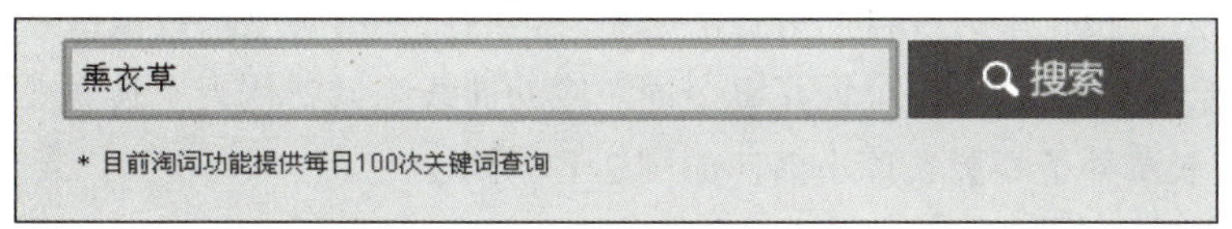

图 2-10　提取全网关键词

单击“搜索”按钮后得到全网关键词排行，如图 2-11 所示。收集查询结果中的关键词信息。

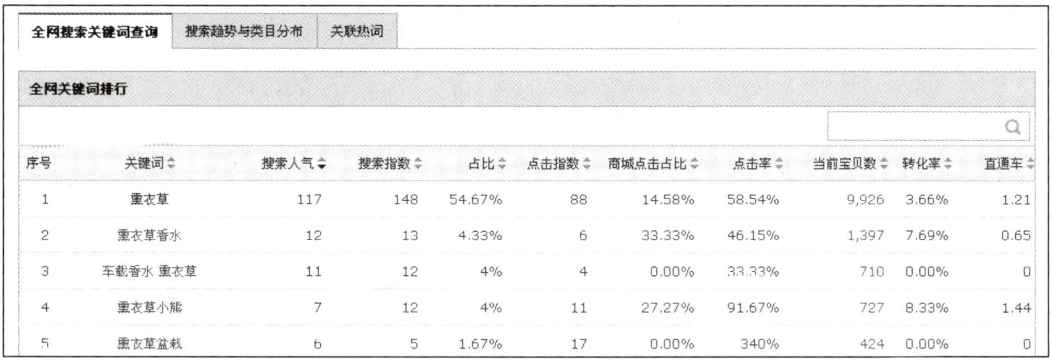

全网搜索关键词查询
搜索趋势与类目分布
关联热词
全网关键词排行

序号	关键词	搜索人气	搜索指数	占比	点击指数	商城点击占比	点击率	当前宝贝数	转化率	直通车
1	熏衣草	117	148	54.67%	88	14.58%	58.54%	9,926	3.66%	1.21
2	熏衣草香水	12	13	4.33%	6	33.33%	46.15%	1,397	7.69%	0.65
3	车载香水 熏衣草	11	12	4%	4	0.00%	33.33%	710	0.00%	0
4	熏衣草小熊	7	12	4%	11	27.27%	91.67%	727	8.33%	1.44
5	熏衣草盆栽	6	5	1.67%	17	0.00%	340%	424	0.00%	0

图 2-11　提取全网关键词

最后在淘宝首页的搜索下拉框中查看搜索流行词，如图 2-12 所示。

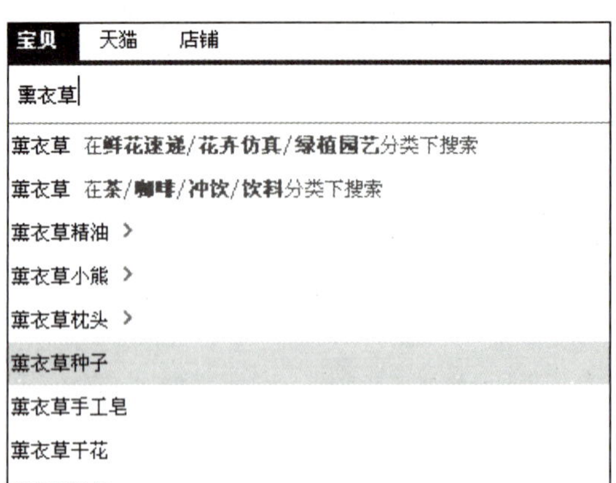

图 2-12　提取搜索流行词

2）选词

找词结束后，将收集的所有词进行汇总整理，然后使用淘宝指数依次进行搜索热度对比。淘宝指数一次可以对比 3 个词，每个词对应的曲线高低就代表了搜索热度。例如，对比薰衣草、薰衣草种子和薰衣草小熊，如图 2-13 所示。

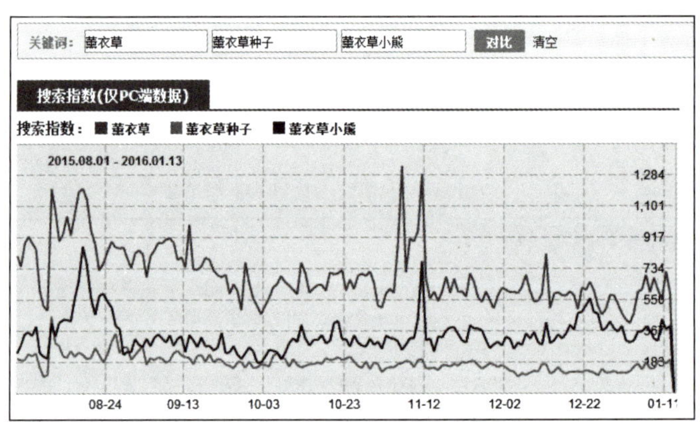

图 2-13　搜索热度对比

（1）根据淘宝指数热度对比结果进行筛选，最后按照热度由高到低选出总字数在 50 字左右的词；

（2）去掉淘宝网规则不允许使用的词，例如“治疗”、“第一”等；

（3）去掉前后紧密相连并重复的词，例如：

薰衣草正品 薰衣草批发（错误的组合方式，其中薰衣草一词使用了两次且位置紧密）

正品 薰衣草批发（正确的组合方式，用薰衣草同时匹配前、后两个词，节省了标题中 3 个字的容量）

（4）去掉排名靠后的长尾词；

（5）增加搜索次数较多的个性词，如 1 斤包邮等。

贴心提示

总结标题的优化过程：

① 删掉重复的词；② 增加搜索次数较多的错别字；③ 删掉违规词；④ 增加搜索次数较多的属性词；⑤ 增加搜索次数较多的个性词；⑥ 用少数热词与其他词进行匹配；⑦ 利用全部 30 个字的标题总字数；⑧ 根据可读性进行微调。

3）排序

排序的第一原则是搜索热度原则，因为标题的前 10 个字搜索权重高于后 20 个字，所以搜索次数高的热词应放在前面，而搜索次数最低的放在后面。

（1）不要使用太多的空格，因为标题权重的一项重要判断条件就是标题中的词是否紧密相连。

（2）某些相关的错别字也会有一定的搜索量。例如：很多人会将薰衣草的“薰”字错写为“熏”，所以标题中可以包含“熏衣草”以增加搜索流量。

4）调整

最后可以根据可读性对标题中的词进行微调，最终保留 30 个字作为优化后的标题：

新疆伊犁薰衣草批发 干花 熏衣草小熊 做枕头香包沐浴 1 斤包邮

对比从前的标题：

薰衣草正品 薰衣草家用 治疗失眠 厂家批发 来自新疆

贴心提示

总结找词结束后的标题优化过程：

① 删掉重复的词；② 增加搜索次数较多的错别字；③ 删掉违规词；④ 增加搜索次数较多的属性词；⑤ 增加搜索次数较多的个性词；⑥ 用少数热词与其他词进行匹配；⑦ 利用全部 30 个字的标题总字数；⑧ 根据可读性进行微调。

2.3.2 宝贝属性的优化

卖家在淘宝发布宝贝时，需要按照类目依次进行不同属性的选择，所有属性最好填满并正确，否则在搜索时会影响搜索的排名。在检查该款宝贝的时候，发现属性中“是否含糖”项没有选择，使用编辑功能将该项属性补充完整，如图 2-14 所示。

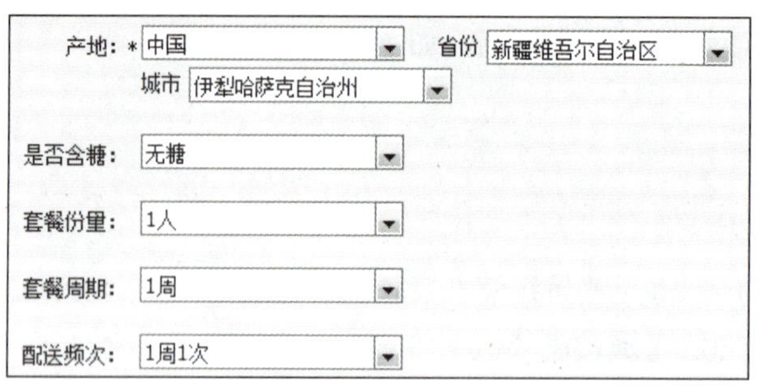

图 2-14　补充属性

属性优化全部在发布宝贝页面上的“宝贝属性”设置区中操作，原则就是属性要全部填满、不留空。属性不全的宝贝会被系统认为不精确，自然搜索的时候会减少权重。

2.3.3　宝贝主图的优化

淘宝的宝贝主图最多有 5 张，另外还可以有一张主图视频。买家在首页搜索产品关键词时，淘宝网会优先展示有主图视频且 5 张主图全部完整的宝贝。我们现在优化的这款宝贝，主图并不完整，也没有为其添加主图视频，如图 2-15 所示。

图 2-15　主图不完整且没有主图视频

主图视频时长要求在 9 秒以内，需买家提前使用设备录制好。然后在“卖家中心”→“出售中的宝贝”，找到该宝贝，单击“编辑”，上传主图视频。同时上传缺少的主图图片，其中第一张图片将在搜索结果页面显示，如图 2-16 所示。

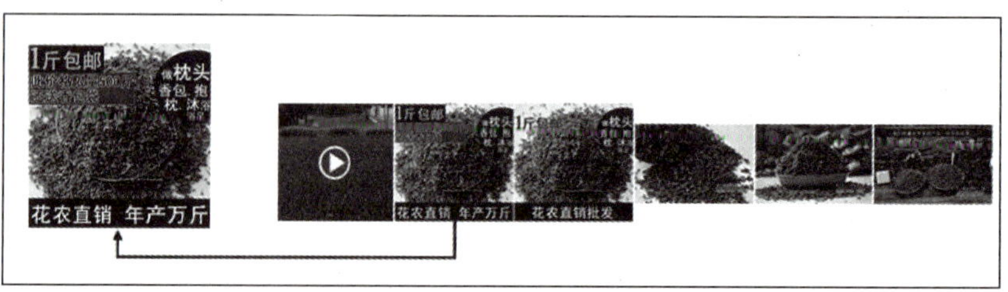

图 2-16　上传主图图片和主图视频

主图的 5 张图要全部上传，不要留空，主图视频也要上传。主图完整且有主图视频的宝贝会被加权。因为系统只能识别“有”和“没有”，而不会识别图片的“好”与“不好”，所以主图与主图视频的上传原则为先上传，然后根据反馈再替换，即“先完整、再完美”。

实战操作与分析

在薰衣草这款宝贝中，主图分别使用了近景、远景、侧视、俯视等不同视角拍摄的图片，主图视频则展示了薰衣草的生长过程。

2.3.4　宝贝展示图的打标优化

在搜索结果页面中，买家看到的宝贝信息包括 5 张宝贝主图中的第 1 张、价格、标题和店铺名称。除此之外，有些宝贝信息的最下方还有一些特定的标志，如图 2-17 所示。

图 2-17　买家看到的信息

优化显示结果就是增加系统打标，增加买家对店铺的信任度，进而让买家优先选择当前店铺。

展示图的打标优化包括认证打标（质量认证、生态认证、原产地认证）、售后打标、运费保障、爱心公益、货到付款、旺旺在线和金牌卖家等，如图 2-18 所示。

图 2-18 打标优化

不同打标的优化方法如表 2-2 所示。

表 2-2 打标优化方法

打标名称	优化方法
认证打标	获取相应的认证资格，即可显示认证标志
售后打标	加入 7 天无理由退货，可以显示“7”标志；延长时间使之大于 7 天，则显示“7+”标志
运费保障	卖家购买运费险，即可显示运费保障标志
爱心公益	参加淘宝的爱心公益活动，从成交金额中付出一定比例捐献给公益组织，即可显示爱心公益标志
货到付款	参加货到付款交易，即可显示货到付款标志
旺旺在线	旺旺 24 小时在线，午夜前后使用千牛平台的机器人保持在线
金牌卖家	符合金牌卖家的所有考核指标，即可显示金牌卖家标志

实战操作与分析

根据以上方法，为实战中的宝贝增加了“7+”、“运费保障”、“爱心公益”3 项标志。

2.3.5 调整上下架时间的奥妙

淘宝宝贝的上架周期为 7 天，例如周三上午 10:00 上架，则这款宝贝就会在下周三的上午 10:00 下架。越临近下架时间，宝贝排名越靠前，这就是搜索排名的公平原理，淘宝以此保证每款宝贝都有展现的机会。

上下架时间的选择原则主要包括两点：① 选择购物高峰时间；② 在高峰期避开同行业竞争。实际操作时，先找出购物高峰时间段，分别把下架时间设在几个时间段内。根据调查，在淘宝的购物高峰一般为三个时间段，分别为 9～11 点、14～16 点、20～23 点，如图 2-19 所示。

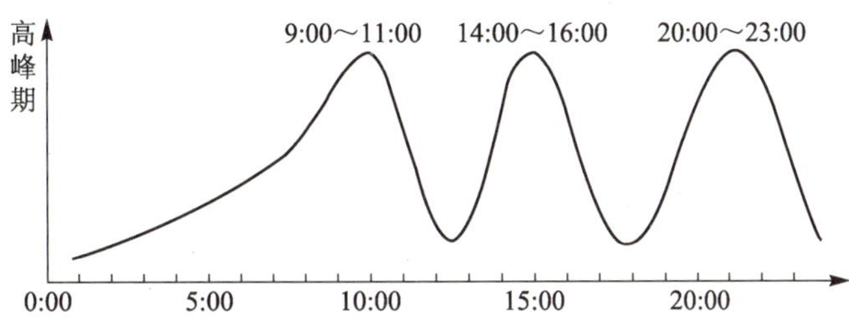

图 2-19　购物高峰时间段

第一步，查找所有购物高峰期时间段的同行业店铺数量，避开同行业数量最多的时间，选择同行业数量较少的时间段。根据记录，14～16 点时间段的同行业数量较少，所以第一步把下架时间定在这 2 个小时内。

第二步，在选择好的高峰期时间段内，对比同行业产品价格，发现 14～15 点同行业产品价格较高，而 15～16 点同行业产品价格较低，所以可以把下架时间进一步缩小到 14～15 点，以此保持价格优势。

第三步，在 14～15 点的时间段内，分析所有同行业的销量，避开销量高的，靠近销量低的，以此保证产品的销量优势。此次调整为最后的调整，调整后的下架时间为 14:35，如图 2-20 所示。

图 2-20　调整上下架时间的步骤

实战操作与分析

在每一次调整的时候，都要查看生意参谋的流量变化来确定效果。如果手工操作复杂，可以用一些付费工具，例如“老 A 工具箱”等，用工具来进行上下架时间的优化。

2.3.6 橱窗推荐的优化原则

在店铺里的宝贝数量很多的情况下，掌柜想优先卖哪款宝贝，就可以把宝贝放在橱窗。橱窗就是淘宝为掌柜提供的一个可以被优先搜索到的位置。每个店铺的橱窗数量是不一样的，随着店铺等级以及成交量的变化而变化。

卖家可以在“卖家中心”→“经营概况”→“橱窗管理”中管理店铺橱窗，如图 2-21 所示。

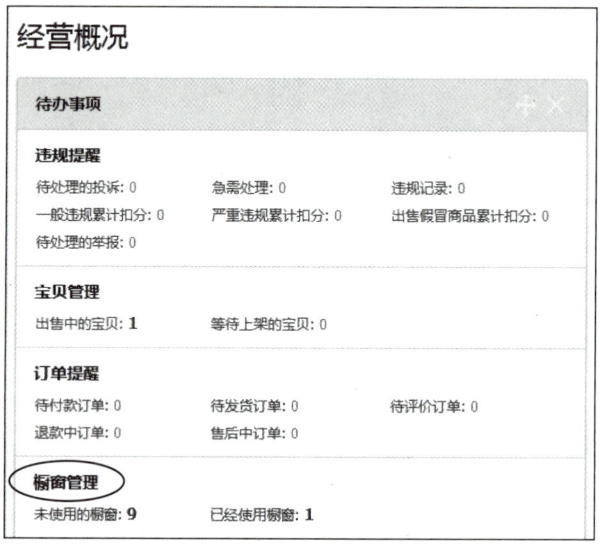

图 2-21　橱窗管理

橱窗推荐的优化原则为：

（1）热卖宝贝长期使用橱窗推荐：热卖宝贝销售力强、在橱窗位置上可以获得更高的曝光量和成交量，反过来成交量又会继续推高搜索排名，进而形成一个良性循环。

（2）接近下架时间的宝贝优先使用橱窗推荐，当前宝贝下架时间过后，自动换成另一个接近下架时间的宝贝：接近下架时间的宝贝，其搜索排名会靠前，使用橱窗会进一步推进排名，使橱窗的效果最大化。

橱窗推荐的优化原则示意图如图 2-22 所示。

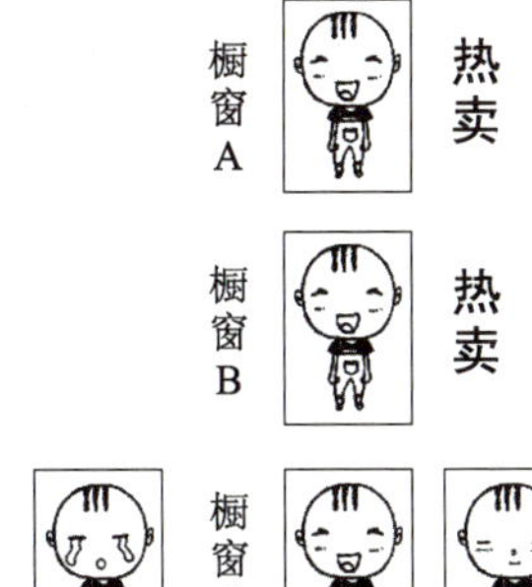

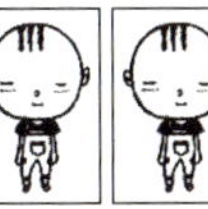

图 2-22　橱窗推荐的优化原则示意图

根据解花语花草茶的热卖宝贝与非热卖宝贝情况，对橱窗位进行了调整。调整之前，橱窗位相对固定，尤其是非热卖宝贝在下架以后，仍然占用着橱窗位；调整以后，只有接近下架时间的宝贝才放到橱窗位，该宝贝下架时间过后就马上从橱窗位撤下，然后将另外一款接近下架时间的宝贝放到橱窗位，大大增加了橱窗的利用率。

实战店铺中宝贝数量远多于橱窗数量，最终选择了 4 款热卖宝贝进行固定橱窗推荐，而其余的宝贝使用了橱窗的“谁先下架推荐谁”的轮流推荐功能。

橱窗的数量大于宝贝数量时，全部选择橱窗推荐即可，多余的橱窗没有意义；只有当宝贝数量大于橱窗数量时，按下架时间优先原则才有意义。

2.3.7　其他影响搜索排名的因素

点击率、转化率、旺旺响应时间、咨询下单率、复购率、发货速度、支付宝使用率、纠纷退款率、直通车、违规等，这些因素属于长时间调整的过程，将在下一章进行讲解。

2.3.8　SEO 操作中的禁区

SEO 操作过程中，有一些注意事项：

- 优化标题、优化主图、优化详情页三者不能同时操作。当同时操作这几项时，系统会记录并判定这种操作是替换宝贝（A 宝贝替换为 B 宝贝）的违规行为。
- 标题中不能出现标点符号。
- 标题不要使用关键词堆砌，例如重复使用 3 次“熏衣草”。
- 标题不能出现跨类目词，例如同时出现“熏衣草”和“绿茶”。
- 标题编辑每次最好不超过 10 个字。
- 发布宝贝时，属性一定要选择正确，且属性确定后不能更换。
- 主图不能出现大面积的文字，否则会被系统认定为“牛皮癣”图片，导致店铺降权。
- 主图不能频繁更换，否则容易被系统判定为更换宝贝，导致店铺降权。

2.4 经验总结

解花语花草茶网店通过一系列的优化过程后，通过排名查询工具查看宝贝排名，发现排名有了明显上升。再通过生意参谋查看流量，发现后台流量数据发生了明显的变化，如图 2-23 所示。

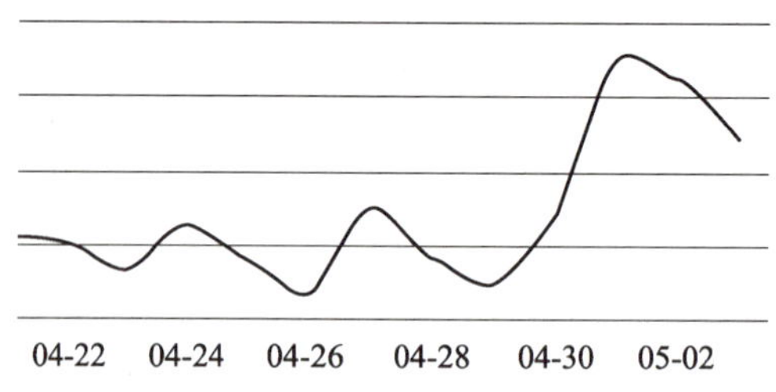

图 2-23　宝贝排名变化

根据本章实战总结出经验如下：网店的产品需要流量，而搜索结果的排名直接决定了流量的多少，因此对搜索排名的优化是促进流量增长的重中之重。SEO 是每个网店必做的功课，并且做好 SEO 会带给卖家明显的效果。

2.5 技巧荟萃

在网店推广的操作过程中，会出现各种“瓶颈”问题，导致在操作的过程中出现困难，需多次摸索才能解决。针对这种情况，特意搜集并总结了此类问题，并给出解决的技巧。

- 变换标题中词的位置不属于更改标题。例如，“花草茶”从标题后面移动到前面不属于更改标题，只是对标题的优化。
- 常见错别字也会有一定的搜索流量，因此标题中可以加入买家常输入的错别字。例如，“无添加”常被错写为“无填加”，因此可在标题中加入。
- 替换宝贝主图时，可以先将新图上传到主图后面的第 2～5 个位置中的任意一个位置，24 小时后再利用宝贝编辑中的主图的平移功能，将新图移至第 1 位。这样可以减小被系统判定为替换宝贝的风险。
- 优化上下架时间时，在宝贝的下架周期过后，马上上架的时候再重新修改上架时间，这样会充分利用当次的下架时间排名。
- 超过一个月未产生销售量的宝贝会被视为滞销宝贝，需删除后重新上架。
- 打标优化时，可以取符合要求的条件最小量。例如“无理由退换货”中，无论把默认的 7 天改为 8 天还是 15 天，显示的都是同样的“7+”标志。因此选择成本较小的 8 天即可实现打标优化。
- 自动回复不计入咨询回复速度。
- 增加旺旺在线时间，除人工在线时间外，每天 24 点至第二天 8 点之间可以使用淘宝聊天工具千牛的“机器人”功能保持旺旺在线。

掌柜小结

SEO 的过程很琐碎，涉及到的因素很多。卖家在优化过程中要细心、一步步操作，最终将所有的结果汇总到一起时会产生一个明显的终极结果。其中，最重要的因素，也是起到决定性作用的是标题和上下架时间的优化。

第 3 章 不变应万变——SEO 的本质是客户体验

3.1 店铺背景

店铺名称：晴天铺子

店铺主营：家居

店铺等级：1 皇冠

店铺人员：1 人

经营时间：9 年

年营业额：35 万

店铺现状：掌柜本人居家专职做淘宝，没有运营团队。掌柜虽然不擅长数据分析，但是由于有耐心，产品和服务做得很好，因此也带动了店铺产品搜索排名的提升。本章将以此店为例，讲解 SEO 的本质——客户体验。

3.2 相关知识

上一章介绍的是 SEO 中短线优化的内容。短线优化的特点为见效快，调整后马上见效。例如标题更新后马上就会被搜索引擎收录。

而本章将要讲解的是 SEO 中长线优化的内容。长线优化见效慢，需要经过长期的累积后才能见效，但是效果稳定、持续性强。在 SEO 长线优化的过程中，需要紧紧围绕着客户体验来操作，优化结果主要表现在点击率、转化率与成交量这 3 项数据上。

如果点击率、转化率与成交量都高，说明产品很好，搜索系统就会为产品的排名增加权重。搜索系统的天然本性是“优胜劣汰”，会优先展示好产品，而以上这三项就是衡量产品是否为好产品的重要因素。

3.2.1 产品定位

网上购物中，网络只是载体，物即“产品”才是根本。在经历了初期的粗放式发展以后，淘宝的产品定位已经发生了翻天覆地的变化，开始从“大而全”向“小而美”的精细化进行转变。

3.2.2 点击率

先要知道展现量，才能知道点击率。展现量指的是每一款宝贝在网页上展现出来后被买家看到的次数。在这些看到宝贝的买家当中，有人会选择单击查看详情，而有的人不会单击。点击率就是单击宝贝的次数占展现量的百分比，即

点击率=单击次数/展现量

例如，A宝贝的展现量是100次，其中被单击了8次，那么点击率就是8/100=8%。

3.2.3 转化率

单击宝贝进入详情页的买家，有的会选择成交下单，而有的会离开，转化率就是下单的买家在所有单击买家中所占的比例，即

转化率=成交人次/单击人次

例如，100人单击了B宝贝，浏览后有5人选择成交，那么转化率就是5/100=5%。

转化率是衡量一个产品的价格、质量和服务的可靠性标准，也是买家体验的根本性反应。淘宝网的搜索排名规则虽然复杂，但是目的却是简单的，那就是把优质的产品展现给买家。客户体验是搜索排名中的重中之重，因此，转化率是SEO中的高权重因素，也是本章要重点讲解的内容。

3.2.4 成交量

成交量就是宝贝的销量，当点击率与转化率都高的时候，宝贝的成交量自然会高。而成交量高的宝贝，也会影响宝贝的点击率与转化率。

3.3 店铺推广实战

下面以晴天铺子为例，讲解SEO的本质性内容——客户体验。

3.3.1　细分类目的大市场

淘宝建立初期，卖家数量较少，为了增加产品的丰富性，淘宝鼓励店铺做丰富的产品，倡导“大而全”。而随着卖家数量的不断增加，产品数量已经足够的情况下，如果一家店铺经营多种产品，就很难把控每件产品的质量。而一家店铺若只是经营单一类目的产品，店铺之间的竞争就会减弱，店铺本身也会因为产品单一而能够进行更好地管理，并为买家提供更优质的产品与服务。这种做法就是向“小而美”的转变。

“小而美”需要做的就是细分类目，把类目一级一级向下分，直至做到类目最精细。

“小而美”同样有大市场。网上购物与实体购物不同，实体购物的客户群体只限于实体地点周边的人群，在有限的人群范围内，做细分类目的小产品是不适合的。但是在网上使用搜索功能，可以使细分类目的不同人群直接到达同一家店铺，从而形成大市场。

目前淘宝的搜索排名中，同一家店铺如果是跨类目经营，流量是不会同时得到展现的。不同类目之间存在着杠杆效应。例如，当一家店铺同时经营 A、B 两个类目（包括二级类目）产品时，当通过增加 A 类的销量或通过优化使 A 的排名上升时，B 类产品的排名就会下降。反之，当优化 B 类产品使之排名上升时，A 类产品的排名就会下降，如图 3-1 所示。

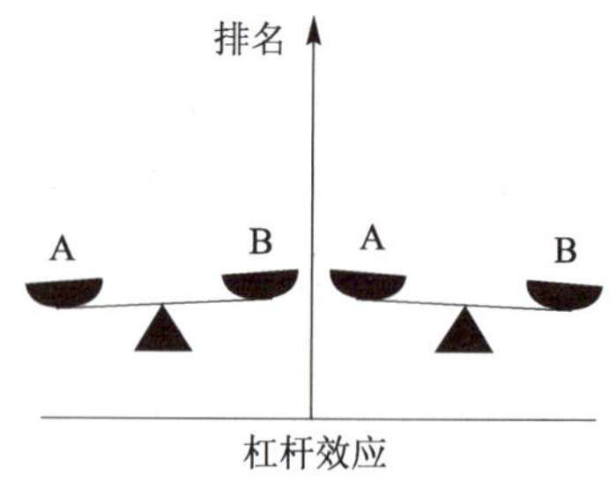

图 3-1　同一店铺不同类目间的杠杆效应

实战操作与分析

> 在这一大背景下，将晴天铺子的“杂货铺”产品进行大幅度调整，去掉了床品类目里面的其他产品，只保留“钮扣”这一极小细分类目的产品。

3.3.2　产品的差异化挖掘

细分类目下的产品虽然避开了激烈的竞争，但竞争始终还是存在的，挖掘产品的差异化（即与别人不同的地方）是避开竞争的有力方法。

差异化分为：独特性差异化（我有的产品你没有）、优质性差异化（你有的我更好）、价格差异化（你有好的我更便宜）。

（1）独特性差异化的挖掘取决于买家对市场需求信息的判断，以及对产品本身信息的把握。

（2）优质性差异化的挖掘取决于卖家对产品的了解，主要包括对产品本身属性（真假、等级等）的了解。

（3）产品的源头在哪里，这直接决定了价格差异化。

以上所有信息可以通过如下途径收集：搜索引擎、同行业信息、知网（专业论文网站）、工标网（国家标准查找及印制）、专业书籍、阿里巴巴网（供货平台）等，如图 3-2 所示。

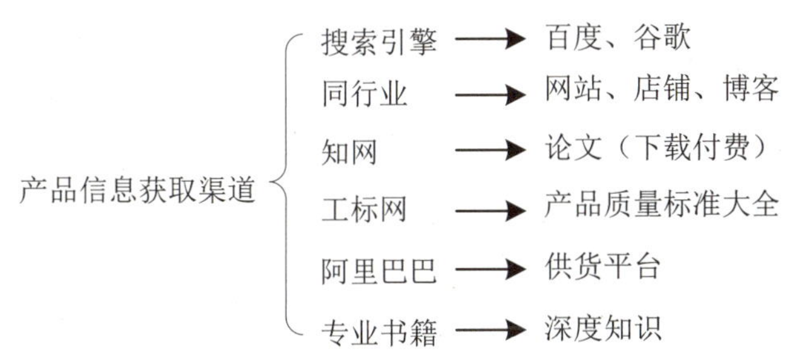

图 3-2　产品信息获取渠道

晴天铺子的钮扣产品原本就有，质量与源头均有保证，在质量与价格都有优势的前提下，重点进行“韩国进口”这种地域与风格的独特性差异化的挖掘，如图 3-3 所示。

图 3-3　独特性差异化挖掘

3.3.3　影响点击率的四个指标

影响点击率的四个指标包括价格、销量、图片和标题。

- **价格方面：** 产品的三段定价法（参考下一小节）。
- **销量方面：** 销量是多方面综合作用的结果，本书的所有章节都是讲解推广的相关知识，推广的直接结果就是销量的增加。所以销量方面不另做论述。
- **图片方面：** 主图的点击率测试，请参考第 6 章直通车创意图片测试，直通车高单击的图片测试方法可以应用到宝贝主图上。
- **标题方面：** 参考第 2 章的标题优化。

3.3.4 高转化率之产品搭配

1. 分析客户组成

卖家可以通过“生意参谋”分析客户组成。进入“卖家中心”→“营销中心”→“生意参谋”→“经营分析”→“流量分析”→“访客分析”，卖家可以在右侧窗口查看地域与分布解读，如图 3-4 所示。

地域分布解读

访客集中来自于： 广东省 （46人）、 浙江省 （32人），下单买家集中来自于：

重视对这些地区重点推广运营，提升流量和转化哦！

图 3-4　地域分布解读

根据地域分布解读得知买家集中来自经济发达的省份，初步判断买家消费能力较高。然后查看访客的性别占比，其中女性访客数多且下单转化率也高，如图 3-5 所示。

性别	访客数	占比	下单转化率
男	72	23.84%	2.78%
女	110	36.42%	3.64%
未知	120	39.74%	1.67%

图 3-5　买家性别占比

最后查看消费层级，选择较高价格成交的买家占绝大多数，与地域分布中的消费能力判断相符，如图 3-6 所示。

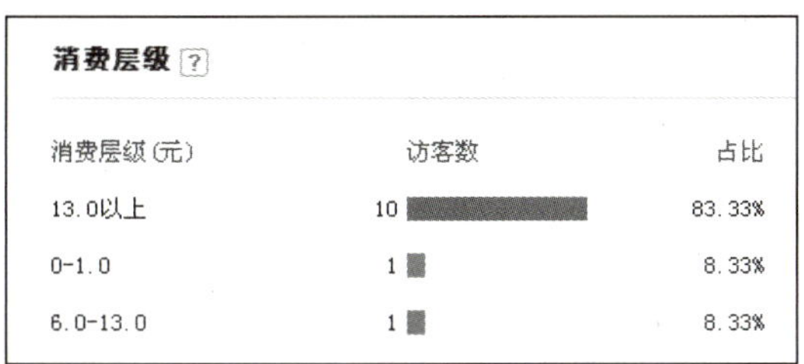

消费层级 ?

消费层级(元)	访客数	占比
13.0以上	10	83.33%
0-1.0	1	8.33%
6.0-13.0	1	8.33%

图 3-6　买家消费层级

2．调整产品结构

淘宝的产品结构分为引流产品、主推产品及高端产品。引流产品通常没有利润，只负责引来流量。主推产品为店铺主要成交且能带来利润的产品。高端产品也是长尾产品，其主要消费者为对价格不敏感，但是对质量要求较高的买家。

3．制定产品价格

指定产品价格一般采用三段定价法：产品主流价格可以参考同类目销量较高的卖家，取其价格的平均值来大致估算。淘宝定价不能偏离计算结果的 20%，即包含高于主流价格 20%以内、与主流价格相同、低于主流价格 20%以内的三段价格。

实战操作与分析

根据以上规则与分析，晴天铺子选取了 1 款引流产品并设定价格低于主流价格 20%，3 款主推产品并设定价格与主流价格相同，5 款高端产品并设定价格高于主流价格 10%，其余为长尾产品并设定价格高于主流价格 5%。

3.3.5　高转化率之详情页

详情页也称为落地页，买家单击主图后即可进入宝贝详情页。买家是否下单，宝贝详情页会起到最直接的作用。在淘宝开店的知识结构里，宝贝详情页的装修属于美工范畴，是一门完全独立的知识。因此本书中只介绍宝贝详情页的优化原理，并提供一个所有类目卖家都可以用的详情页结构。

1．读图时代的图片优化

详情页内容包括包括文字与图片。在网络时代，人们阅读网页的速度通常较快，买家在购物时进行初次的“货比三家”时，通常也是快读。因此，买家对详情页的初次印象通常是由扫视完成的。所以，为了抓住买家的注意力，宝贝详情页就应该多用图，少用文字，以此抓住买家的视觉焦点。基于此，所有类目买家都能用的详情页结构如图 3-7 所示。

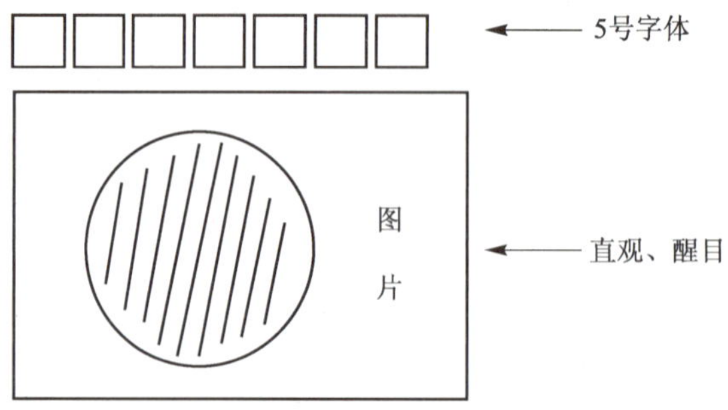

图 3-7　详情页结构

详情页中的图片首先要保证产品的真实、细腻的质感，如图 3-8 所示。

图 3-8　详情页图片

其次图片要传达产品的大小比例信息，可以用生活中常见的物品做对比，同时在图片上要标明产品大小的数据，如图 3-9 所示。

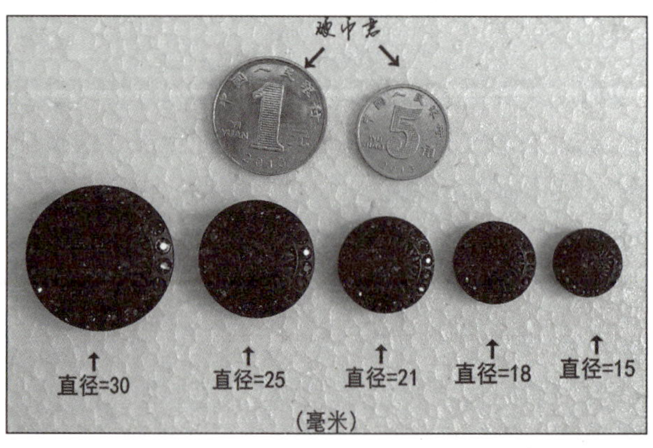

图 3-9　产品的大小比例信息

最后要有形象的比喻提升画面感，如图 3-10 所示。

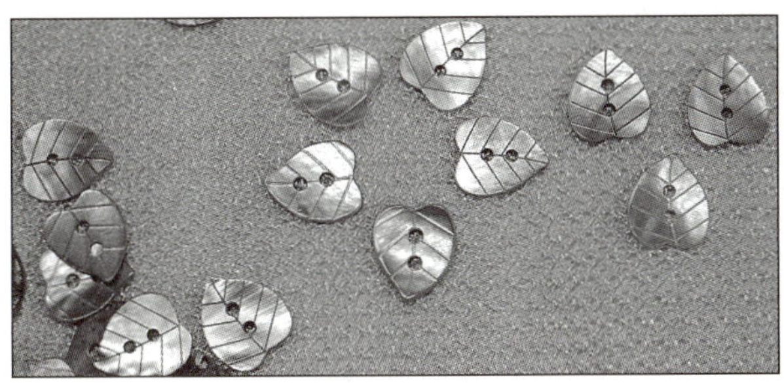

图 3-10　提升画面感

产品图的视觉焦点越少，物体表现就越明显。反之，视觉焦点越多，产品的表现就越容易被弱化，如图 3-11 所示。

图 3-11　视觉焦点多少的影响

宝贝详情页一般需要多张产品细节图，多张细节图的表达需遵循空间顺序：正面→反面→侧面→近距，这种放置顺序是模拟在现实中买家观看产品的场景。

2. 详情页的大局观

详情页不仅要承担宝贝本身转化的作用，还要承担减少跳失率，引导买家入店浏览并购买其他产品的作用。在“卖家中心→“营销中心”→“生意参谋”→“经营分析”→“流量概况”中，可以看到“流量总览”，如图 3-12 所示。

流量总览

规模

访客数	浏览量
302	948
较前日 0%	较前日 ↑8.72%

图 3-12　流量总览

来到店铺的流量的质量可以用跳失率（买家查看详情页后即离开店铺的比例）和平均停留时长等来评估。详情页的大局观要求详情页不仅要美观，还要有提高流量质量的功能。

减少跳失率需要在详情页中加装“返回首页”按钮。通常情况下，返回首页需要单击店铺招牌下面的“首页”按钮，然而，该按钮默认位于详情页主图的上方，与详情页本身有明显的脱离，并且很多新手买家不熟悉淘宝页面的操作，所以应在详情页上加装“返回首页”的按钮，以方便买家看到并单击，如图 3-13 所示。

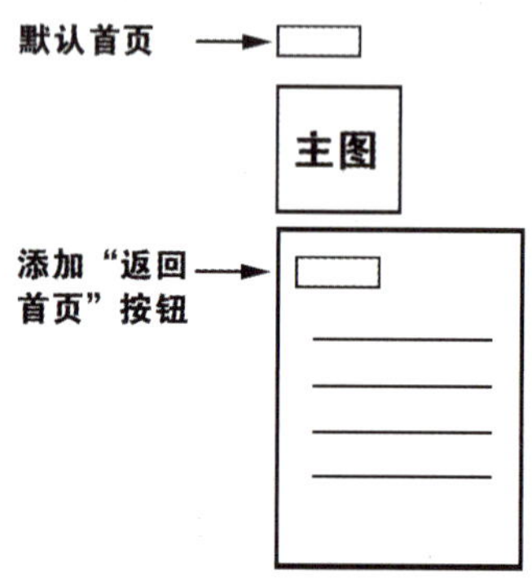

图 3-13　添加“返回首页”按钮

除此之外，还可以在详情页增加“收藏宝贝”、“收藏店铺”等按钮。

详情页中还需要添加关联销售宝贝，所关联的宝贝与当前宝贝需要接近，才能让买家产生单击的需求。关联销售的宝贝通常放在详情页的最上方，以方便买家看到。

3．打造产品烙印

一个产品的差异化完全体现在详情页里面，差异化的点不宜过多，最好设立一个点并反复强调，以此来加深印象。除差异化外，每张图都配以店铺 LOGO，也会起到同样的加深烙印的作用。

4．细节说明的表达

扫视性的阅读称为快读，也称为浅度阅读，多为买家在对比阶段采用的阅读方法。当对比完成后，决定是否要下单的时候，买家会开始仔细阅读详情页，此时的阅读称为深度阅读。浅度阅读与深度阅读的结合，需要通过文字的字体大小搭配来实现。

使用大字简单地概括说明产品，而紧附的小字进行产品的详细说明，两种不同大小字体的搭配同时照顾了两个阶段的购物需求。

5．详情页的结构顺序

一个详情页就如同一篇完整的文章，有开始、发展、高潮（差异化）和结局。

理想的详情页结构顺序应为：关联销售→产品简介→产品差异化+细节→买家反馈→售后保障→店铺文化。详情页上方添加“返回首页”、“收藏宝贝”和“收藏店铺”的按钮，中间添加分类图标。

把以上优化详情页的全部方法汇集到一起，整理详情页结构如图 3-14 所示。

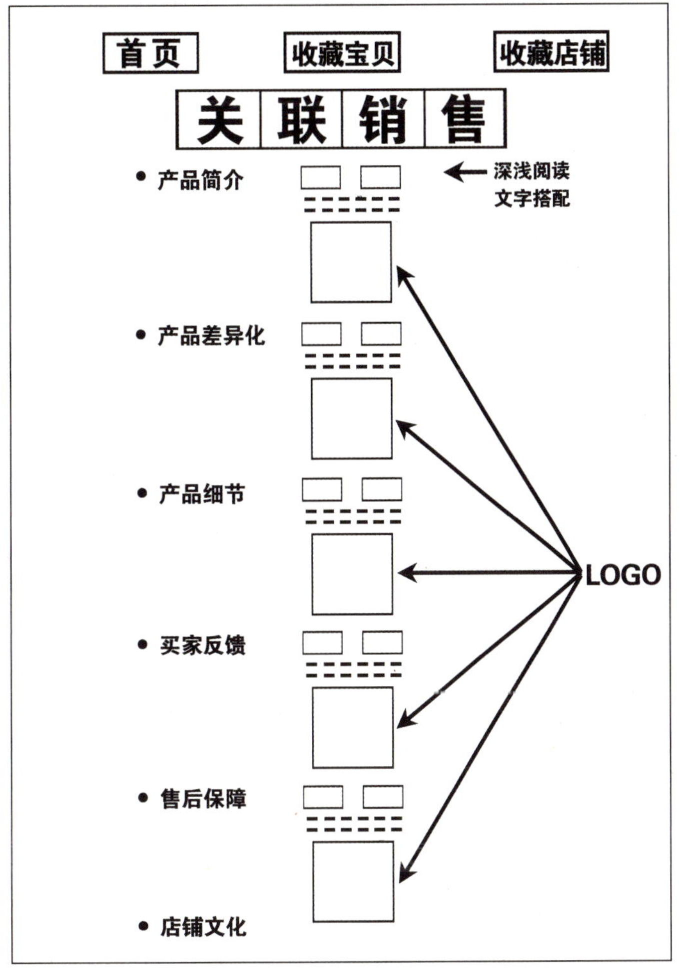

图 3-14　详情页结构

实战操作与分析

制作详情页是整个网店最耗费时间的工作，这个阶段要先计划，后实施。尤其是要把产品的差异化策划好，按照产品的差异化来拍照，前期准备得越充分，后期的图片加工就越省时省力。本章实战店铺根据“韩国进口”的差异化，以清新靓丽为风格进行拍摄，搭配诗意化的文字，如图 3-15 所示。设计制作后的详情页简洁大方，完整而不杂乱，同时又准确地展现了宝贝的特点。

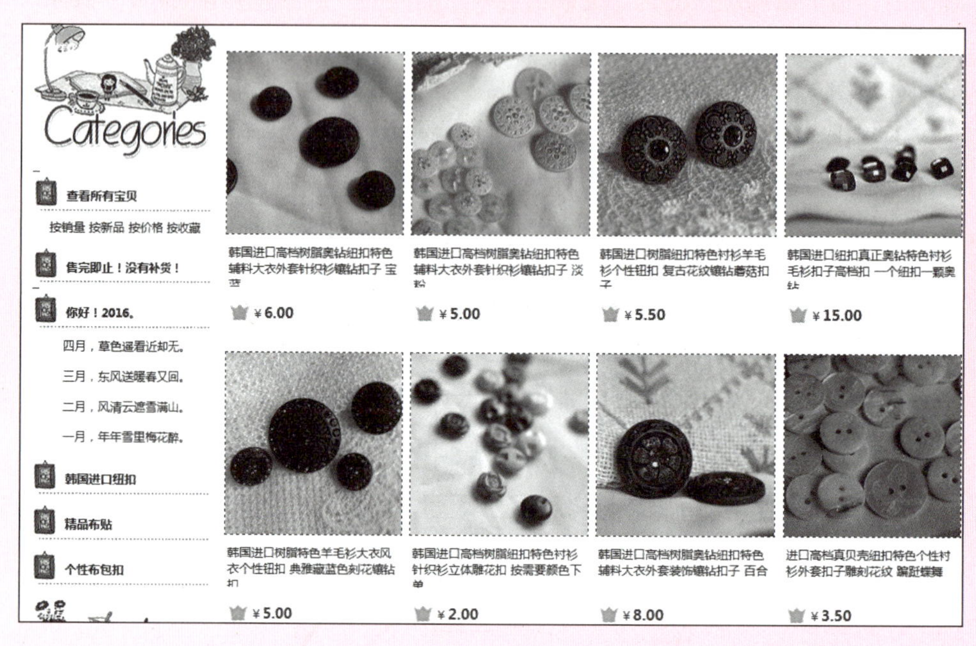

图 3-15　实战店铺首页

3.3.6　高转化率之客服

1. 客服的交流技巧

在买家经历单击、浅阅读、货比三家、深阅读等一系列操作后，在最终要下单前一般会向客服产进行咨询。客服的接待方法与技巧，同样影响着转化率。

- 良好的态度是第一前提。
- 否定词语要柔性表达。
- 客服应该少被动性地回答问题，多主动性地推荐商品。
- 回答买家问题时要多用轻松合适的表情。
- 及时回复买家问题。
- 客服回答买家问题时话不宜少，也不宜太多。
- 根据买家年龄、性别、语气及时调整自己的交谈方式。
- 常用问题可以设置快捷回复短语，但不宜过多使用。

- 给予买家支付宝支付环节的技术支持。
- 展现自己的个人魅力，学会和客户交朋友。

2. 产品问题大全表

客服刚开始接待客户时，会遇到很多问题。但是随着时间的推移，会发现有大部分的问题被反复提出，甚至有些问题每天都会遇到，而仅仅提过一次的新问题数量极少。这证明了关于店铺和产品的问题，并不是天马行空，而是可以提取并总结的。

买家通过千牛的聊天记录就可以提取问题，然后做好分类并设置相应的答案。这样不但可以让客服轻松地应对与客户的聊天，还可以把产品问题制成一张表格放置到店铺中，让客户不通过咨询就可以自助查找问题答案，增加客户体验满意度。

在千牛工作台的聊天面板，单击右侧的“消息记录”铵钮，可以查看与当前买家的消息记录，如图 3-16 所示。

图 3-16　消息记录

买家咨询的问题分类大致可以分为基本信息、产品应用、同类对比、销售细节 4 个方面，其中每一个方面又可以包含多个次分类，每个次分类中可放置该分类中的所有问题，如表 3-1 所示。

表 3-1　买家咨询问题

全店	大分类	次分类	问题汇总	新问题备用
产品 A	基本信息	大小	1，2，3…	
		重量		
		质地		
		产地		
	产品应用	用途		
		用法		
		保质		
		禁忌		
	同类对比	等级		
		相关产品		

（续表）

全店	大分类	次分类	问题汇总	新问题备用
	销售细节	价格		
		售后		
		快递		
产品 B	同上	同上	同上	同上

首先根据自己的经验列出常见问题，然后查找聊天记录，按时间倒序查找。例如当前时间是 2015 年 5 月 4 日，则从当天开始查找，然后再查找 5 月 3 日的聊天记录，以此类推。最后把查找到的问题按分类放入到表格中。在以后的销售过程中，如果遇到新问题，可以先放到“新问题备用”单元格中，等销售完毕后再按照分类重新放置。

另外，为了提高客服的工作效率，可以针对常见的固定的问题，设置快捷短语进行快速回复。如果是字数较多的快捷短语，回复前可以首先说：“亲，您好，我这边有这个问题的答案，发给您看一下。”，避免快捷短语带来的生硬感与机械感。

3.4 经验总结

本节并没有讲解如何引流，而是重点讲解店铺的客户体验（产品、详情页、服务），**客户体验直接影响转化率与销量、转化率与销量又影响排名，排名反过来又影响流量与点击率并直接决定销量**，几者形成一个完整的闭环。而客户体验是这个闭环的核心推动力，提高客户体验，从而推动排名升高，最终带来稳定、长期、免费的流量，这才是 SEO 长线优化的本质所在，如图 3-17 所示。

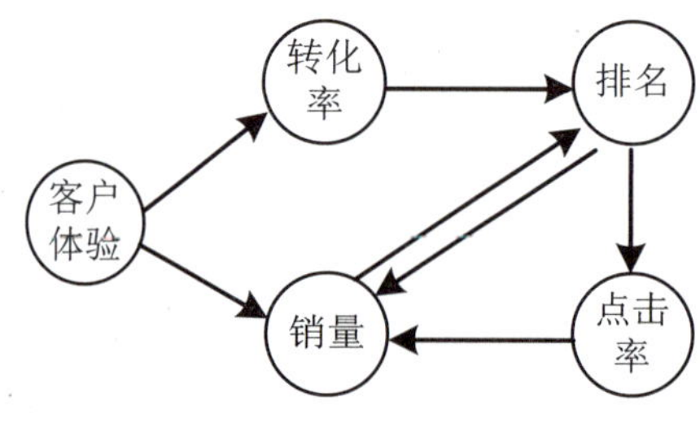

图 3-17　客户体验的影响

经过上述实战操作，只有 1 个人经营的晴天铺子网店，一直有持续而稳定的流量，没有大量的流量爆发，但也不会迅速跌落低谷，这就是好的客户体验带来的效果。

3.5 技巧荟萃

- 选产品同选词一样，可以用淘宝指数查看搜索热度作参考。
- 产品差异化的点不在多而在于精与新。
- 详情页的编辑器要熟练运用，它是处理文字与图片的好帮手。
- 产品的照片要多拍，数量上的增多同时会增加被评为好作品的几率。
- 全店保持风格统一，但要与其他店不同，这就是全店的差异化。
- 图片保留原始底片，使用时加水印以防止被盗图。
- 图片压缩后上传，会加快打开网页的速度，增加客户体验。

掌柜小结

产品永远是网店的核心，产品质量的好与坏是客户体验中最重要的因素，而产品的合理价格是促进销售的源动力。想要做好网店经营，卖家需要对产品有透彻的了解。花大时间去选择好产品，做产品的差异化，是卖家在前期准备阶段最重要的工作。当产品的质量与价格都有优势的时候，细节的问题即使处理不好，也不会影响网店经营的大走向。

第 4 章　推广裂变从这里起步——老客户口碑推广

4.1 店铺背景

店铺名称：西湖印象打印耗材

店铺主营：打印机、墨盒

店铺等级：2 皇冠

店铺人员：4 人

经营时间：8 年

年营业额：80 万

店铺现状：由于淘宝技术的普及，导致同行业开店数量增加，竞争加大。同时，耗材类属于反复消费的产品，对老客户的维护十分重要。因此，掌柜决定从老客户入手，减少老客户流失，增加老客户活跃度，从而通过老客户的口碑推广实现以老带新，最终为店铺引来新流量。

4.2 相关知识

凡是有重复购买行为的买家，都可以称为老客户。

判断某个买家是否为老客户，可以通过“卖家中心”→“交易管理”→“已卖出的宝贝”→“交易记录”，单击买家 ID 旁边的标志查看最近成交。此方法适用于最近三个月内有过成交的客户，如图 4-1 所示。

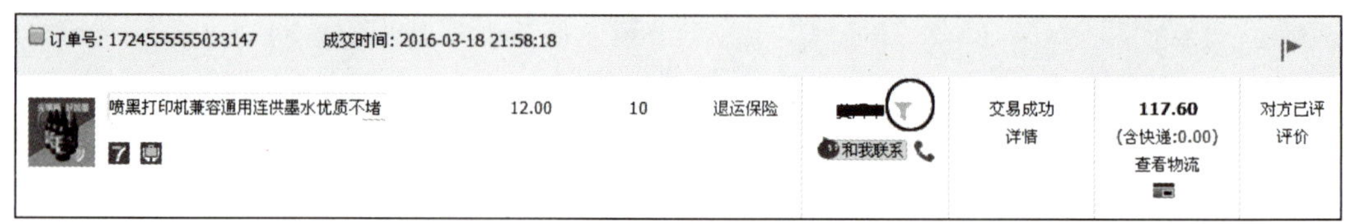

图 4-1　交易记录

三个月之前有过成交的老客户，可以在“已卖出的宝贝”中，单击“三个月前订单”，如图 4-2 所示。

图 4-2　三个月前订单

在搜索框中输入买家昵称后单击“搜索订单”按钮，就可以查看该买家三个月之前的成交记录，如图 4-3 所示。

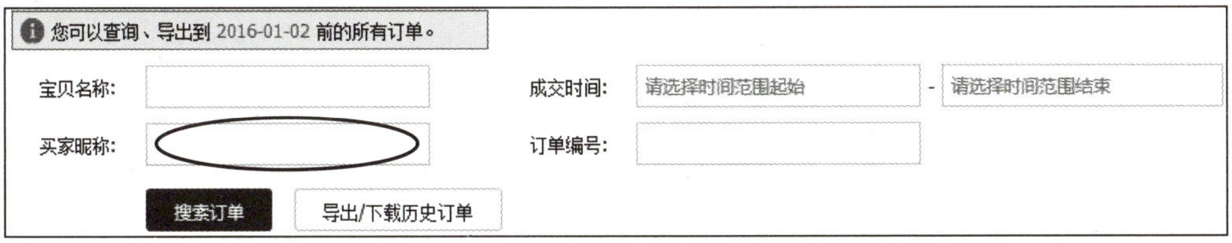

您可以查询、导出到 2016-01-02 前的所有订单。
宝贝名称：
成交时间：请选择时间范围起始 - 请选择时间范围结束
买家昵称：
订单编号：
搜索订单　导出/下载历史订单

图 4-3　输入买家昵称

相比上述查找方法，还有一种最直观的方法，即打开与买家的聊天窗口，在千牛工作台右侧窗口就可以显示最近的成交记录。如果为店铺设置了会员等级，则对应的等级名称也会显示在窗口中，如图 4-4 所示。

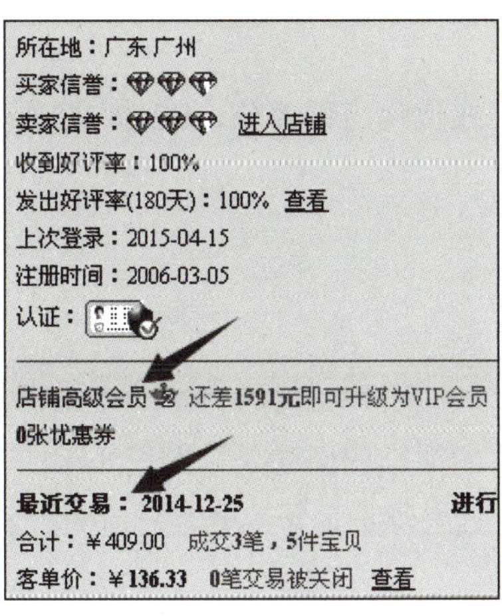

图 4-4　会员等级名称和最近交易记录

会员等级的名称和条件需要在“卖家中心”的“会员关系中心”中设置，在 4.3.1 节里会详细讲解设置方法。

4.2.1 老客户一个顶八个

随着淘宝购物人群增长的逐渐变缓，引入新流量的成本越来越高。根据调查，推广一个新客户的成本是维护老客户成本的 6 倍。

不仅如此，老客户对店铺的信任决定了老客户在咨询过程中，问题将更简洁，付款将更迅速，售后将更简单。加上这些因素，实际引入新客户的成本将是维护老客户成本的 8 倍左右，如图 4-5 所示。

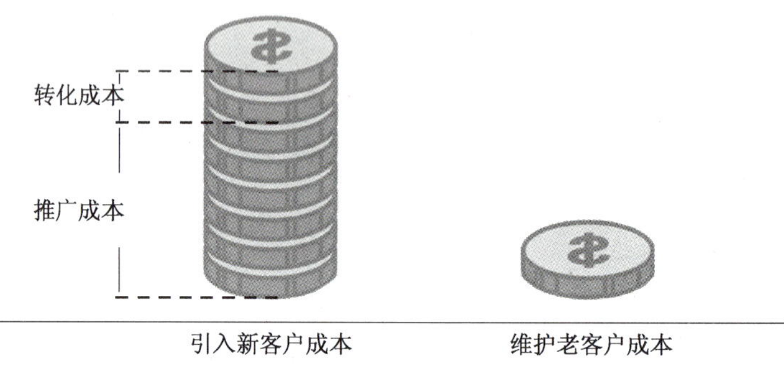

图 4-5 引入新客户和维护老客户的成本比较

由此看来，在新的网购人群不断减少的情况下，维护好老客户将是店铺的未来发展之路，尤其是重复消费较高的店铺，维护老客户将是其重要发展方向。

4.2.2 老客户的作用

老客户不仅会带来成交，在优化店铺评分、SEO、打造基础销量、推广等方面都会发挥重要的作用。

4.3 店铺推广实战

西湖印象打印耗材店目前所面临的问题是：累积 8 年的老客户没有建立清晰的会员管理制度，没有用很好的关怀计划去维护，导致老客户流失严重。同时，在新的竞争环境下，店铺需要改进和拓展新流量。

根据以上情况，确定了 6 条改进措施，具体包括：

（1）建立清晰的老客户管理体系，为以后的操作做准备。

（2）制定老客户的关怀计划。

（3）收集老客户意见，对店铺进行改进升级。

（4）利用老客户打造新品、参与活动来提高全店竞争力。

（5）唤醒沉睡老客户，建立老客户的专属圈子。

（6）利用老客户口碑营销引入新流量。

下面一一着手去实践并完善这些措施。

4.3.1 老客户的 VIP 计划设置

淘宝本身就很重视老客户的维护，在“卖家中心”→“营销中心”中就有“会员关系管理”一项，如图 4-6 所示。

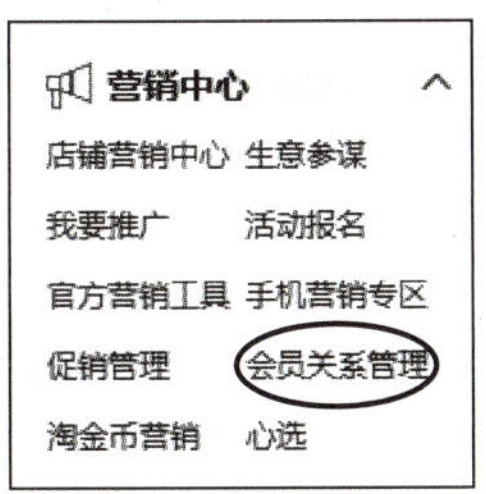

图 4-6 营销中心

进入“会员关系管理”以后，若要设置会员的不同等级，需要单击“设置”按钮。在老客户 VIP 计划的设置中，根据不同的会员等级，在拍下宝贝后买家会自动获得不同的折扣。一般来说，折扣可以设置成 98 折、95 折、93 折和 9 折几个等级。如果利润空间较大的，可以适当加大折扣。会员等级可以进行升级，升级所需的交易额或交易次数可以根据自己的客单价设置，会员等级升级的条件不宜过于苛刻，如图 4-7 所示。

		店铺客户	普通会员(VIP1)	高级会员(VIP2)	VIP会员(VIP3)	至尊VIP会员(VIP4)
升级模式		-	自动升级 ☑	自动升级 ☑	自动升级 ☑	自动升级 ☑
满足条件		-	交易额￥ 100 或 交易次数	交易额￥ 500 或 交易次数	交易额￥ 2000 或 交易次数	交易额￥ 5000 或 交易次数
会员权益	基本优惠	-	折扣 10.0	折扣 9.8	折扣 9.5	折扣 9.0

图 4-7 设置会员等级

设置好折扣以后，老客户在成交时，系统会根据其会员等级自动进行打折，如图 4-8 所示。

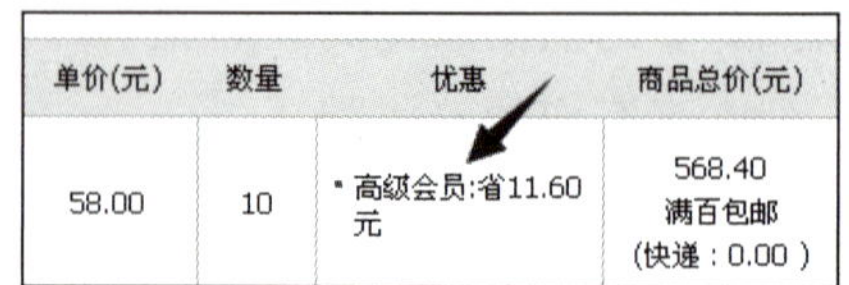

单价(元)	数量	优惠	商品总价(元)
58.00	10	・高级会员:省11.60元	568.40 满百包邮 (快递：0.00)

图 4-8　根据会员等级自动进行打折

实战操作与分析

根据西湖印象打印耗材店的客户消费频率以及价格，设置了普通会员、高级会员、VIP 会员、至尊 VIP 会员 4 个会员等级，老客户等级设置初步完成。

4.3.2　老客户的关怀计划

老客户的关怀计划主要包括老客户对商品的个性化需求、情感需求和交流方式的选择。

1. 个性化需求

在与老客户的聊天过程中，或者是老客户对产品的评价里，卖家常常会获取一些与众不同的要求，这些就是老客户的个性化需求。例如：有的客户喜欢不同的赠品，有的客户喜欢用赠品抵价，有的客户喜欢使用熟悉的快递，如图 4-9 所示。

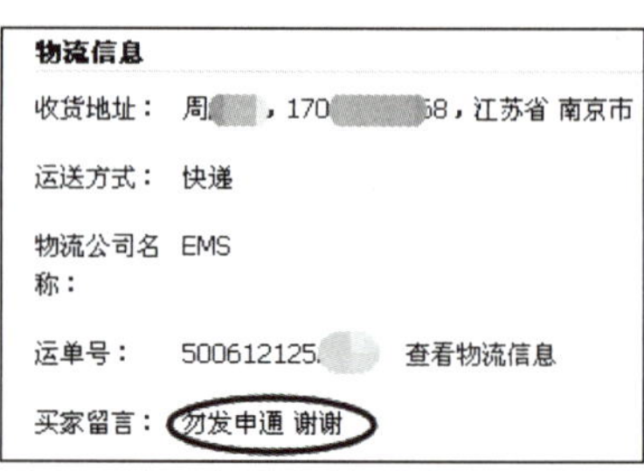

图 4-9　个性化需求

满足这些个性化需求，会提高老客户的满意度和忠诚度。个性化需求满足得越好，老客户的忠诚度就越高。个性化需求可以通过千牛工作台右侧面板上的标签功能来记录，首先单击“添加”按钮，如图 4-10 所示。

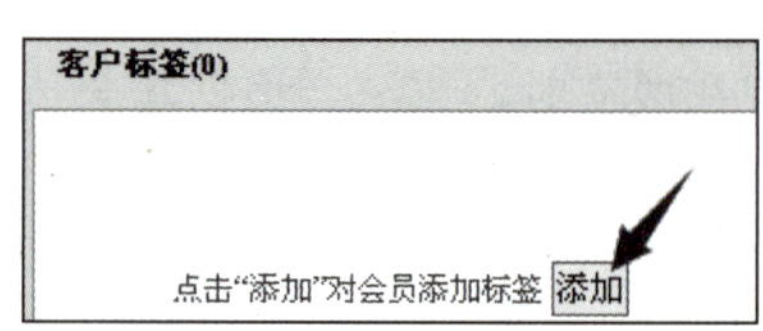

图 4-10　“添加”按钮

然后以该客户的个性化需求为内容创建新标签并保存，如图 4-11 所示。再在“已有标签”列表中，选择对应的短语来添加，单击“确定”按钮，如图 4-12 所示。

图 4-11　创建新标签

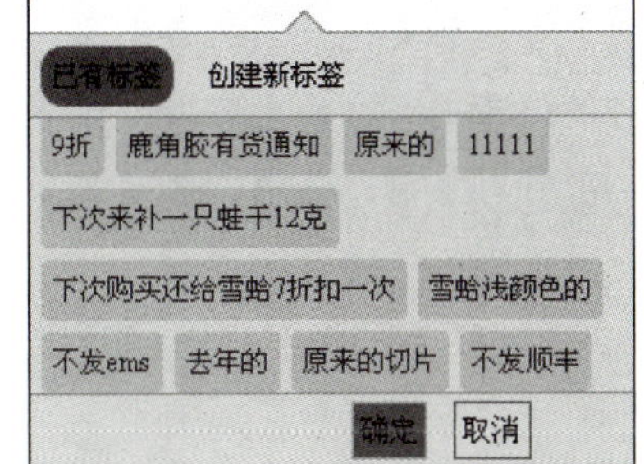

图 4-12　添加已有标签

添加标签后，客户标签会显示在与买家的聊天窗口右侧，如图 4-13 所示。

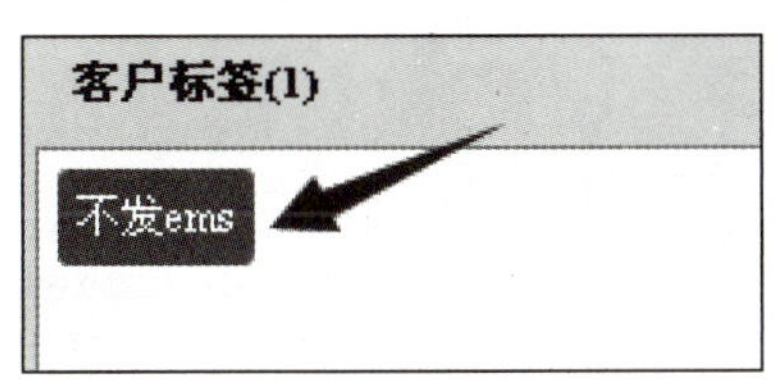

图 4-13　客户标签

2. 情感需求

情感需求特指老客户的生日以及其它纪念日时店铺给予的人文关怀或优惠等，卖家需提前针对老客户进行调查，并在老客户生日及纪念日当天送小礼物或者设置大的折扣，这是老客户关怀计划中必不可少的一项。

3. 交流方式的选择

在交流方式上需选择老客户喜欢的方式，避免打扰老客户的方式，严禁骚扰式的交流。经过实践总结，老客户最容易接受的依然是旺旺聊天，其次是短信、电话等。在使用短信和老客户交流时，注意不要有明显的广告形式，尽量使用客气、亲情化、幽默化、卡通化等不易产生反感的表达方式，例如：

初春时节，乍暖还寒，要想身体好，衣服不要脱太早！

明天有一个活动，掌柜前思后想，决定发布这条信息，因为能省一百多！

亲，你的快递正扑楞着翅膀向南京飞去，预计三天后降落，请亲做好接收准备哦！

实战操作与分析

根据以上分析，西湖印象打印耗材店设立如下的关怀计划：

（1）查找聊天记录，为每个客户的个性化需求做标签。

（2）记录老客户的生日，并设置生日当天的优惠活动。

（3）针对售前、售中、售后三个阶段制定不同的交流方式与内容。

4.3.3 老客户的意见收集

淘宝的动态评分是SEO中权重较高的一项，动态评分完全是由产品和服务来决定的，如图4-14所示。产品与服务不可能达到完美，而且卖家从自己的角度出发，总会有想象不到的细节问题。这个时候，老客户的意见收集就可以对店铺及产品的改善升级起到作用。

通过旺旺聊天、随货物一起发出的调查问卷都可以完成意见收集。常见的调查问卷形式如图4-15所示。

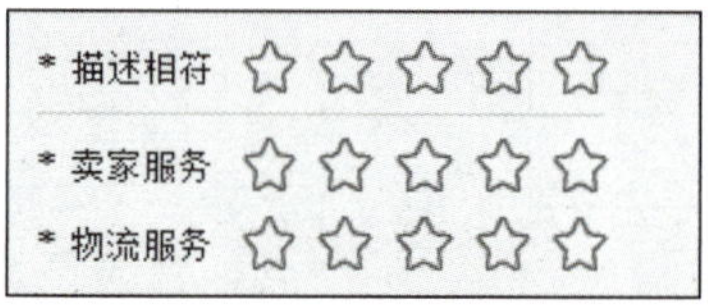

* 描述相符 ☆☆☆☆☆
* 卖家服务 ☆☆☆☆☆
* 物流服务 ☆☆☆☆☆

图4-14 动态评分

亲，不知这次的服务您是否满意，现在我们在进行意见收集，如果您对小店有任何意见与建议，请发送给客服，我们将及时做出改善，在此对您表示万分的感谢！

图4-15 常见的调查问卷

淘宝也有制作调查问卷的工具可以使用，即“淘问卷”。在淘宝首页进入“卖家服务市场”→“卖家服务”，搜索“淘问卷”后即可订购使用，如图4-16所示。

图4-16 淘问卷

有的老客户性格较内向，不喜欢参与调查，有意见会直接写在宝贝评价里，及时翻阅卖家对产品的评价是收集这部分老客户意见的方法，如图 4-17 所示。

不计分 东西不错，老板也很好很负责，我拍错了东西，多亏老板提醒，要不然怪麻烦的，可能是第一次使用对光泽度有点失望
2014年12月23日 19:54 颜色分类:品红M

图 4-17 买家对产品的评价

意见收集以后，要进行“整理→分析→处理”过程，筛选出中肯、可用的意见，并针对相应的产品和服务进行改善。当意见中有多处集中指向某一问题时，则说明这类问题是很重要且需要马上解决的。

根据以上分析，通过一个月的调查与收集，得出西湖印象打印耗材店目前存在的问题如下：

（1）技术性知识提问较多。

（2）设备使用知识多以电子文档形式发给买家，导致买家使用不方便。

（3）高几率售后事件没有预先提醒。

实战操作与分析

针对以上问题，掌柜进行了针对性的调整。首先，把专业知识系统地做了分类后，放到宝贝详情页，尤其是常见性问题放在最上方，如图 4-18 所示。然后，当与买家成交后，网上发给买家使用知识电子文档一份。发货时，再随寄纸制文档一份。最后，将高几率售后事件以醒目文字形式放于宝贝详情页上方，用于提醒买家。调整后持续跟踪一个月，掌柜发现咨询与售后的问题数量明显降低，而同时动态评分也有了大幅度地提高。

CUSTOMER SERVICE

温馨提醒

1.改装之前请确保您的墨盒能正常打印

2.不同型号墨盒,改装方法都是相通的,但记得颜色不要加错,加墨前建议用牙签伸进去分辨下颜色,再加入对应颜色的墨水.

3.连供和打印机必须放同一桌面上,不能抬高,否则漏墨,也不能放低,这样会导致墨水回流.

4.给墨盒加墨时速度一定要缓慢,不要加太多,针筒不能扎太深,否则可能导致漏墨.

如果墨盒上机打印不出或断线，常见下面几种情况

(1)墨盒长久不用，喷嘴干了(处理方法:可以把墨盒取出来，出墨口用热水泡2分钟，不需要整个墨盒泡，就出墨口，用手拿着泡就可以)

(2)墨盒出墨口滴墨水了(处理方法:把墨盒取出来，下面擦干?辉偕匣?，如果滴墨比较多，用针筒把墨水适当抽点出来，然后墨盒放保护夹内，等墨盒不滴后再擦干净上机)

(3)手工加墨，墨盒里面有空气，可以用吸墨夹抽一下)如果上面这些情况都不是，那很有可能墨盒本身不好，建议换一个好的墨盒再改装.

图 4-18 宝贝详情页放置高几率售后事件

4.3.4 新品与活动提高流量

店铺需要增加新品来引进新流量，新品上架首先遇到的问题就是没有销量，所以无法激发买家的购买热情，大部分买家看到销量为 0 的新品时，是很难产生下单的行为的。利用给老客户打折的方法，可以促使老客户下单，以此来增加新品的基础销量。

店铺会经常做活动，无论是官方的活动，还是自己的活动，活动的初始成交都是很重要的。初始成交量及成交速度，会影响之后成交的数量。一般来说，初始成交的速度越快，成交的数量越多，后面的买家下单的积极性就越高。

根据以上的分析，西湖印象打印耗材店在新品上架时，使用了专门针对老客户的阶梯打折方法，成功地完成了新品的基础销量，如图 4-19 所示。通常新品销量超过 10，产品排名就会有很大地提升。

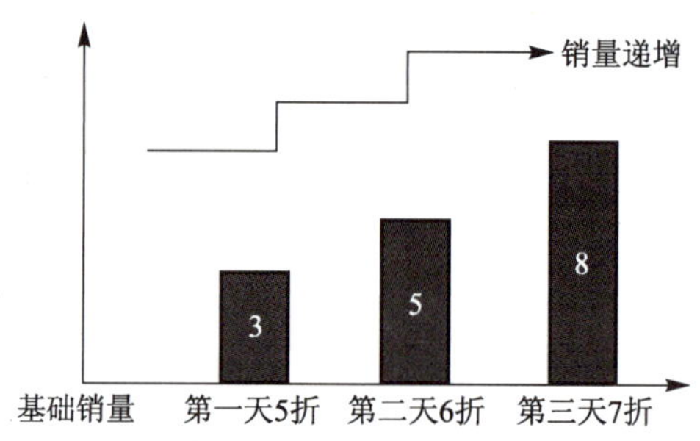

图 4-19 阶梯打折

图 4-18 所示的新品基础销量操作有两个注意事项，一是销量递增的产品，系统会认为是表现优秀的产品，所以选择“3→5→8”的递增方式；二是折扣要限量，限量的大折扣要放在第一阶段来吸引买家抢购。

下面讲活动销量，活动销量适用于店铺的所有活动中。一般选热销款进行打折促销，用老客户分三批，引领买家在上午、下午、晚上三个时间段进行下单，如图 4-20 所示。

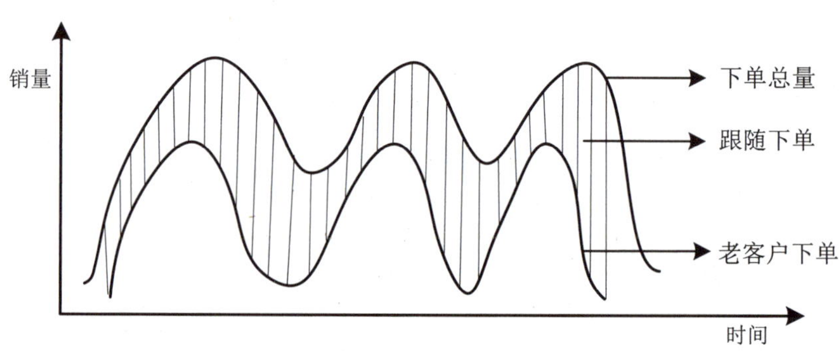

图 4-20 活动销量

在图 4-20 中，需要注意的细节是：在没有老客户引领下单的时候，新客户的下单量是极低的；当老客户下单量增大时，新客户的跟随下单量开始明显增长，并具有长期的时效性。三个成交时间段里，老客户的下单峰值，都会引领出新客户的一个下单峰值。

这种方法适用于淘宝所有的活动，无论是官方活动还是自己发起的活动，是活动中保证销量的致胜性武器。

一般给老客户的折扣并不赚钱，甚至会赔钱，但是老客户的参与会带动宝贝排名的提升与新流量的引入，并最终获取利润，这才是给老客户打折的真正意义所在。例如老客户的每笔交易需付出 5 元的成本，而每 3 个老客户的订单可引领 2 笔新增订单，每笔新增订单的利润为 30 元，则最终利润为 2×30−3×5=45 元。

而所有订单产生的销量，会明显提升宝贝的排名，为后续的流量与成交打下基础，并存在着持续的长期效应。

实战操作与分析

实战中通过老客户折扣方式，成功打造了两个销量为 10 的新品，对比之前销量为 0 的新品，快速的破零并打造销量为 10 的基础销量可在短期大幅增加排名，并显著带来成交。

4.3.5　提高复购率的秘密

复购率是指老客户重复购买的交易次数占总交易数的比例。复购率高说明产品与服务水平较高，因此，复购率是搜索排名里权重较高的一项。提高复购率需要做到两方面：唤醒沉睡客户与增加老客户粘性。

1．唤醒沉睡客户

进入“卖家中心”→“营销中心”→“会员关系管理”，在首页可以看到沉睡成交客户占比，如图 4-21 所示。

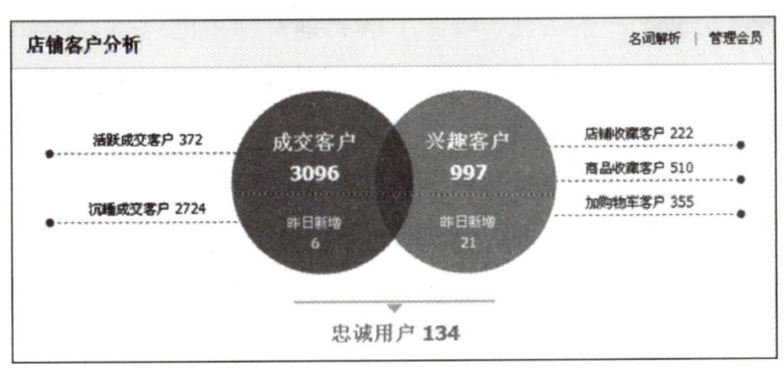

图 4-21　店铺客户分析

单击“客户管理”，设置“上次交易时间”，从开店第一年起，逐年查找沉睡客户，如图 4-22 所示。

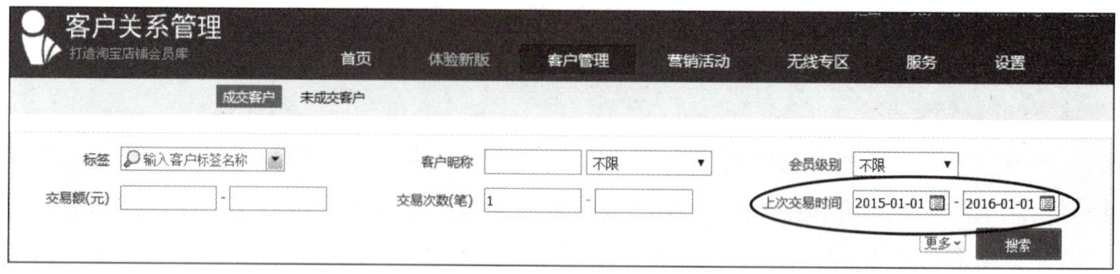

图 4-22　查找沉睡客户

提取沉睡客户信息后，对其发放优惠券、彩票等优惠信息进行唤醒，引导沉睡客户继续消费，如图 4-23 所示。

发优惠券　发彩票　发电影票　批量添加标签　批量修改信息

客户信息	交易额（元）	交易次数（笔）	平均订单金额（元）	上次交易时间
zcn 高级会员 标签：	642.00	3	214.00	2012-01-01
zz80 普通会员 标签：	65.00	1	65.00	2012-01-01
南宫 普通会员 标签：	113.00	1	113.00	2012-01-01
13777759 普通会员 标签：	65.00	1	65.00	2012-01-01

图 4-23　提取沉睡客户信息

2. 增加老客户粘性

淘宝是一个专业的购物网站，当客户有需求的时候才会到淘宝产生购物行为。当购物结束后，客户很少再去曾经购物过的店铺进行详细地浏览。此时，卖家可以建立一个自己的圈子，让客户对这个圈子产生关注，以便了解店铺及掌柜的信息，例如掌柜的日常工作、每日心情等。客户经常获取这些信息，会形成店铺在客户生活中存在的一种习惯，当有购物需求的时候，客户就会第一时间想到这家店铺。这种客户与店铺之间的密切联系，称之为粘性。

圈子形式包括微博、微信、QQ 等社交工具，圈子信息可以通过在店铺内放置公告、发货时随货寄出二维码等形式告知客户，吸引老客户加入店铺的圈子，增加老客户粘性，提高复购率。

唤醒沉睡客户的过程中，卖家先收集了沉睡老客户的资料，然后采用了发送手机短信的方式，用折扣等方法唤醒了大批沉睡客户，显著增加了复购率。当全店的活跃老客户占比及复购率提升时，全店的排名以及相关宝贝的排名也都随之水涨船高。

4.3.6　老客户口碑推广方案

老客户购买了产品以后，通过口述、网络分享等形式，把产品介绍给身边的人了解，从而产生成交，这种方式叫做口碑推广。口碑推广的方法包括买家秀、拉人有奖、会员共享。

1. 买家秀

买家秀是指老客户把产品图以及产品的使用过程等，通过微信、微博、QQ 等方式分享到自己的圈子的方式。鼓励老客户展示买家秀可以使用返现或者红包等奖励，如图 4-24 所示。

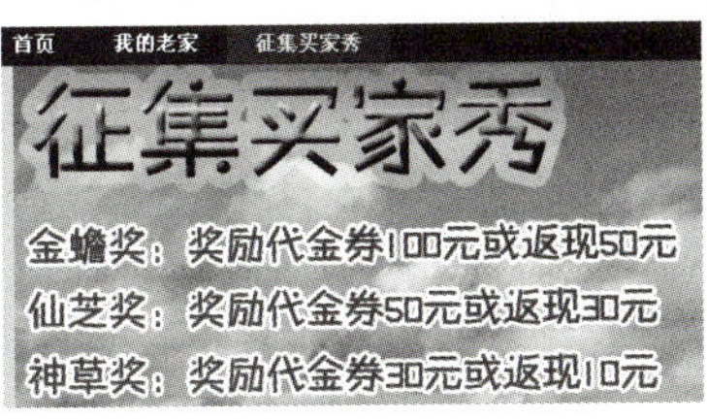

图 4-24　征集买家秀

2. 拉人有奖

拉人有奖是淘宝自带的拉人方式，可以在“卖家中心”→“宝贝管理”→“出售中的宝贝”中设置。选择要设置拉人有奖的宝贝，单击右侧的“设置拉人有奖”，可以设置拉人有奖的奖励方法，如图 4-25 所示。

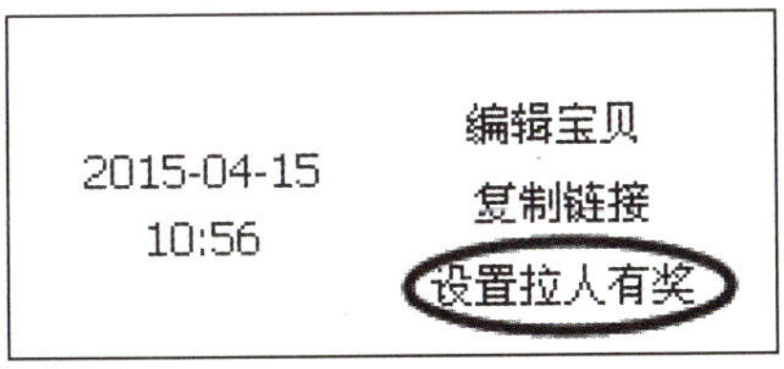

2015-04-15
10:56
编辑宝贝
复制链接
设置拉人有奖

图 4-25　设置拉人有奖

3．会员共享

会员共享是指老客户的亲戚朋友等在交易时，只要提供相应的串码或暗号，即可享有与该老客户同等的折扣权限，此方法适用于对于返现不敏感，也对于拉人有奖不感兴趣，而仅仅是乐于分享折扣的老客户。对于该类老客户，可以通过发送聊天消息或者发货时在发货单上打印信息方式通知其共享信息，例如：

亲爱的会员，您好，您是本店的高级会员，可以享受全店 95 折的优惠，您的专属会员号是××××××，如果您的亲朋好友来本店购物，提供此会员号即可享受与您同等的优惠。

实战操作与分析

老客户的口碑推广带来的流量不但精准，而且转化率高，因为大部分买家都愿意相信身边人的推荐，他们认为这种推荐可信度更高。西湖印象打印耗材店通过买家秀分享及拉人有奖的设置，每月都能通过口碑推广带来新的订单。尽管口碑推广带来的订单不会太多，但是具有长期效应，并且老客户口碑推广带来的新买家极有可能同样成为老客户，成为店铺稳定的基石。

4.4 经验总结

通过以上一系列的操作，西湖印象打印耗材店在大约三个月的时间里，完成了老客户的 VIP 计划整理、关怀计划制定、意见收集、活动折扣、口碑推广等操作，店铺里老客户成交占比显著上升，同时带动了相应宝贝排名的上升，使店铺处于一个良好的发展阶段，增强了店铺在同行业中的竞争力。

老客户推广经验总结如图 4-26 所示。

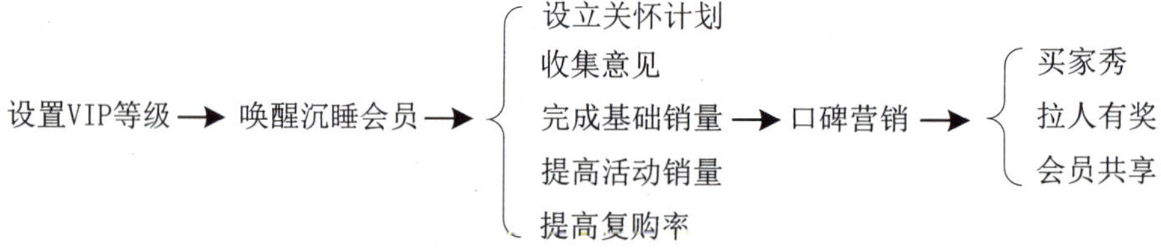

图 4-26　老客户口碑推广

4.5 技巧荟萃

- 老客户折扣使用手动折扣，成交记录会显示原价。
- 手动折扣优惠价格不超过总价格的 50%，否则影响支付宝使用率。
- 唤醒老客户时要分批进行，客户情况易掌控，否则会造成销售及库存压力。
- 店铺中应以图片形式放置 QQ、微博等宣传信息。
- 淘宝不允许放置微信二维码，但是可以以图片的形式放置微信号。

掌柜小结

淘宝经历了初期的发展以后，买卖双方都逐渐成熟：买家会选择一批好的店铺加入收藏并定期关注，有新品就会消费，省去了大量对比的时间；而卖家也会专心维护自己的老客户，建立自己的销售圈子。老客户的占比将越来越重要，把老客户维护在自己所创建的圈子里，不流失，以老带新，不再做高成本的推广，也是未来店铺的发展方向。

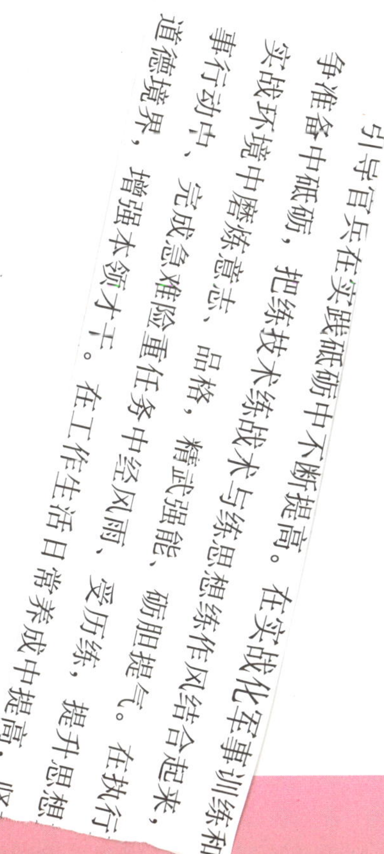

第 5 章 生财有道——用好站内其他免费流量

5.1 店铺背景

店铺名称：韵之宝银饰

店铺主营：银饰品

店铺等级：1 皇冠

店铺人员：1 人

经营时间：8 年

年营业额：65 万

店铺现状：韵之宝银饰是一家以经营银饰品为主的店铺，店铺的风格有着鲜明的个性特征。经过多年经营，店铺内产品质量与服务均为上乘。然而自淘宝开通“双十一”之类的促销活动之后，客户不断被分流，当前店铺急需补充新的流量。

韵之宝店铺的银饰品以手工打制为主，因此并不适合做短时间多销量的活动促销，在 SEO 已经优化好的前提下，需考虑从淘宝其他入口引入新流量。

5.2 相关知识

站内其他免费流量是指除关键词搜索之外的所有免费流量。淘宝打造的是一个丰富的购物生态圈，这种理念决定了除关键词搜索之外，淘宝还有多样化的入口来满足不同购物人群的需求。

挖掘淘宝站内其他免费流量的做法，竞争性小，可行性大。尤其对于那些经过 SEO 优化后不适合做促销的店铺，可以优先选择该种流量拓展方法。

5.2.1　类目与关键词搜索的差异

买家在淘宝购物时，类目查找与关键词搜索是两种截然不同的寻找产品的方法。

在大多数买家的眼中，淘宝购物时首先要在搜索框中输入产品的关键词，如图 5-1 所示。

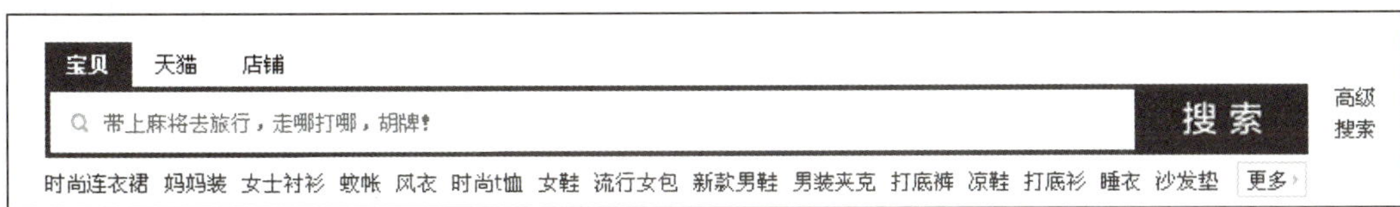

图 5-1　关键词搜索

而在另外一些买家眼中，淘宝购物时要在淘宝首页选择产品类目。这种购物习惯的卖家，首先查看淘宝网首页大的分类，单击进去，再逐级地向下寻找直至找到自己所需产品的小分类。淘宝网的类目有很多，图 5-2 列出的只是其中的一小部分。

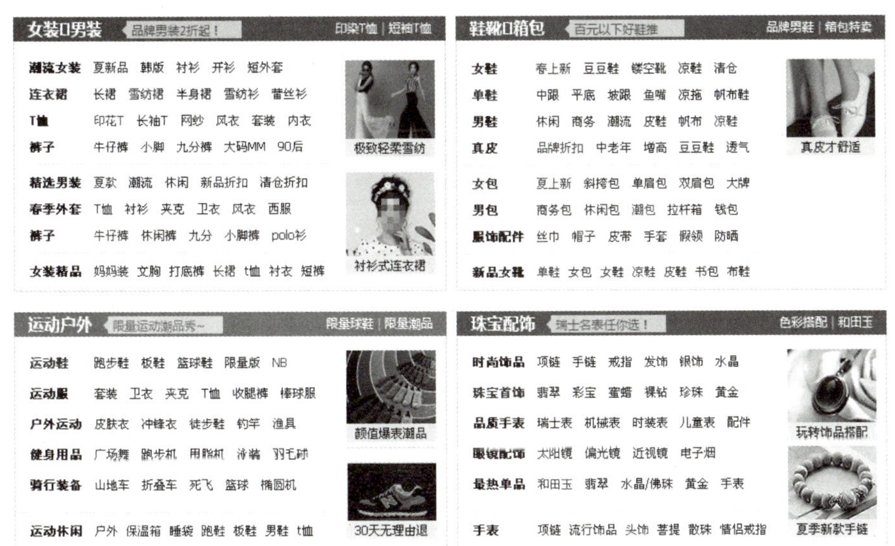

图 5-2　类目查找

两种方法代表着买家中两种不同的使用淘宝网的习惯，如图 5-3 所示。

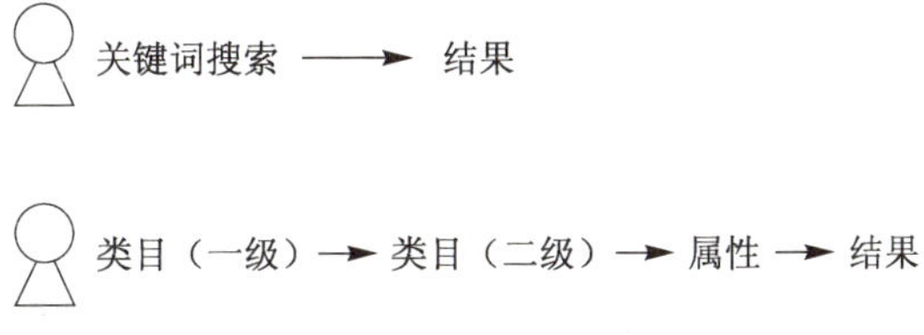

图 5-3　使用淘宝网的两种习惯

5.2.2 类目排名的权重组成

网店类目排名的权重主要包括三点：一是店铺的类目主营占比；二是类目的正确性；三是类目与属性的匹配。

在“卖家中心”→“交易管理”→“评价管理”中，可以看到店铺的类目主营占比情况。店铺里的主营占比越高，意味着专业性越强，在类目查找时排名就会靠前，如图 5-4 所示。

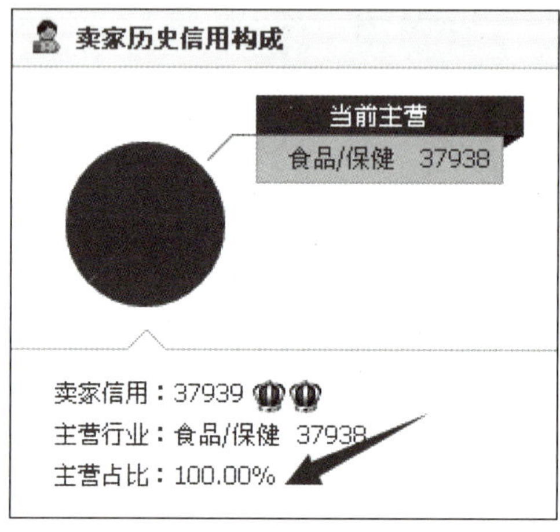

图 5-4 店铺的主营占比

同一件产品，在上架的时候可能会有不同的类目可以选择。当有多个类目可以选择时，应优先选择流量高的类目。例如，茶叶可以属于茶分类，也可以属于有机零食分类，如图 5-5 所示。由于茶分类流量较高，所以将茶叶放在茶分类下比较合适。

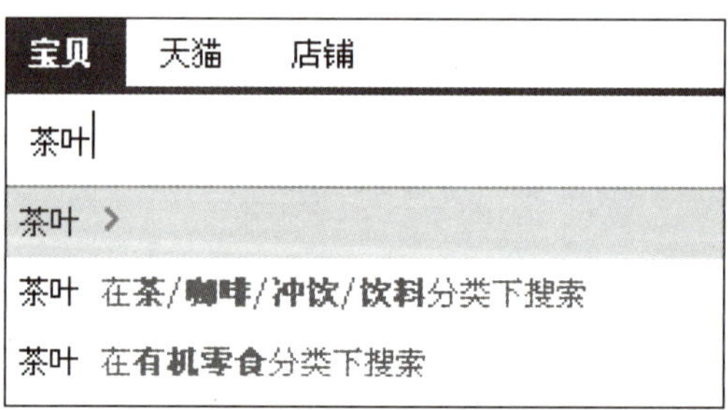

图 5-5 茶叶所属分类

当类目选择完成后，在宝贝发布页面将会有不同的属性需要选择，属性的正确性也是类目排名的重要因素，如图 5-6 所示。

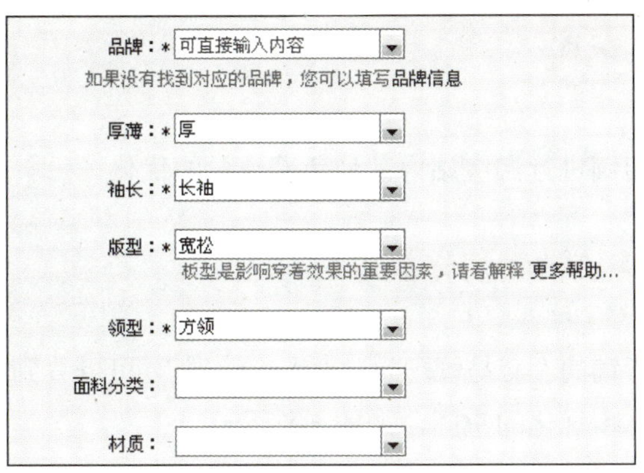

图 5-6　属性设置

类目查找的其他权重与关键词搜索大体相同，如动态评分，转化率等。

5.2.3　店铺搜索

除关键词搜索与类目查找外，还有很少一部分买家会选择店铺搜索，即先选择店铺后再在该店铺中搜索产品。

在淘宝首页的搜索框中，分为“宝贝”、“天猫”和“店铺”三个选项。先选择“店铺”，然后在搜索框中输入关键词即可查找到相关店铺，例如，输入“花种子”，店铺搜索结果如图 5-7 所示。

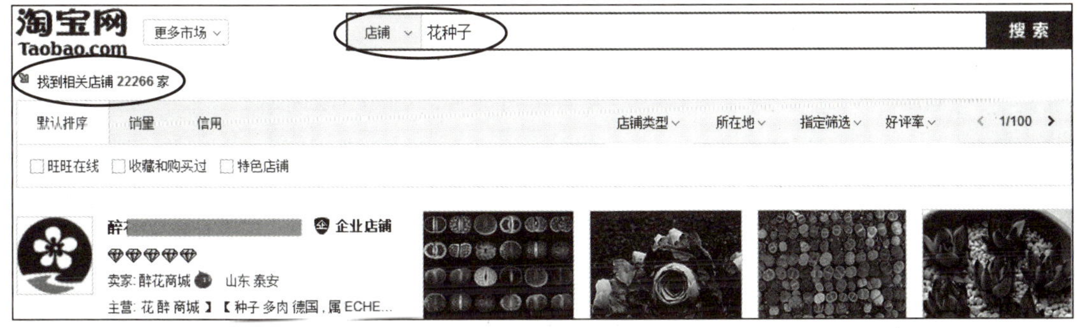

图 5-7　店铺搜索

5.2.4　站内其他免费流量来源

淘宝站内其他免费流量来源还包括淘宝首页其他入口以及店铺本身的展示。

5.3 店铺推广实战

现在针对韵之宝店铺进行淘宝站内其他免费流量的优化。

5.3.1 类目排名与店铺搜索优化技巧

首先进入韵之宝店铺的“交易管理”→“评价管理”，可以看到主营占比达到99.07%。情况较好，但仍有进一步优化的空间，如图5-8所示。

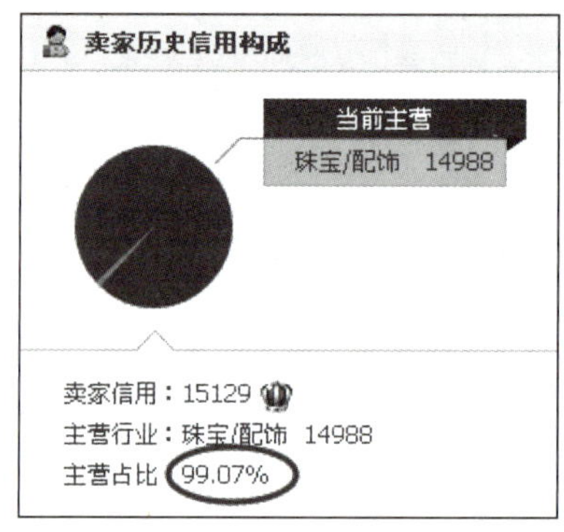

图5-8 查看主营占比

返回“卖家中心”，查看“宝贝管理”→“出售中的宝贝”，一一查看宝贝类目，将与主营类目不同且没有成交的宝贝删除。

在查找宝贝类目的过程中，发现有两款宝贝没有放到主营类目“美妆饰品”里，而是放到了“服饰配件”里，使用编辑功能修改宝贝类目，如图5-9所示。

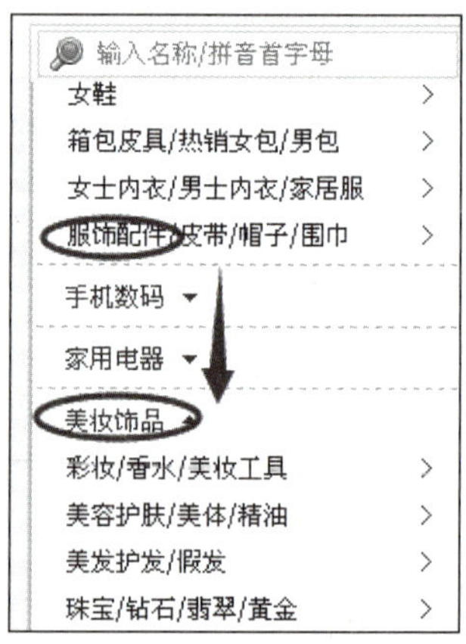

图5-9 修改宝贝类目

查看“出售中的宝贝”，单击“编辑宝贝”按钮，一一进入编辑页面，查看属性是否正确。此方法与 SEO 中属性优化方法操作相同。当属性选择错误或者是没有选择时，关键词搜索与类目查找的排名都会下降。

实战操作与分析

类目与属性优化很简单，检查并修改即可。需要注意的是，宝贝属性不是固定不变的，淘宝网偶尔会对属性进行添加与更改。

5.3.2　店铺搜索

由于对淘宝网的理解差异和使用习惯不同，有一小部分买家在网上购物时，会使用店铺搜索功能。搜索店铺的时候，系统会用店铺名称以及店铺主营产品做匹配，只有店铺名称或者主营产品里有对应的关键词，当前店铺才有可能被搜索到。使用店铺搜索“银饰”，结果如图 5-10 所示。

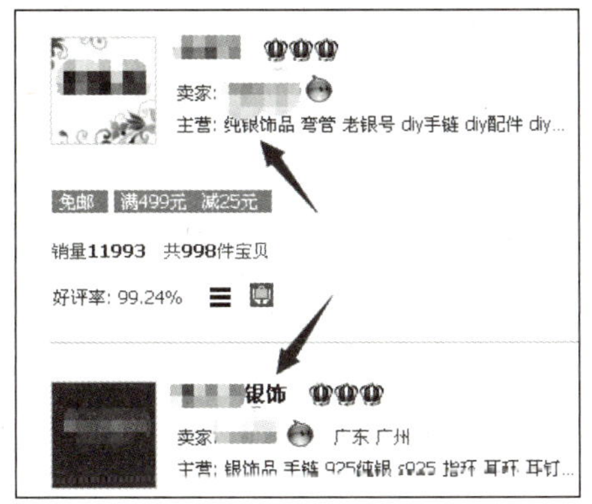

图 5-10　店铺搜索“银饰”

因此，卖家可以为店铺名称添加搜索词并添加主营产品词。首先进入”卖家中心“→”店铺管理“→”店铺基本设置“，如图 5-11 所示。

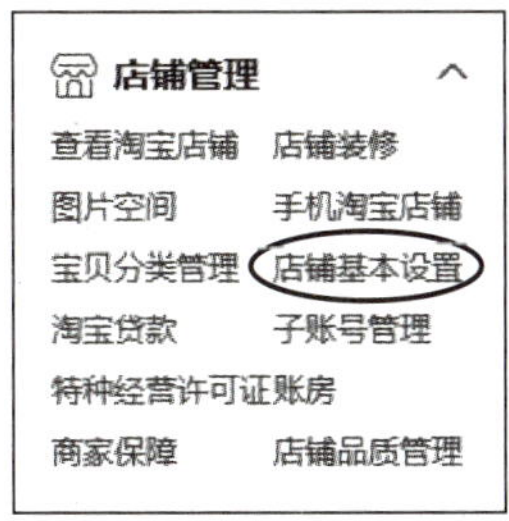

图 5-11　店铺基本设置

在“店铺名称”和“店铺简介”文本框中输入想要填加的词语即可，如图 5-12 所示。

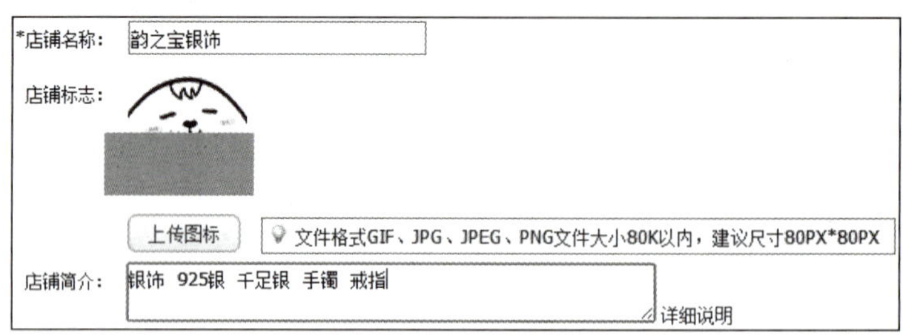

图 5-12　添加关键词

相对于类目搜索，店铺搜索更不常见，但是这部分流量也可以进行充分利用，只需在店铺名称与主营产品中添加搜索词即可。

5.3.3　巧用深藏的导航信息

淘宝网是一个多样化的购物网站，要了解淘宝的多样化，就需要使用导航信息。当买家进入淘宝首页时，右上角有一个“网站导航”按钮。鼠标指向“网站导航”，可以看到导航里面有不同的入口，为有着不同需求、不同喜好的买家提供了方便，如图 5-13 所示。单击“网站导航”按钮，可以看到更多的入口。

消息 · 手机逛淘宝 · 我的淘宝 · 购物车22 · 收藏夹 · 商品分类 · 卖家中心 · 联系客服 · 网站导航

主题市场				特色购物			当前热点			更多精彩		
女装	男装	鞋靴	箱包	淘宝女人	淘宝男人	中老年	天天中奖	新鲜土货	美丽裙装	阿里旺旺	支付宝	点点虫
婴童	美妆	食品	珠宝	闲鱼	拍卖会	全球购	美白修复	热卖单鞋	智能数码	买房租房	大众评审	天猫进口
装修	建材	家居	百货	小微快采	淘宝众筹	爱逛街	海外精品	特价旅行	宝贝最爱	限时限量	余额宝	大牌捡宝
汽车	数码	家电	游戏	中国质造	淘女郎	潮电街	宅品精选	新房装修	宝贝计划	淘公仔	司法拍卖	淘宝台湾
生活	学习	房产	结婚	天天特价	试用	清仓	女装抢新	全球美食	找工作	淘宝全球	闺蜜淘货	B格
运动	户外	娱乐	花鸟	全民抢拍	淘金币	抢新	阿里APP	在线洗衣		淘宝视频	浏览器	
				淘特来斯	本地团	淘花源						

图 5-13　网站导航

导航信息都是除搜索以外的站内流量，买家可以选择一种或几种参与，下面以淘宝达人为例讲解参与方法。

淘宝达人是有着丰富购物经验的人群，他们把自己购买过或者是经过综合评定认为高质量的店铺放在一起，建立一个属于自己的页面，这种页面一般都具有强烈的个性。由于是购物经验丰富的人群所建，一些在淘宝上购物不会选择、不会比较的买家，会在这样的引导性页面进行浏览并购买。

先进入“网站导航”→“特色购物”→“淘宝达人，如图 5-14 所示。

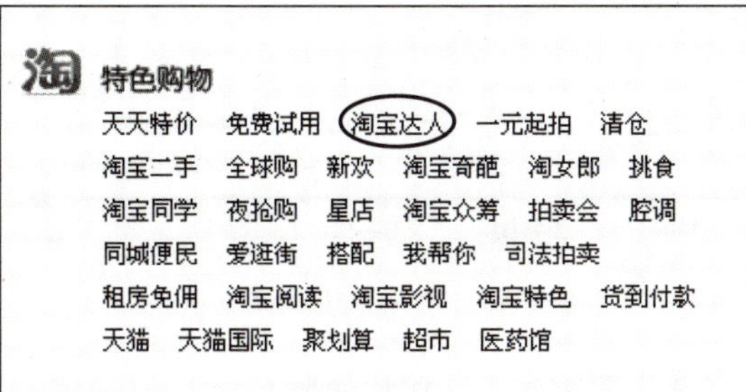

图 5-14　淘宝达人入口

在淘宝达人首页，单击“达人”，然后在搜索框输入自己的主营产品“银饰”，如图 5-15 所示。

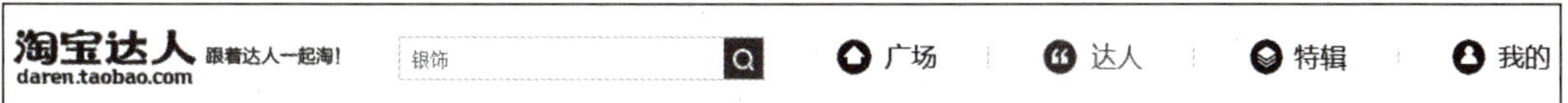

图 5-15　输入主营产品“银饰”

得到搜索结果后，选择其中一个达人单击进入。然后通过客服中心联系加入方法，如图 5-16 所示。

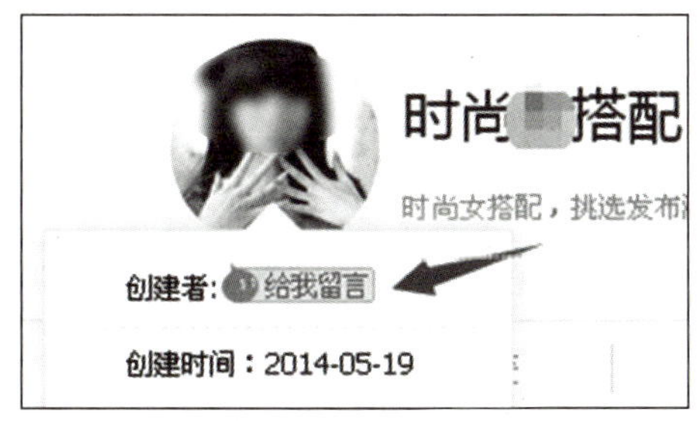

图 5-16　某位淘宝达人

严格意义上来说，淘宝达人并不算免费的站内流量，达人在收录产品时，会收取一定比例的成交佣金。但是这种佣金是成交后扣取，不成交不扣取，和其他收费广告位有着性质上的不同。因此，淘宝达人是站内除搜索外的一个重要的流量获取途径。

达人的收录包括正常展示与活动展示，人气高的达人活动展示，可以获得非常高的流量和成交量，如图 5-17 所示。

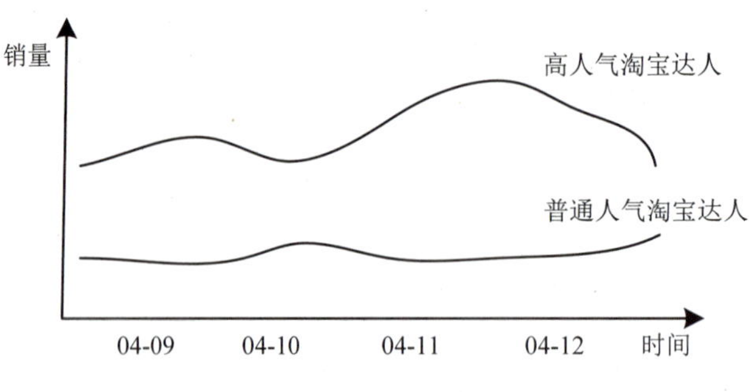

图 5-17　淘宝达人带领销量

除此之外，卖家也可以从淘宝故事、B 格等特色图片展示等入口获取一定的流量。

实战操作与分析

淘宝达人有很多，韵之宝银饰的掌柜先从人气高的淘宝达人开始交流，经过交流与报名后，选择了两款产品加入了淘宝达人，并获得了展示。淘宝达人的展示大多是按时间顺序轮流展示的，当自己的产品被展示出来的时候，一般会获得较高的流量。

5.3.4　店铺友情链接——增加人气

在店铺的左侧边，可以添加其他店铺的链接，并同时邀请该店铺也添加本店铺的链接，这种互相添加店铺链接的方式，称为友情链接。

添加友情链接一般要选择行业相关性强的店铺，两个店铺的产品之间有关联性，买家才会产生兴趣，被单击的可能性就大。

添加友情链接需进入“卖家中心”→“店铺管理”→“店铺装修”，如图 5-18 所示。

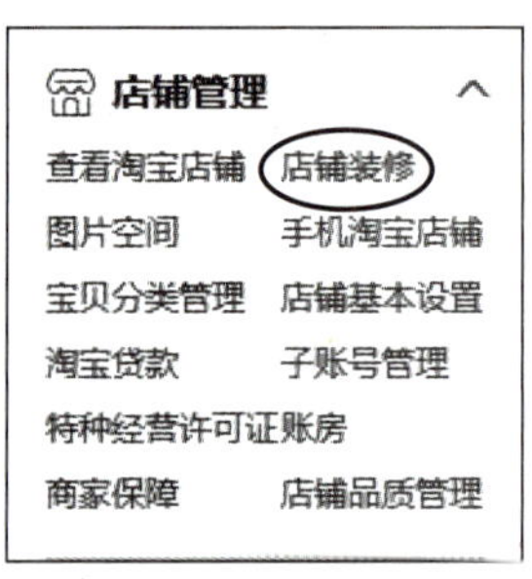

图 5-18　店铺装修入口

进入“店铺装修”后，在默认页的左侧有系统提供的多种模块，其中就包括“友情链接”模块。将鼠标放在该模块上可以进行拖动，如图 5-19 所示。

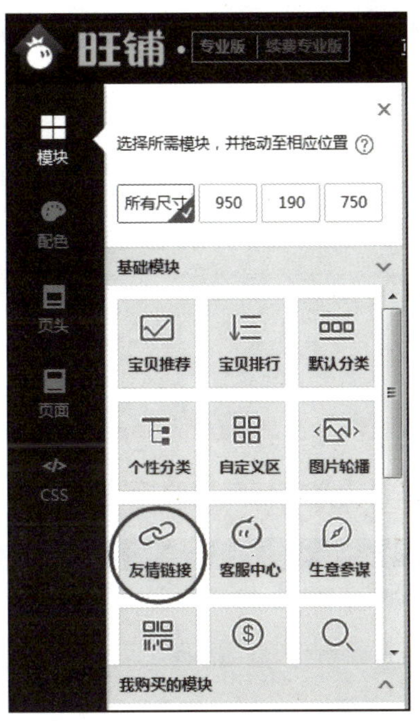

图 5-19　可添加模块

将“友情链接”向右侧拖动至首页下方的位置，松开鼠标，模块即可添加成功，如图 5-20 所示。

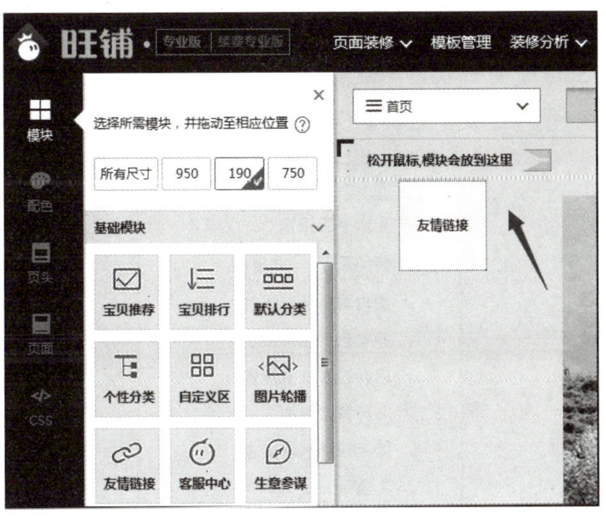

图 5-20　添加“友情链接”模块

添加后的友情链接模块会出现在店铺左侧边，单击“编辑”按钮，可以对该模块进行编辑。进入编辑页面后，依次添加友情链接店铺的链接名称以及链接地址，如图 5-21 所示。

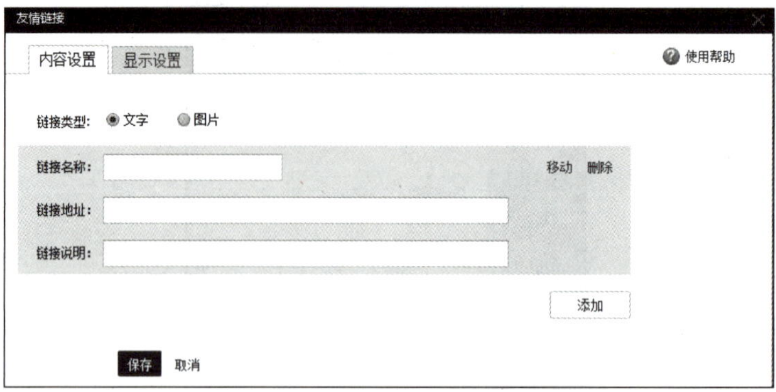

图 5-21　添加友情链接店铺信息

在“显示设置”里，可以自定义友情链接的标题，如图 5-22 所示。

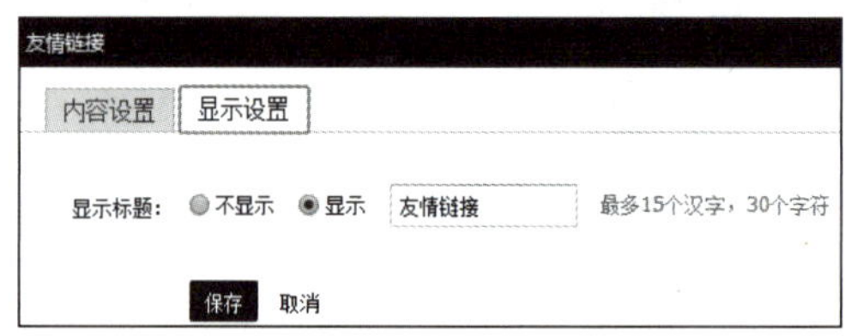

图 5-22　自定义友情链接标题

实战操作与分析

实战店铺选择了与店铺产品相关的，并且流量相仿的店铺进行了友情链接的添加，如图 5-23 所示。并且，每隔一段时间进行关注，查看友情链接里店铺的变化，如果有的店铺经营不善导致关闭，应及时更换。

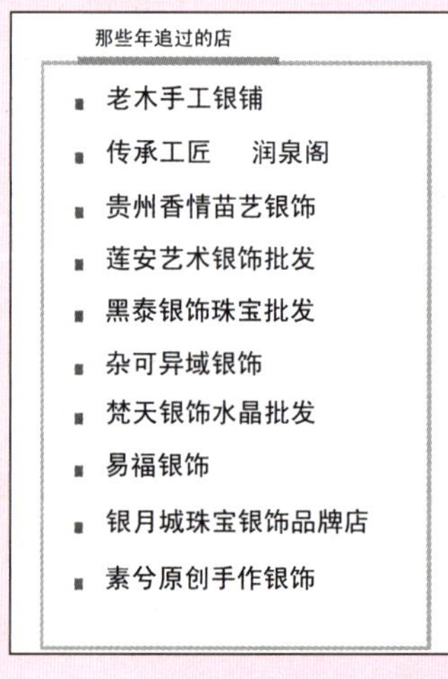

图 5-23　实战店铺友情链接店铺

5.3.5　灵活运用信用评价——免费做广告

在“卖家中心”→“交易管理”→“评价管理”中，可以看到卖家的信用评价，如图 5-24 所示。

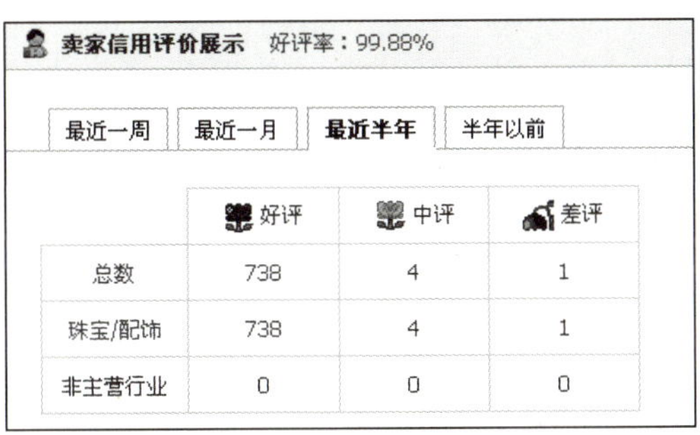

卖家信用评价展示　好评率：99.88%

最近一周　最近一月　最近半年　半年以前

	好评	中评	差评
总数	738	4	1
珠宝/配饰	738	4	1
非主营行业	0	0	0

图 5-24　卖家信用评价展示

信用评价由“来自买家的评价”、“来自卖家的评价”、“给他人的评价”和“已删除的评价”组成，如图 5-25 所示。

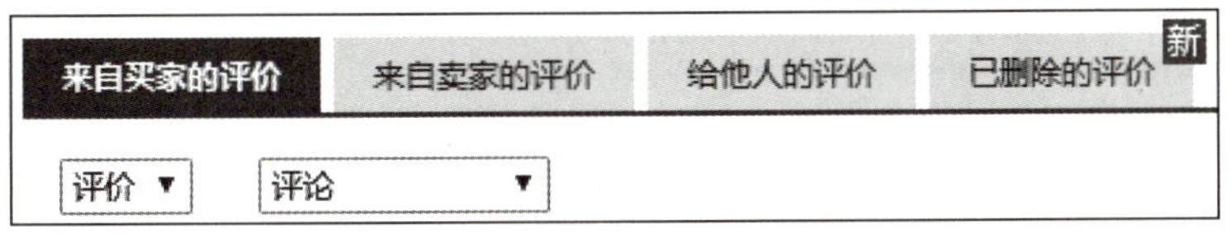

图 5-25　信用评价组成

在“来自买家的评价”右侧有“回复”按钮，单击即可输入回复内容，如图 5-26 所示。

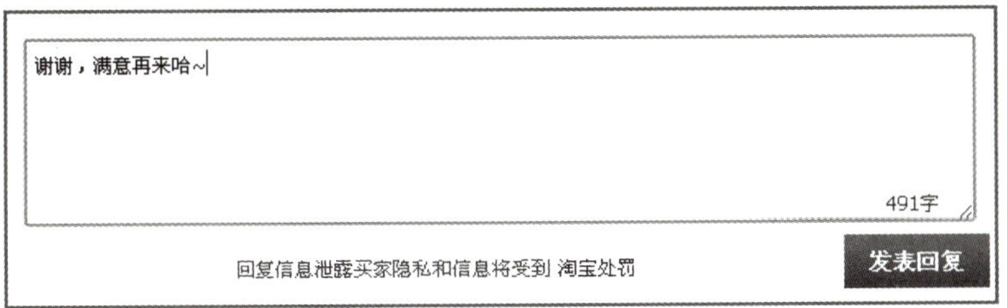

图 5-26　回复买家评价

买家与掌柜评论互动良好的评价页面会让看到评价的新买家产生更大的购买兴趣，如图 5-27 所示。

非常美.喜欢得不行.多谢店主送的手串.非常漂亮.
2015年03月09日 14:13 颜色分类:69cm适合腕周16-17cm
[掌柜解释] 春天，臭美开始的季节~

很漂亮.喜欢.大小正合适.
2015年03月09日 14:13 颜色分类:港号12#
[掌柜解释] 秀气百搭~

太漂亮了,大气,韵味十足.做工非常好.非常喜欢.谢谢店家送的手串,很漂亮.店家还特别提醒实物与照片颜色的些许差别.
2015年03月09日 14:13
[掌柜解释] 纯手工工艺，烧蓝处理上多少都有差异，也是魅力之一~

图 5-27　良好的评价互动页面

“给他人的评价”中是掌柜发出的所有评价，包括以卖家和买家两种身份发出的评价。这里主要针对卖家身份，掌柜对买家进行评价的时候，可以进行宣传引流及个性植入，如图 5-28 所示。

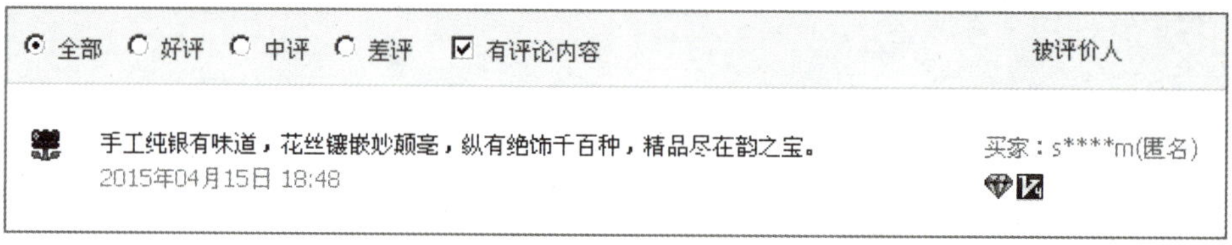

⊙ 全部　○ 好评　○ 中评　○ 差评　☑ 有评论内容	被评价人
手工纯银有味道，花丝镶嵌妙颠毫，纵有绝饰千百种，精品尽在韵之宝。 2015年04月15日 18:48	买家：s****m(匿名)

图 5-28　以卖家身份进行评价

实战店铺掌柜根据信用评价的不同性质，在“对他人的评价”里，针对买家和卖家制作了不同的、篇幅较长的批量评价。在“来自买家的评价”里，定期对评价对进行解释，与买家产生互动。

隔一段时间之后，在生意参谋的流量来源里，会陆续看到有来自“信用评价”的流量，这表明信用评价引流开始发挥作用。

5.3.6　淘宝论坛引流

淘宝论坛是卖家间相互交流的一个互动性平台。淘宝论坛的入口在“卖家中心”的“卖家论坛”，如图 5-29 所示。

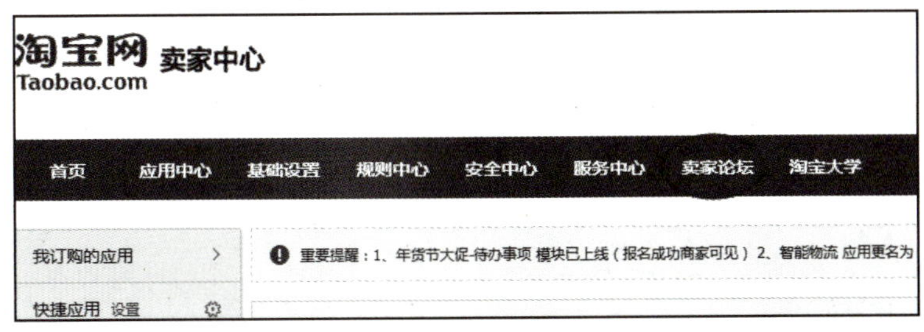

图 5-29　淘宝论坛入口

进入论坛以后，可以看到很多版块，其中参与性最强的版块为“卖家经验”。在该版块下有很多细分的子版块，卖家可以自由选择并单击进入查看学习，如图 5-30 所示。例如子版块“淘宝杂谈”，单击进入后，在页面右侧有“发帖”按钮，卖家可以进行发帖操作，如图 5-31 所示。

图 5-30　“卖家经验”子版块

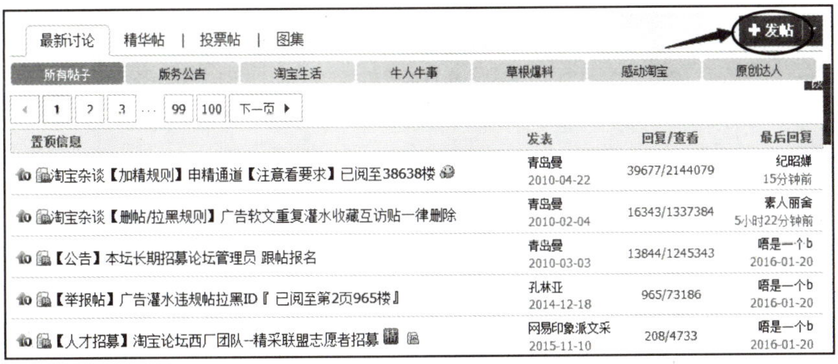

图 5-31　发帖

单击“发帖”按钮，可以进入发表帖子的界面，如图 5-32 所示。卖家填写帖子标题、发表版面和内容正文后，单击“发表”按钮后即可发表。

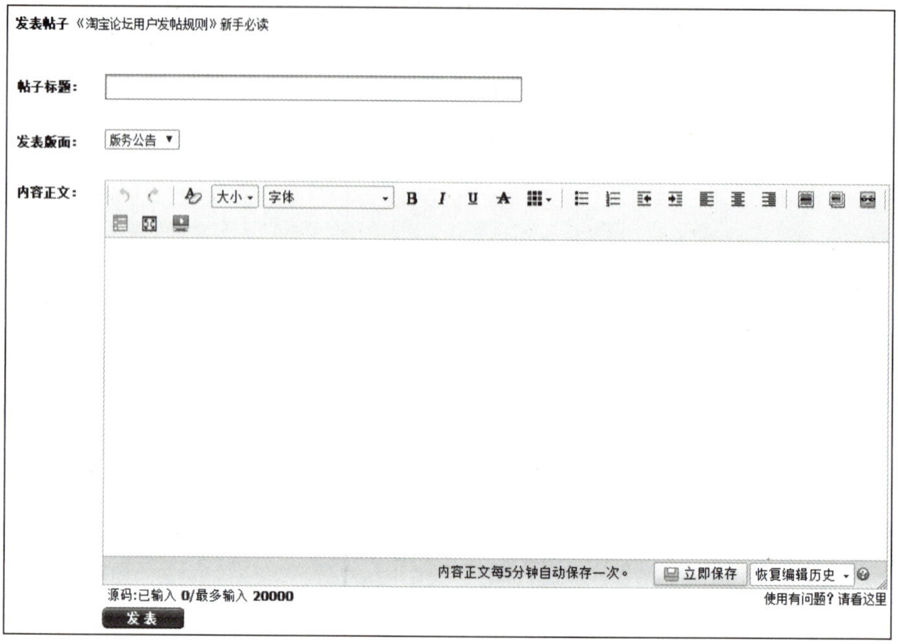

发表帖子 《淘宝论坛用户发帖规则》新手必读

帖子标题：

发表版面： 服务公告

内容正文： 大小 字体

内容正文每5分钟自动保存一次。 立即保存 恢复编辑历史

源码:已输入 0/最多输入 20000

使用有问题？请看这里

发表

图 5-32　发表帖子

卖家可以进入他人的帖子查看帖子内容和发帖人信息。进入帖子后，在帖了正文的左侧，有发帖人的头像。将鼠标放在头像上，会浮现发帖人的信息，其中包含“进入店铺”按钮，如图 5-33 所示。

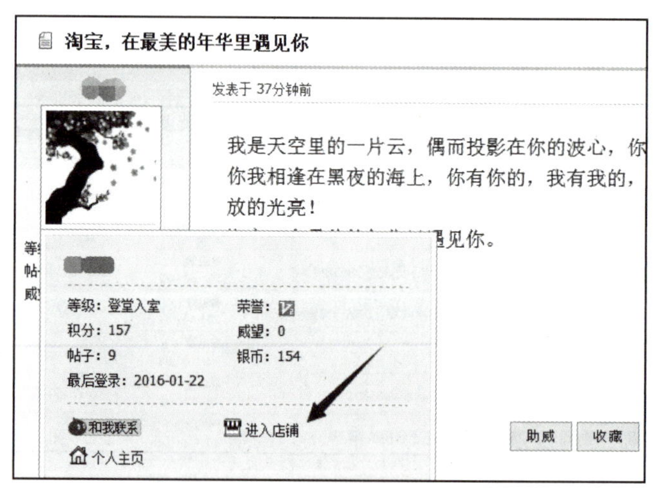

图 5-33　发帖人信息

本次实战店铺掌柜擅于写作，在淘宝论坛发表过多篇帖子，并建立了论坛爱好者联盟群。在论坛发表帖子初期，单击与回复均不高，但随着时间的推移，帖子的质量上升，也引起了版主的关注，帖子开始被加为“精华”或被“置顶”，随后有大批的流量开始从帖子进入到店铺。

5.4 经验总结

经过了淘宝站内免费流量的优化，实战店铺的流量结构不再单一，而且变得丰富多样。虽然每种优化带来的流量都不多，但是汇集在一起就很可观，并且结构丰富的流量更有利于店铺的稳定发展。站内其他流量的分类如图 5-34 所示。

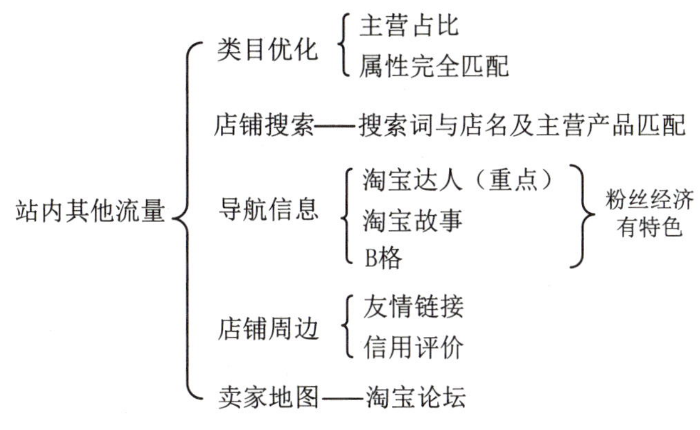

图 5-34 站外其他流量

5.5 技巧荟萃

- 淘宝达人除自身展示外，还有活动展示，活动展示带来的流量更大。
- 淘宝达人多数会有 QQ 群，卖家加群了解规则和获取信息更方便。
- 同一款产品不能参加两个及以上的淘宝达人的展示。
- 信息评价里不能放产品链接，但是可以留下店铺名称。
- 淘宝论坛引流的转化率不高，但是持续性长。

掌柜小结

淘宝站内流量的特点是官方的流量大于店铺本身的流量，例如淘宝达人的流量就远大于友情链接和信用评价的流量，所以研究淘宝网的导航信息很重要。本章介绍的淘宝达人只是其中之一，另外还有其他的入口，卖家可自行研究并加入。

第 6 章 花小钱赚大钱——精准的直通车推广

6.1 店铺背景

店铺名称：小铁柱哥东北特产

店铺主营：农特产品

店铺等级：2 皇冠

店铺人员：5 人

经营时间：9 年

年营业额：120 万

店铺现状：小铁柱哥东北特产店铺是作者本人的店铺，自从淘宝开通直通车以来，就一直使用直通车为店铺引流，经历过直通车的历次改版与调整。同时因为直通车是所有店铺推广方法中对数据要求最为细致的一种方法，所以以作者本人的店铺为例进行讲解。

6.2 相关知识

6.2.1 什么是直通车

直通车是一种按单击收费的推广工具，是淘宝的一种付费引流工具。当买家搜索关键词以后，看到直通车上的商品并单击后，就会扣费。因为买家是通过搜索关键词看到的直通车，都是确定想买此类商品的人群，所以买家群体十分的精准。

流量精准是直通车最大的特点和优势。

6.2.2 直通车推广分类

直通车的推广范围很大，可以分为站内推广与站外推广、PC 推广与无线推广，根据推广性质又可以分为关键词推广、店铺推广、定向推广等。其中最常用的是关键词推广。

（1）站内推广是指直通车在淘宝网内部的展示；站外推广是指除淘宝网以外，在其他网站展示的推广。

（2）PC 推广是指在电脑端进行的推广；无线推广是指在手机、平板电脑等移动设备上进行的推广。

（3）关键词推广是最常用、最重要，也是本章重点要讲解的推广方式，买家在淘宝网首页搜索某个关键词以后，会看到搜索结果的展示页面，该页面中的大部分是自然搜索的免费展示，在免费展示的旁边会有相应的直通车展示位置，具体位置在 6.2.3 节中有详细图解。直通车的推广，很大意义上指的就是关键词推广。

（4）店铺推广是整店参与的直通车推广。

（5）定向推广是根据人群的需求与爱好等不同来定位，并对其进行有针对性的展示推广。

6.2.3 直通车的展示位置

先来看直通车关键词推广的展示位置。

当买家在淘宝网搜索产品时，首先在淘宝首页的搜索框中输入关键词，然后单击“搜索”按钮即可。

在搜索结果的展示页面，位于中间的大部分位置是自然搜索的展示位置，这些是不需要收费的，也就是我们在第 2 章所学的 SEO 中的自然搜索排名位置。在自然搜索位置的右侧有 15 个位置，下方有 5 个位置，这些位置就是直通车的关键词展示位，如图 6-1 所示。

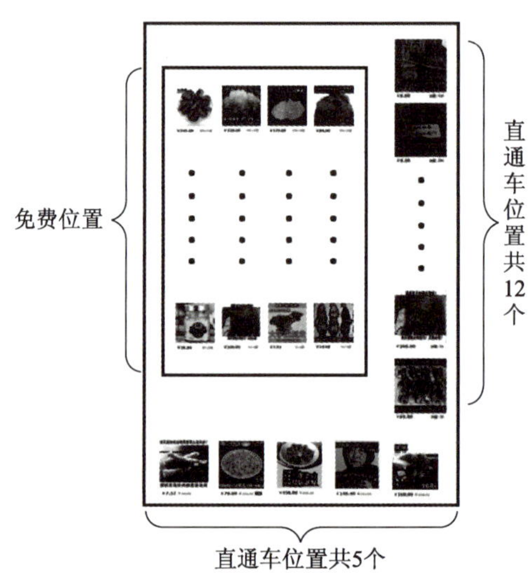

图 6-1　直通车位置

直通车位置是按照竞价排名的高低来排列的：在右侧的位置排名顺序是从下到下依次降低排列，下方的位置是从左到右依次降低排列。右侧的排名高于下方的排名，也就是说，右侧的直通车排名顺序是 1～15，而下方的直通车排名是 16～20。

6.2.4　直通车的开通条件

不同的卖家想要开通直通车推广，需要满足的条件各不相同。

（1）（淘宝客户）目前申请加入淘宝直通车，店铺需要同时满足以下条件：信用等级达到 2 心、店铺动态评分各项分值在 4.4 分及以上。

（2）（淘宝客户）店铺主营商品所属的类目（如保健品、母婴用品、腾讯 QQ 产品等）需要先加入“消保”并缴纳保证金后才能申请使用淘宝直通车软件服务。

（3）（天猫客户）目前申请加入天猫直通车，店铺需要满足以下条件：店铺动态评分各项分值在 4.4 分及以上。

6.2.5　直通车的扣费公式

直通车的费用是这样计算的：上一件宝贝的扣费=下一件宝贝的出价+0.1 元。以“雪蛤”这个关键词为例，当 A 宝贝出价是 6 元，B 宝贝出价 4 元，C 宝贝出价 3 元的情况下，A 宝贝的扣费是 B 宝贝出价+0.1 元，也就是每被单击一次，A 宝贝扣费是 B 的出价 4 元+0.1 元=4.1 元，而 B 宝贝则是扣下一位 C 宝贝的出价+0.1 元，也就是 3 元+0.1 元=3.1 元。

这种扣费原理直接决定了价格是排名的唯一要素，为了避免以次充好的宝贝利用直通车的高出价占据高排名，直通车又引进了“质量得分”这一权重。质量得分是每一个关键词的得分数，系统会根据直通车推广宝贝中的关键词的表现（如点击率），赋予该关键词一个质量得分，并把质量得分加入到扣费公式中去。

所以，直通车的终极扣费公式是：

上一件宝贝扣费=下一件宝贝出价×（下一件宝贝的质量得分/上一件宝贝的质量得分）+0.1 元

公式里加入了一个“下一件宝贝的质量得分除以上一件宝贝的质量得分”的值，这就意味着，如果宝贝的质量得分不高，那就将在同样的位置上，付出更高的价格。比如上面的例子中，A 的质量得分是 8，而 B 的质量得分是 10，那么 A 的扣费就变成了 4×（10/8）+0.1=5.1 元。在质量得分不高的情况下，A 的每次点击费用增高了 1 元。

6.3 店铺推广实战

下面进入实战店铺的直通车推广。

6.3.1 开通直通车推广

要开通直通车推广首先要进入“卖家中心”→“营销中心”→“我要推广”，然后单击“常用入口”下的“直通车”，如图 6-2 所示。

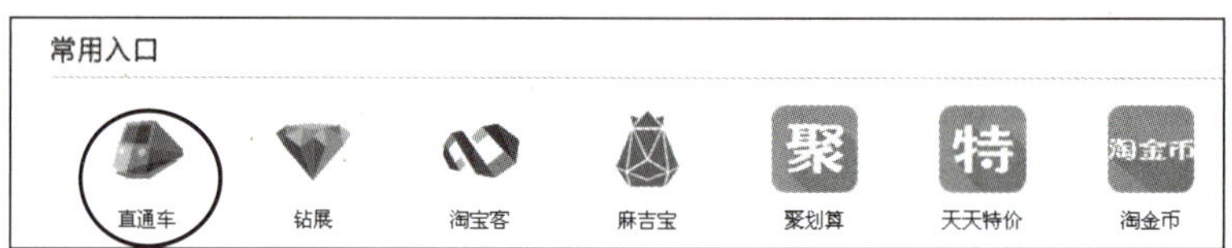

图 6-2 淘宝直通车

第一次开通直通车，需要先签署“淘宝直通车软件服务协议”，如图 6-3 所示。

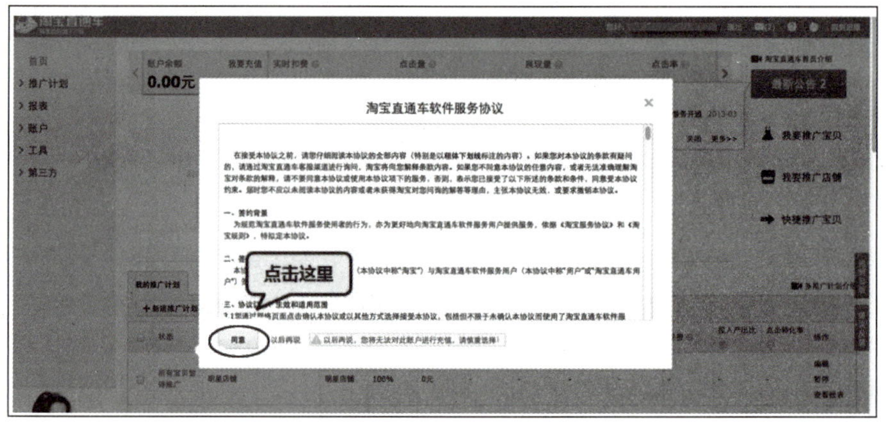

图 6-3 淘宝直通车软件服务协议

签好协议之后，还需要先充值才能开始直通车的设置，单击“我要充值”按钮，如图 6-4 所示。

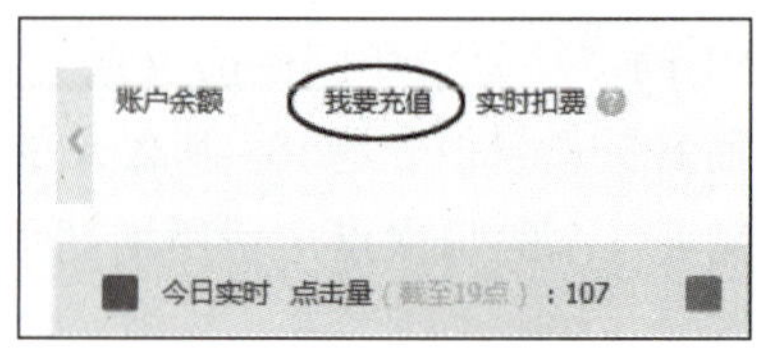

图 6-4 “我要充值”按钮

淘宝直通车的首次充值最低需要 500 元，如图 6-5 所示。

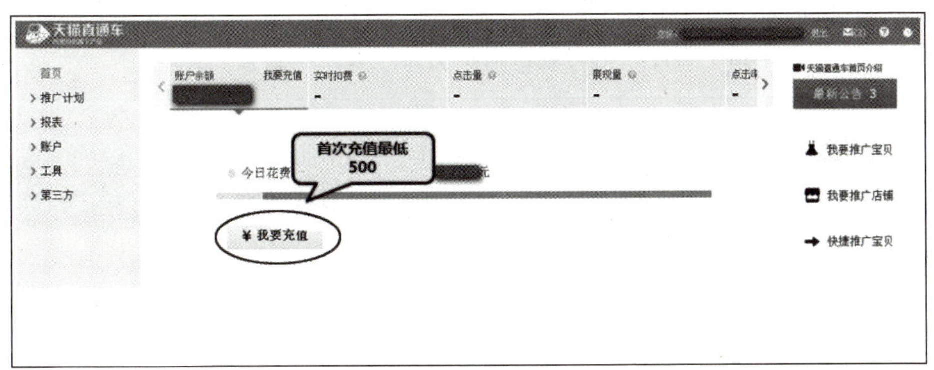

图 6-5　首次充值

充值完成以后，就可以开始创建直通车计划了。

6.3.2　直通车计划的创建

在直通车首页单击“推广计划”→“标准推广”，然后在标准推广计划首页，单击“新建推广计划”按钮，如图 6-6 所示。

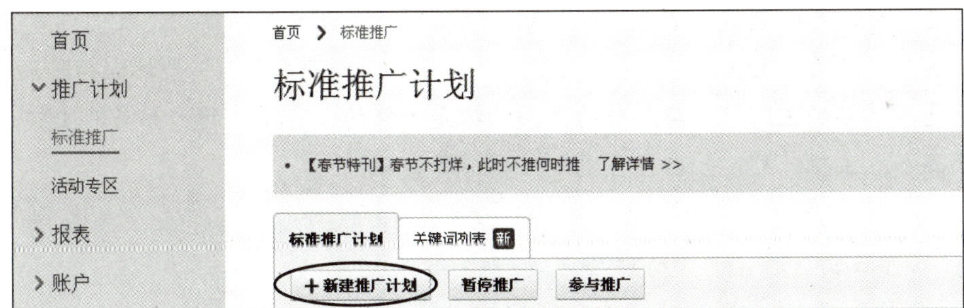

图 6-6　新建推广计划

输入新建计划名称后，单击“提交”按钮即可成功，如图 6-7 所示。

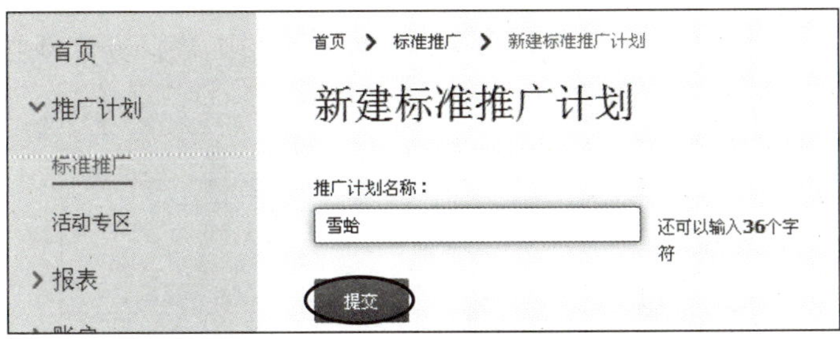

图 6-7　提交新建标准推广计划

卖家可以创建多个直通车计划，创建好的计划会依次排列显示在窗口中，如图 6-8 所示。在所有计划的右上方，还有一列“操作”选项，其中包括进行“编辑”、“暂停”和“查看报表”操作。当单击“暂停”的时候，对应的推广计划就会暂停推广。

标准推广计划　关键词列表 新

＋新建推广计划　暂停推广　参与推广　更多数据

	状态	推广计划名称	计划类型	分时折扣	日限额	投放平台	展现量	点击量	点击率	花费	直接成交金额	间接成交金额	平均点击花费	点击转化率	投入产出比	操作
	推广中	蘑菇木耳	标准推广	100%	50元	计算机 移动设备	1,157	12	1.04%	¥18.27	¥0.00	¥0.00	¥1.52	0%	0	
	暂停	0	标准推广	100%	30元	计算机 移动设备	-	-	-	-	-	-	-	-	-	
	推广中	雪蛤	标准推广	110%	30元	计算机 移动设备	941	1	0.11%	¥3.62	-	-	¥3.62	-	-	编辑 暂停 查看报表
	推广中	人参	标准推广	100%	50元	计算机 移动设备	3,995	31	0.78%	¥49.91	¥52.20	¥0.00	¥1.61	3.23%	1.05	

图 6-8　推广计划

实战操作与分析

直通车最多可以创建 8 个直通车计划，根据实战店铺的产品结构，我们创建了 4 个计划，其中“雪蛤”为主推计划，“人参”、“灵芝”、“蘑菇木耳” 3 个计划为辅助计划。

直通车计划的主次设置与店铺的产品结构是一样的，有主推的产品与非主推产品，主推产品加入主推计划，并占据直通车主要消费金额。

6.3.3　直通车计划的属性设置

直通车计划创建完以后，就要进入计划进行属性设置了。单击推广计划的名称即可进入该计划的属性设置页面。

下面以“雪蛤”推广计划为例进行讲解，因此单击“雪蛤”进入设置页面。在推广计划名称的下方，可以看到直通车的属性设置，包括设置日限额、设置投放平台、设置投放时间和设置投放地域 4 项，如图 6-9 所示。

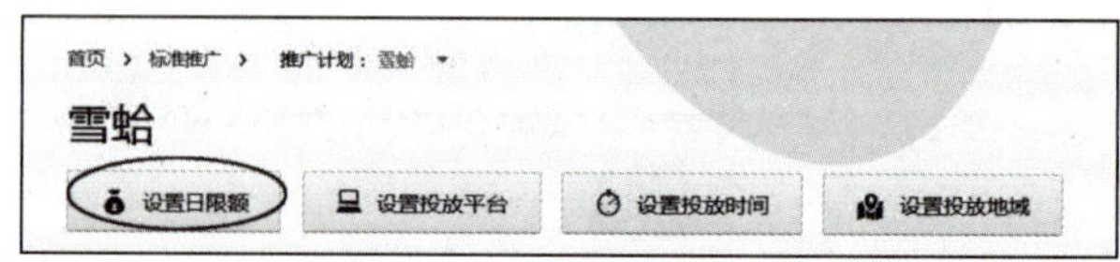

图 6-9　直通车属性设置

1．设置日限额

先单击“设置日限额”，在日限额设置里首先把选择按钮拨到“设置日限额”一侧，然后输入日限额的金额，在“标准推广”与“智能化均匀投放”里选择其中一种投放方式。二者的区别是，标准推广是按照所有点击量来扣费，当扣光所有日限额后，直通车就会自动停止推广，等到第二天再继续推广；而智能化均匀投放会把日限额设定的金额在一天当中均匀的投放出去，不会让直通车提前下线而错过之后时间的流量。

选择好投放方式后，单击“保存设置”按钮，如图 6-10 所示。

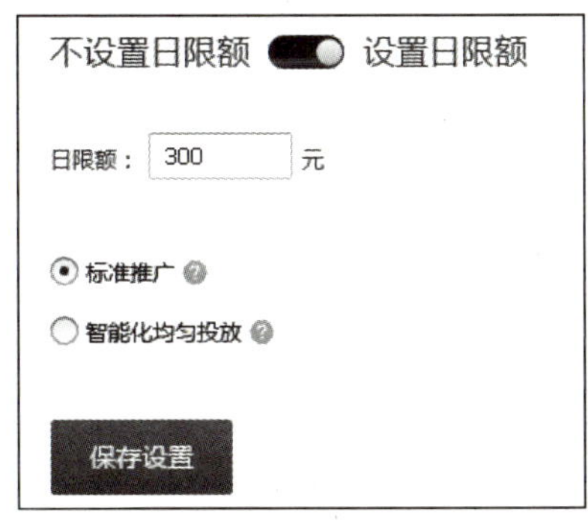

图 6-10　设置日限额

2．设置投放平台

投放平台分为计算机设备与移动设备（如手机、平板电脑等）两种。其中无论是计算机设备还是移动设备，都可以勾选是否进行站外投放，根据需要拨动相应的按钮即可。

移动设备和站外投放不能单独设置价格，而是根据计划里的淘宝站内出价进行折扣调整。折扣比例通常在 0～200%之间，用鼠标拖动比例条上的滑块即可进行折扣调整，如图 6-11 所示。

3．设置投放时间

投放时间就是以时间为维度的直通车投放，当直通车的所有出价设置完以后，默认所有时间段的价格都是之前设置的出价。但是由于每周、每天的流量不同，所以应该在不同时间设置不同的价格折扣，这样才能充分利用直通车进行推广。

常见的设置是午夜到凌晨时间不进行投放，早 3 点到 8 点可以进行少量投放，8 点到晚 24 点可以进行全额投放。用鼠标勾选时间模块，然后设置相应的折扣比例即可，设置好以后单击“保存设置”按钮后生效，如图 6-12 所示。

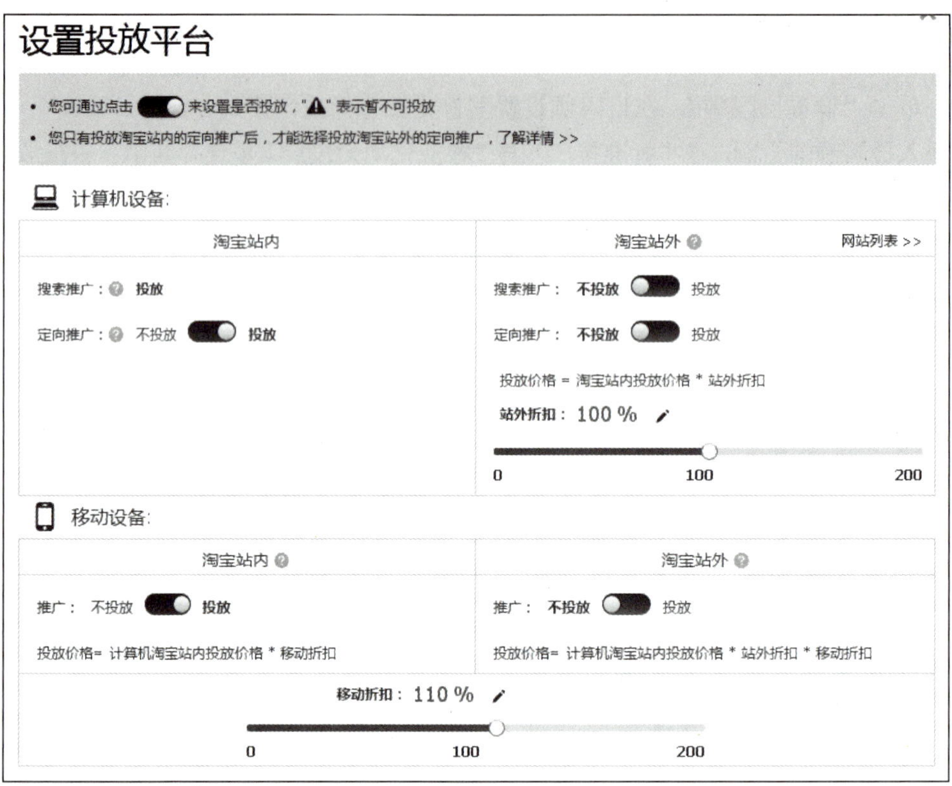

图 6-11　设置投放平台

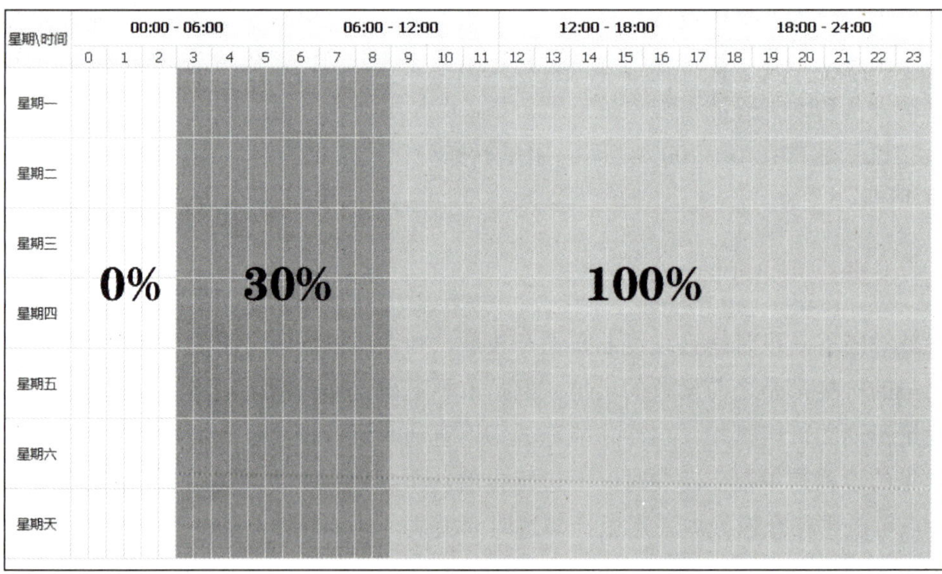

图 6-12　设置投放时间

4. 设置投放地域

地域的投放需要参考“生意参谋”。在“生意参谋”里有流量来源的地域分布图，选择流量来源多的地域进行投放，而流量来源极少的地域不进行投放。设置好后单击“保存设置”按钮即可生效，如图 6-13 所示。

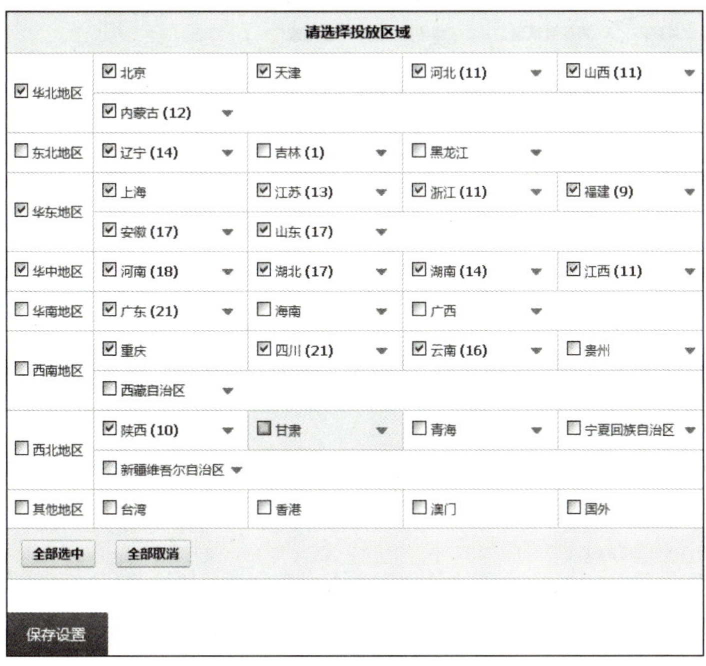

图 6-13　选择投放地域

实战操作与分析

在“雪蛤”推广计划日限额上，我们设置了 300 元。新建计划的直通车可以设置得更少一些，一般日限额 50 元即可，后期随着技术的提升可以慢慢增加。

在设置投放平台时，暂时不开放站外，移动设备要进行投放并且加大投放比例（在淘宝鼓励移动端成交的情况下，移动端的投放更划算）。

在设置投放时间时，午夜 0 点到 2 点不进行投放，2 点到早 8 点进行 30%的投放，其他时间是 100%全额投放。

在设置投放地域时，根据“生意参谋”后台的流量来源，对部门没有成交的地区和无法寄达的地区，选择了不进行投放。

6.3.4 新建宝贝推广

设置好直通车属性以后，即可添加宝贝进行推广。在当前计划里单击“新建宝贝推广”按钮，如图 6-14 所示。

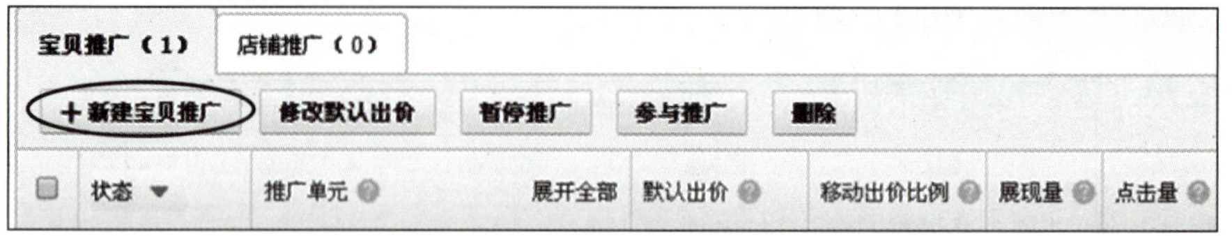

图 6-14 新建宝贝推广

在新建宝贝推广页面，先进行“1 选择宝贝”，系统会自动列出店铺的所有宝贝以供选择，如图 6-15 所示。在选择好的宝贝最右侧，将鼠标放于“操作”列对应的地方，会出现“推广”字样。

图 6-15 1 选择宝贝

单击“推广”按钮，进入创意设置页面。直通车的推广图片可以选择宝贝详情中五张主图中的任意一张，直通车的推广图片如何进行创意和优化，将在 6.3.8 节中进行详细讲解。

选择好推广图片然后编辑标题，单击“下一步”按钮，如图 6-16 所示。

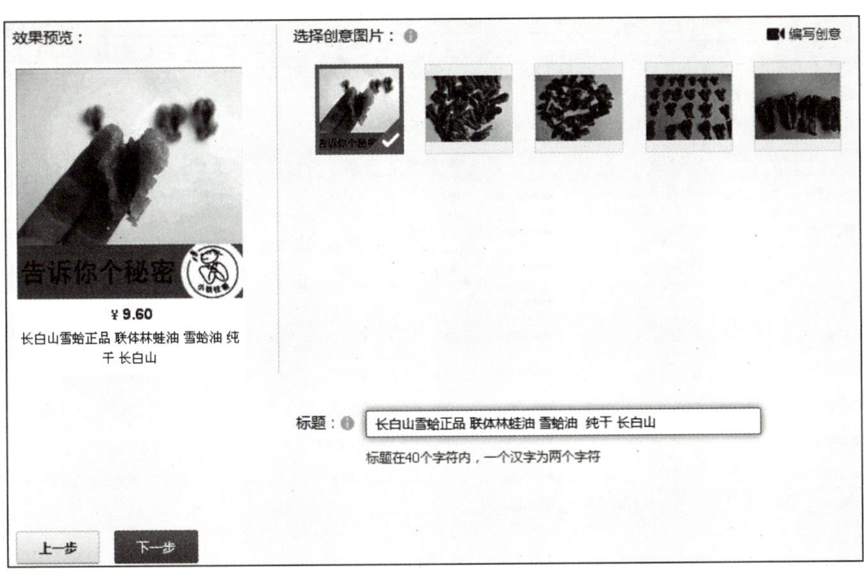

图 6-16　选择创意图片

实战操作与分析

实战店铺在每个计划中推广了两个宝贝，因为直通车的规则是：当买家在搜索同一个关键词的时候，直通车的页面中同一个店铺最多只能展示 2 件宝贝。直通车的创意图片先暂时用自带的主图第一张，以后再做具体调整。

6.3.5　关键词的选词

设置完图片与标题之后，进入关键词推广设置。单击“添加关键词”按钮，如图 6-17 所示。

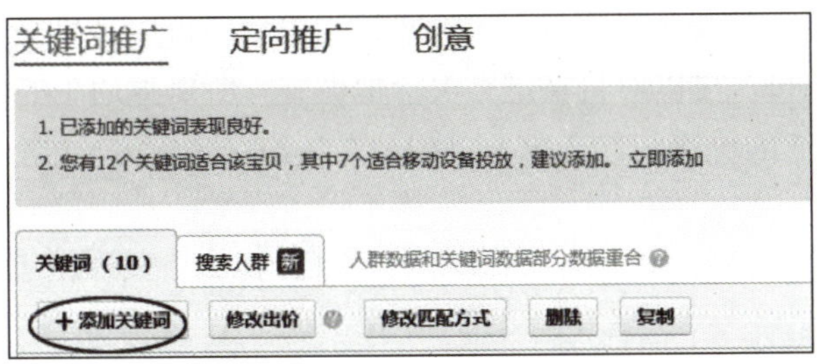

图 6-17　添加关键词

直通车会根据所在行业的推广情况，自动推荐一些词，如图 6-18 所示。选择“添加当前页”按钮，可以将系统推荐词全部添加为推广宝贝的关键词。

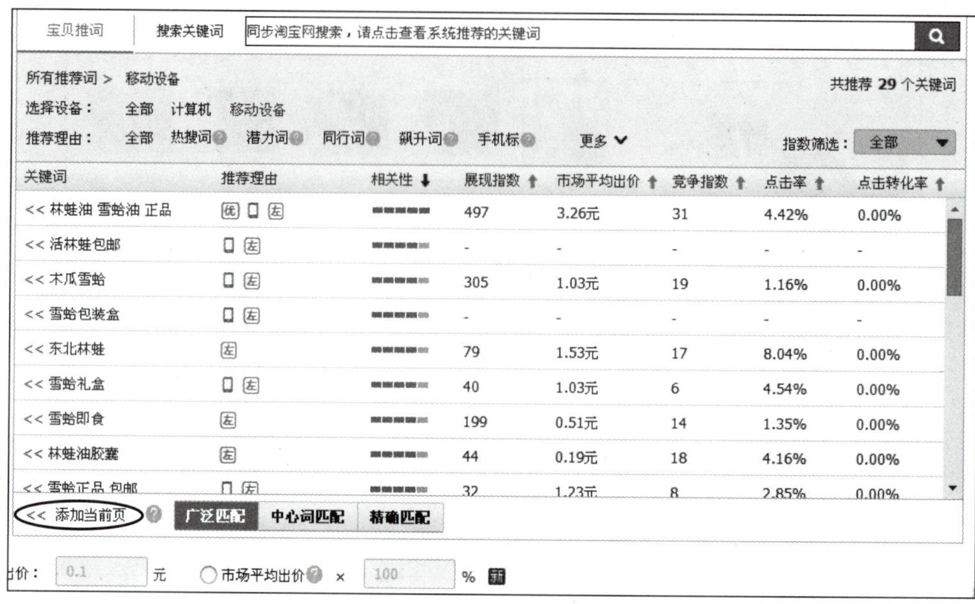

图 6-18　添加当前页

在“添加当前页”按钮的右侧，有不同的匹配方式。

- 广泛匹配的意义为部分包含匹配。例如当关键词是“雪蛤油”的时候，即使搜索“雪蛤”，宝贝也会被展现。广泛匹配可以在理论上匹配出需要但被遗忘了的关键词。
- 中心匹配的意义为完全包含。例如当关键词是“雪蛤油”的时候，只要搜索包含“雪蛤油”的词都会被展现，如搜索“雪蛤油正品”、“雪蛤油批发”等，当前宝贝都可以得到展示。
- 精确匹配的意义为完全匹配。例如当关键词是“雪蛤油”的时候，只有搜索“雪蛤油”时宝贝才会被展现。

在刚开始使用直通车的时候，建议先使用“精确匹配”。

选择好匹配方式以后要选择出价，出价包括“默认出价”、“自定义出价”和“市场平均出价”。“自定义出价”可以对价格进行灵活地调整，所以直通车的出价应选择“自定义出价”，先设一个较低的价格，然后单击“确定”按钮，如图 6-19 所示。

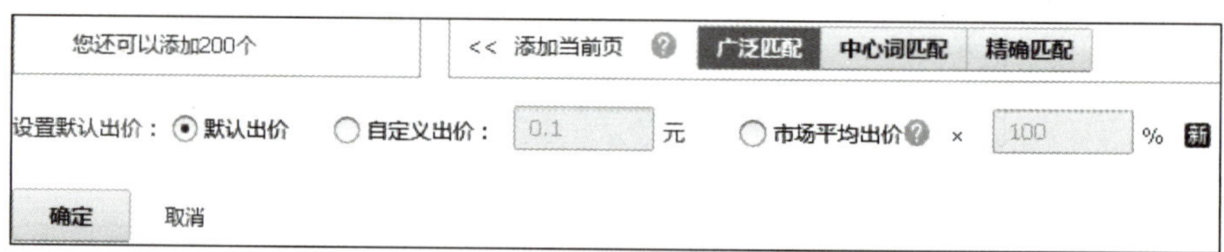

图 6-19　关键词匹配

宝贝的推广设置成功，添加的关键词会一一出现在列表当中，如图 6-20 所示。

关键词（10）　搜索人群 新　人群数据和关键词数据部分数据重合

+添加关键词　修改出价　修改匹配方式　删除　复制

状态	关键词	质量得分	出价	展现量	点击量
推广中	[雪蛤正品]	-	5.45元	47	0
推广中	蛤蟆油	-	6.09元	328	1
推广中	[雪哈油]	-	4.83元	13	0
推广中	[雪蛤净油]	-	6.12元	10	0
推广中	[东北雪蛤油]	-	4.77元	-	-
推广中	[雪蛤油 正品]	-	6.03元	29	0
推广中	[长白山林蛙油]	-	4.84元	10	0
推广中	[林蛙油]	-	7.11元	102	1

图 6-20　宝贝推广

除了系统所推荐的关键词以外，卖家还可以自主选词，选词方法同第 2 章中所介绍的标题优化中的方法是一样的。卖家可以首先使用数据魔方的“淘词”功能，得到产品的全网关键词，再通过淘宝首页的搜索下拉框加入最近搜索热词。

与标题优化不同，直通车的关键词可以有 200 个之多。

实战操作与分析

实战店铺掌柜根据系统推荐与数据魔方的淘词功能提供的词，再加上搜索框下拉框的热搜词，为每件推广宝贝都设置了 200 个直通车的关键词，并选择了广泛匹配。

6.3.6　关键词出价技巧

关键词的选词结束以后，就要开始对关键词进行出价了。在关键词对应的“出价”一栏中，单击出价按钮，在打开的编辑页面中的“自定义出价”文本框中输入价格，如图 6-21 所示。

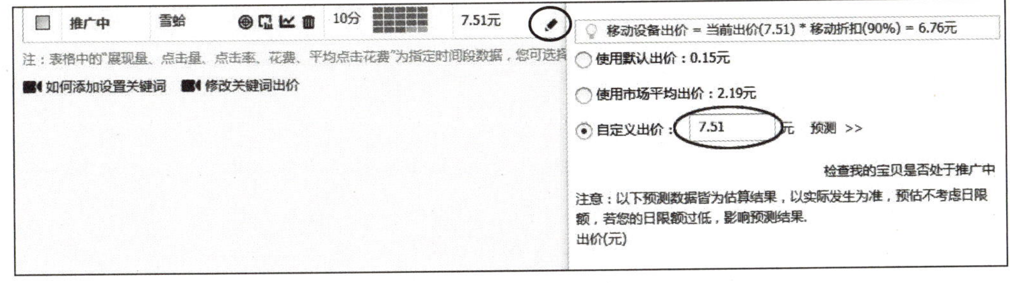

图 6-21　关键词出价

输入价格以后，系统会对该价格的综合排名做出预测，如图 6-22 所示。

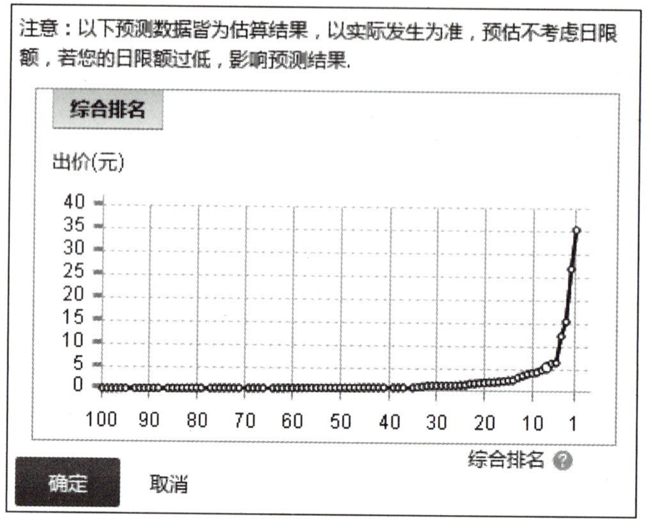

图 6-22　综合排名预测

在这里要交代一个出价的小技巧，因为直通车的扣费是扣下一名出价+0.1 元（暂时忽略质量得分因素），所以出价的第一原则是：紧靠上一名的出价，而远离下一名的出价。比如某关键词上一名的出价是 3 元，下一名的出价是 2 元，因为扣费是扣下一名出价+0.1 元，也就是说我们的出价在 2.1 元到 2.9 元时，扣的钱都是一样的。在这种情况下，应该出价 2.9 元。这种出价方法产生的结果是：下一名在不断加价的时候，发现排名并没有变化，就会有放弃追赶的想法；而上一名在扣费的时候，又会扣比较高的费用，增加了上一名卖家的成本，如图 6-23 所示。

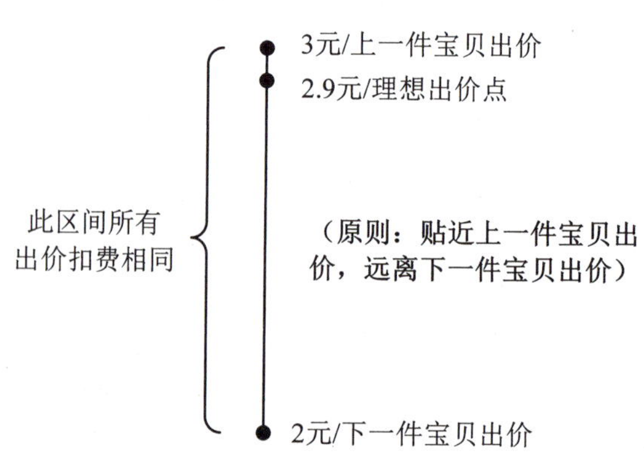

图 6-23　出价小技巧

实战操作与分析

直通车出价有两种方法，第一种是先选择一个较低的价格，然后慢慢提高质量得分，在质量得分升高的情况下，再逐渐加大出价。这种操作精细，有利于控制成本，适合小店初期的直通车出价。

第二种出价方法是不管价格高低，直接用价格把宝贝排名冲到直通车第一页，这样可以短期快速获得直通车的流量，但是付出的成本较高，回报无法预估，因此这种方式有一定的有风险。风险度与关键词的质量得分、宝贝的销量及价格都有关系。

6.3.7　关键词的质量得分

直通车推广宝贝的关键词都有质量得分，分数从 1 到 10，质量得分越高越好，如图 6-24 所示。

	状态	关键词	质量得分	出价
□	推广中	[雪蛤正品]	9分	5.45元
□	推广中	蛤蟆油	8分	6.09元
□	推广中	[雪哈油]	7分	4.83元
□	推广中	[雪蛤净油]	7分	6.12元
□	推广中	[东北雪蛤油]	8分	4.77元
□	推广中	[雪蛤油 正品]	6分	6.03元
□	推广中	[长白山林蛙油]	8分	4.84元
□	推广中	[林蛙油]	0分	7.11元
□	推广中	[雪蛤油]	7分	5.72元
□	推广中	[雪蛤]	6分	7.56元

图 6-24　关键词的质量得分

将鼠标放在质量得分的分数上，会出现质量得分的四个组成部分，分别是基础分、创意效果、相关性和买家体验，如图 6-25 所示。

质量得分是直通车扣费公式中的一个指标，质量得分高的关键词，就能以更低的价格占据更高的排名；而质量得分低的关键词，只能大幅度的加价以弥补低分的损失，才能获得高排名。因此，质量得分是最终决定直通车排名、点击单价和投入产出比的一个重要指标。

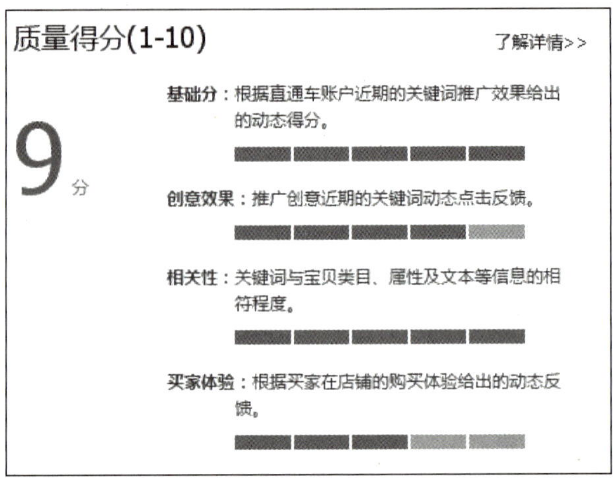

图 6-25 质量得分的组成

提高质量得分，就是优化它四个组成部分的表现。

- 基础分：是指关键词的整体表现，包括展现量、点击率、转化率等。
- 创意效果：主要是指直通车创意图片的点击率。因为直通车的扣费标准是按单击扣费，创意单击是检验直通车效果好坏的标准，所以创意效果是一项单独的指标。
- 相关性：是指关键词与宝贝类目及属性的匹配程度。例如，推广一个女装宝贝，关键词里出现了食品类的关键词，那么就属于毫无相关性。从一级类目到二级类目再到属性里的细节，匹配度越高，相关性就越好。
- 买家体验：是指买家通过单击直通车带来的收藏、成交、售后等表现。

综合以上，提高直通车质量得分的最重要指标就是提高点击率。

实战操作与分析

先来看直通车中的搜索热词，把推广宝贝中的关键词按照展现量进行排序，展现量高的词通常就是热词。这种词大多和标题中的热词是匹配的，观察热词的质量得分并观察是哪方面表现不好，做好记录。

再按关键词质量得分进行排序，把低质量得分的长尾词全部删掉。因为低质量得分的长尾词质量得分低、展现量低，这种词占比过多会影响计划中其他词的得分。

最后剩下的词，要通过好的创意图片来提高点击率，从而提高质量得分。

6.3.8 好创意带来高单击

前文已经介绍过添加创意的过程，选择图片后编辑标题即可。创意添加之后就可以开始设置宝贝创意了。

首先进入“宝贝推广”，单击最右侧的“创意”，然后单击“添加创意”，如图 6-26 所示。

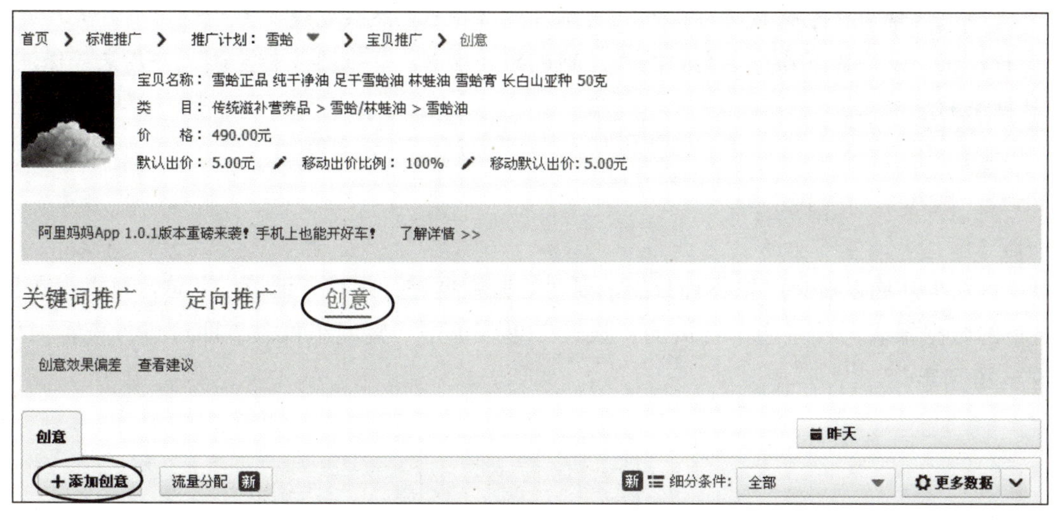

图 6-26　添加创意

一个推广宝贝可以同时选择两个创意进行推广，以此进行创意有效性的测试。直通车的位置，默认是不显示标题的，只有鼠标放在宝贝图片上才会浮现标题，所以标题的重要性已经不大，创意图片的成功与否完全在于图片本身。

创意图片的选择来源于宝贝详情页的五张主图，也就是说，可以选择五张主图上的任意两张来组成不同的创意并同时进行推广。这种做法是对图片的受欢迎程度进行测试，在两组创意的右侧会有点击率的对比，如图 6-27 所示。

创意　　昨天

+添加创意　流量分配 新　　新 细分条件：全部　更多数据

状态	创意	创意尺寸	投放设备	展现量	点击量	点击率	花费
推广中	雪蛤油 长白山正品雪蛤 纯干 林蛙油 蛤蟆油 490.00元	800x800	计算机&移动	1,161	9	0.78%	¥36.68
推广中	雪蛤正品 纯干净油 足干雪蛤油 林蛙油 50克 490.00元	800x800	计算机&移动	870	5	0.57%	¥13.00

图 6-27　两组创意同时推广

通过两组创意的对比，选择点击率高的创意，删除点击率低的创意，然后再继续添加另外一个创意进行对比，以此类推，最终选出最受欢迎的创意图片。

实战操作与分析

实战店铺掌柜先收集同行业的创意图片观察特点，然后创建了多个创意图片并反复进行测试，最终留下点击率高的图片。测试的过程中，每张图片都要测试一周来确保测试结果的准确性。

6.3.9 数据报表 ROI

直通车开通以后会产生各种数据，要对这些数据进行跟踪、记录、汇总，可以查看直通车的数据报表。在直通车首页的“报表”里，单击“直通车报表”即可进行查看，如图 6-28 所示。

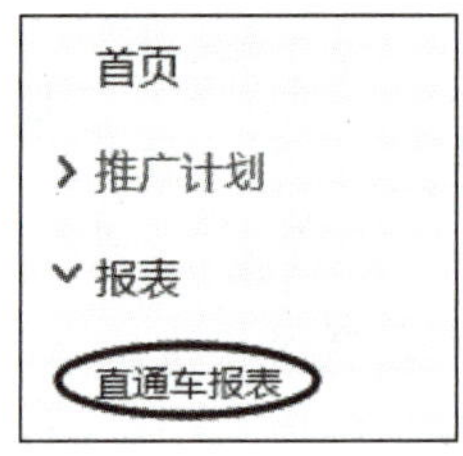

图 6-28 直通车报表

直通车报表包括推广计划列表、推广单元列表等，其中每种列表中又有各种详细的数据可供查看，如图 6-29 所示。

推广计划列表 | 推广单元列表 | 创意列表 | 关键词列表 | 定向列表 | 地域列表

过滤条件：请选择　细分条件：请选择

状态	计划名称	计划类型	日限额	展现量	点击量	点击率
推广中	雪蛤	标准推广	¥300.00	29,657	476	1.61%
推广中	雪蛤长尾	标准推广	¥100.00	1,989	140	7.04%
推广中	灵芝	标准推广	¥50.00	3,103	5	0.16%
推广中	蘑菇木耳	标准推广	¥50.00	1,312	2	0.15%
推广中	人参	标准推广	¥50.00	1,543	1	0.06%
暂停	1g雪蛤	标准推广	¥30.00	168	0	0%
	（合计）			37,772	624	1.65%

图 6-29 直通车报表列表

实战操作与分析

在报表当中，有一项数据需要特别关注，那就是 ROI，也就是投入产出比。

直通车是否有作用，作用大不大，最终看的是 ROI。ROI 的计算方法为投入金额与成交额的比值。例如，直通车的花费为 100 元，最终带来了 120 元的成交额，那么 ROI 就是 100∶120，简化为后 1∶1.2。ROI 越小越好。

高 ROI 需要降低点击单价，这就需要提高质量得分，提高质量得分需要增加点击率，这就需要有好的创意图片，创意图片的反复测试是直通车中最关键的部分。影响点击率的第二要素是销量，第三要素是价格。

6.4 经验总结

通过以上操作，实战店铺共创建了 4 个直通车计划，每日花费 300 元左右，其中主要由主推计划“雪蛤”产生。直通车 ROI 为 1∶1.2 左右，店铺的直通车流量占比达到 30%，是一个理想数值。

通过一张图来了解直通车的全部操作过程，如图 6-30 所示。

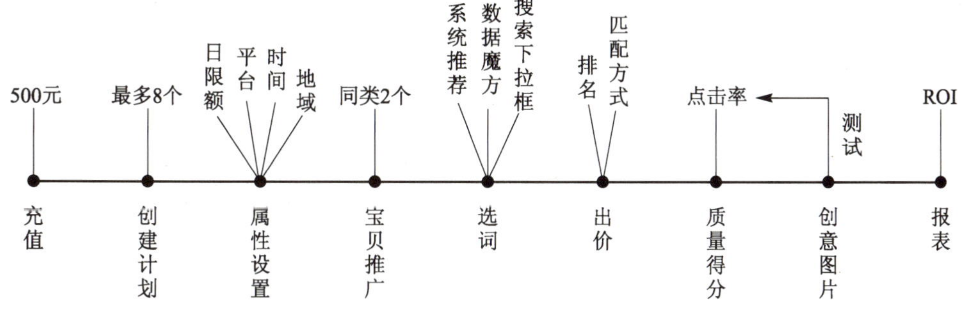

图 6-30 直通车的操作过程

6.5 技巧荟萃

- 直通车与免费流量有连带关系，开通直通车以后，自然搜索带来的免费流量也会有所增加。
- 直通车要保持连续性，不能开开停停。
- 直通车的出价频率要紧紧跟随同行。

- 移动端直通车没有特殊位置，与自然搜索结果在一起，图片上有红色的“HOT”标志即为直通车推广。
- 移动端直通车偶尔会有折扣，卖家可以经常关注，在有折扣的时候加价容易获得高排名。
- 创意图片不受约束，可以有大的字体。
- 创意图片中，有人面部的图片点击率相对较高。
- 直通车的标题需鼠标放上去在图片上才能浮现，标题的重要性被弱化。
- 两件同品类的宝贝同时推广时，应一个去竞争直通车右侧位置的排名，另一个竞争直通车下侧位置的排名。
- 不要盲目冲击高排名，应选择与自己销量接近的排名位置。
- 同一 IP 地址的点击，只被计算一次。

掌柜小结

直通车是一个精准的引流工具。在早期，通过直通车引流就一定能盈利，而在现在的直通车环境中，通过直通车本身来盈利需要很高的操作技巧。直通车的意义在于通过直通车的付费，带动自然搜索排名的提升，从而在自然搜索带来的流量中盈利。也就是说，直通车本身的投入产出，是允许持平或者是少量赔钱的。

第 7 章 花得越多赚得越多——省力的淘宝客推广

7.1 店铺背景

店铺名称：嘉麒葡萄酒庄

店铺主营：葡萄酒

店铺等级：5 钻

店铺人员：5 人

经营时间：4 年

年营业额：180 万

店铺现状：嘉麒葡萄酒庄在实体店经营的同时，于 2011 年开通网店进行同步销售。由于有多年的实体店铺经营经验，产品质量与价格都有优势，开通网店后，主打产品“通化地产葡萄酒”在短时间内排名迅速上升。店铺的动态评分与老客户维护工作都很好，缺少的是直通车与淘宝客等数据类引流的开发，因此掌柜准备从淘宝客入手，引入新的流量，优化店铺的流量来源结构。

7.2 相关知识

在淘宝的流量组成中，淘宝客通常占的比例不大，位于自然搜索与直通车之后，是一种常常被卖家忽视的引流方法。淘宝客看似简单，其实有很多深度的知识，如果优化得好，引入的流量与成交也会非常可观。

有一些独特的店铺，把淘宝客做得十分的细致深入，引来的流量超过了直通车甚至自然搜索引来的流量。

7.2.1 什么是淘宝客推广

淘宝客是指为卖家推广产品并赚取佣金的人，他们通常拥有获取流量的能力，例如网站站长、人气高的博主、人气高的 QQ 空间管理者等。

淘宝客推广是一种按成交计费的推广方式，包括卖家、淘宝客和买家三个角色。在三个角色当中，卖家设置淘宝客，提供产品并设定推广链接及佣金，可以获得额外的流量；淘宝客获取卖家的推广链接并推广卖家的产品，可以赚取佣金。而买家看到淘宝客的推广，单击链接进入卖家店铺购买产品并产生成交，如图 7-1 所示。

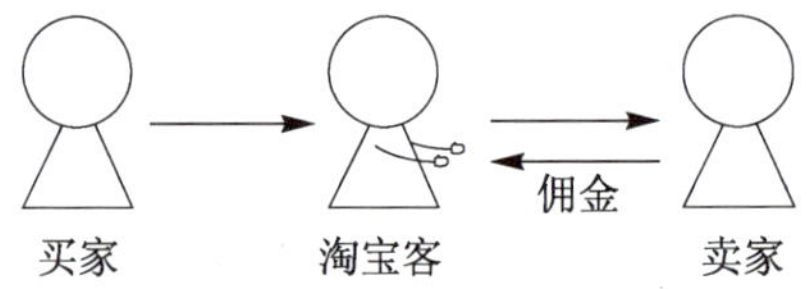

图 7-1 淘宝客角色

例如：买家 A 看到了淘宝客 B 的博客在推广商品，产生了兴趣并单击进入卖家 C 的店铺进行购买。此时，商品的价格是 100 元，正常情况下，卖家可以获利 30 元。由于此次成交是由淘宝客 B 推广产生的，因此淘宝客 B 将从 100 元的成交额中获取一笔佣金。佣金比例由卖家 C 设定，假定佣金比例是成交额的 5%，那么淘宝客 B 就将获取 5 元佣金。而卖家付出 5 元佣金后，最终还剩余 25 元的利润。

卖家参加了淘宝客以后，所推广的宝贝会自动产生一个对应的链接，叫做推广链接。淘宝客需要提取此链接，才能获得佣金的返还。而淘宝客系统会全程记录这个链接的交易过程，凡是通过此链接产生的交易，都将从交易额中扣除佣金并返还给淘宝客。

不同方式的宝贝链接是不同的，正常的宝贝链接是包含“taobao”的链接，淘宝客的推广链接是包含了“alimama”的链接，如图 7-2 所示。

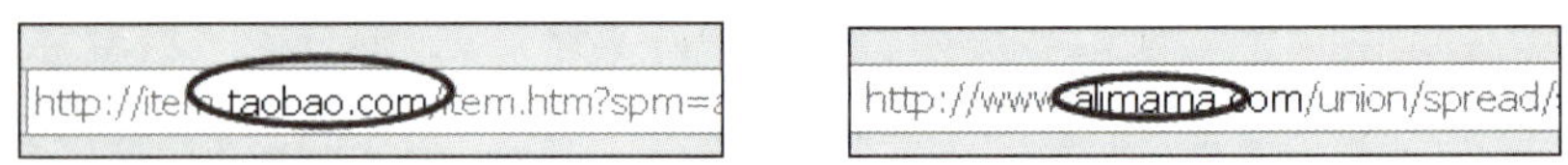

图 7-2 正常宝贝链接和淘宝客推广链接

7.2.2 淘宝客推广的优势

与直通车推广相比，淘宝客具有以下几方面的优势。

（1）淘宝客推广与直通车推广的收费方式不同，直通车是按单击收费，无论是否有成交，只要单击了就要扣费。而淘宝客是按成交收费，如果不成交是不用扣费的，因此对于卖家没有风险性。

（2）直通车的推广局限于直通车的封闭环境，竞争激烈，而且流量有上限，即使优化到了第一位，流量也是有限的。而淘宝客是开放、灵活的环境，竞争小，流量来源广泛，理论上可以有无数淘客为自己进行推广。

（3）淘宝客的操作相比直通车更简单，涉及数据、公式等技术性的东西较少，卖家可以更快更容易地掌握。

7.3 店铺推广实战

下面进入嘉麒葡萄酒庄的淘宝客推广实战。

7.3.1 加入淘宝客推广

淘宝客是属于阿里妈妈网站的产品，独立存在于淘宝网之外，但可以使用淘宝网的账号直接登录，无需重复注册，如图 7-3 所示。

图 7-3　淘宝客

首先需要开通淘宝客，进入“卖家中心”→“营销中心”→“我要推广”，如图 7-4 所示。

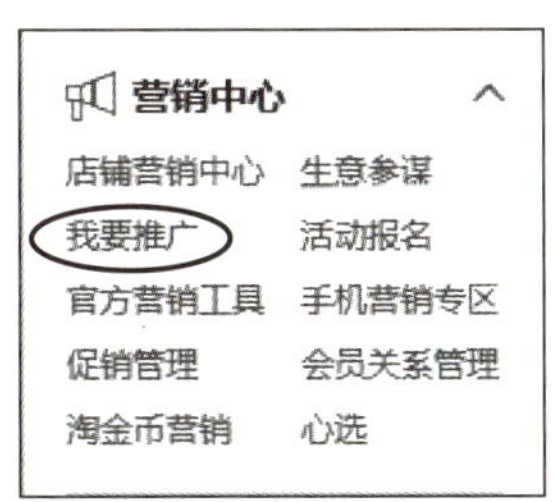

图 7-4　营销中心

93

在右侧窗口的“常用入口”里，单击“淘宝客”，如图 7-5 所示。

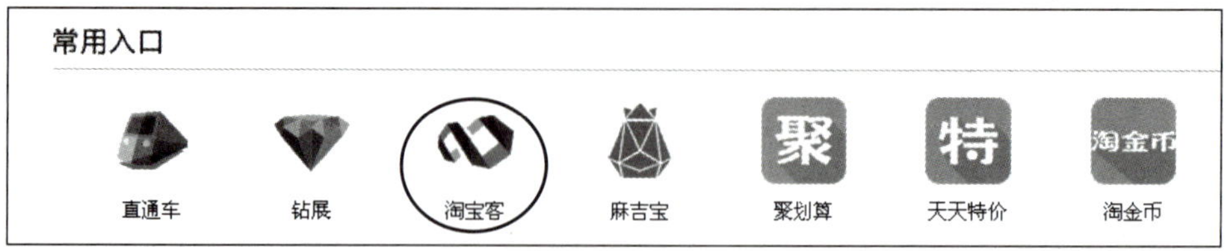

图 7-5　常用入口

淘宝客无需充值，只要加入了消费者保障计划的卖家都可以参加。淘宝客的推广计划有很多种，最常用的是通用计划，如图 7-6 所示。

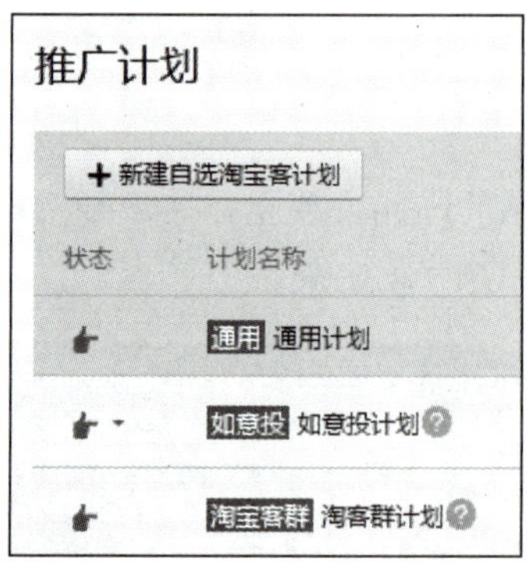

图 7-6　淘宝客的推广计划

7.3.2　主推产品及佣金设置计划

加入淘宝客推广后就可以开始设置推广计划了。

1．通用计划

要创建通用计划，首先要单击“佣金管理”→“新增主推商品”。然后选择主推商品，可以使用标题中的关键字进行搜索。单击选中主推商品后，图片中会出现“√”字样，如图 7-7 所示。

被选中的宝贝会出现在右侧的“已选中宝贝”列表框中，可以看到此时的默认佣金是 1.5%，也就是每成交 100 元，会付给淘客 1.5 元的佣金，如图 7-8 所示。佣金可以单独更改，也可以为选中的宝贝批量设置默认佣金。设置完佣金以后，单击“完成添加”按钮即可完成通用计划的创建。

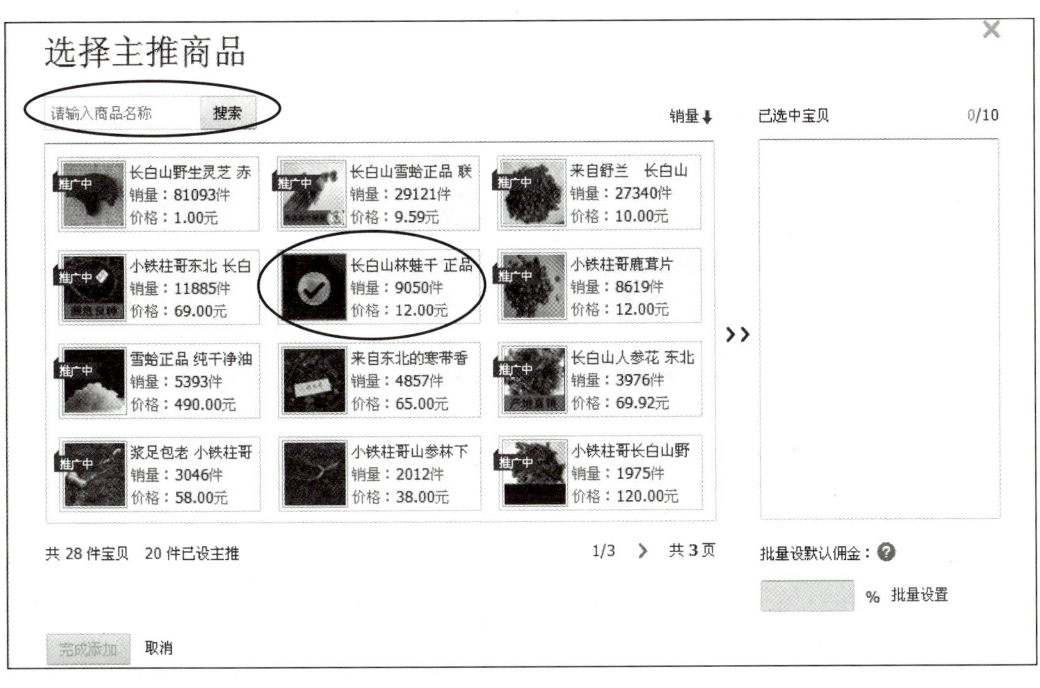

图 7-7 选择主推商品

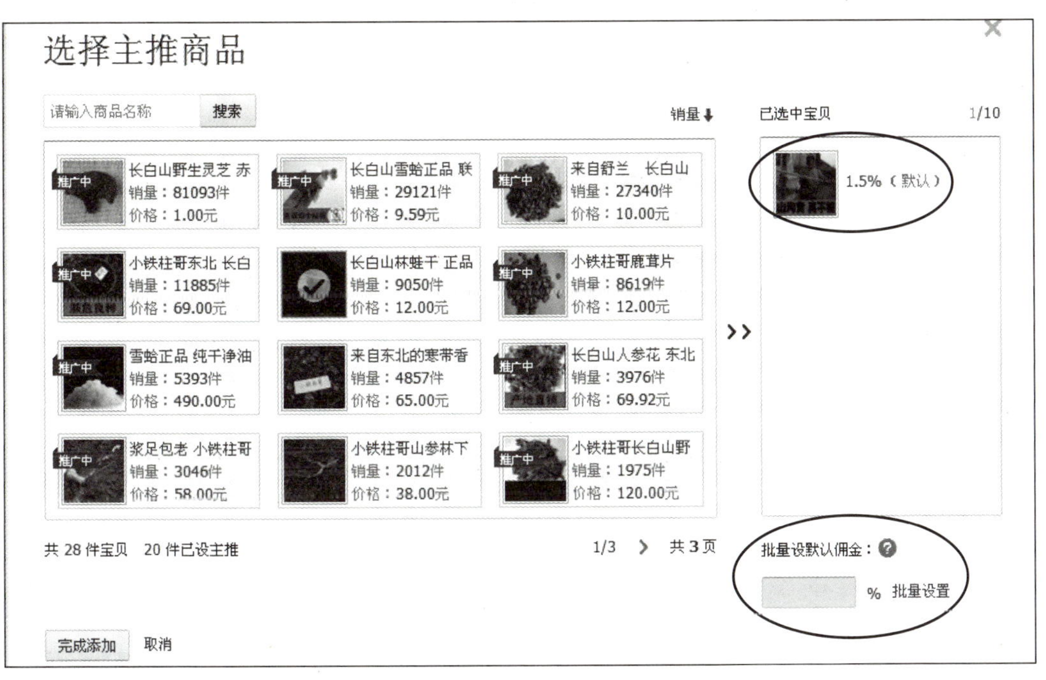

图 7-8 淘宝客佣金

通用计划是公开计划，所有的淘宝客和买家都可以看到。实际上买家也可以随时开通淘宝客，单击自己推广的链接来省钱。这意味着通用计划有两重意义：第一重意义是让淘宝客帮助推广，第二重意义是为买家提供优惠。

根据以上分析，通用计划的佣金比例不宜设置太高。

2. 如意投计划

如意投计划的操作过程与通用计划是一样的。与通用计划不同的是，如意投更加注重产品的优质性。系统会展示同类产品的质量评价、排名参考等数值。质量评价越好，排名越高的产品，越适合做如意投。

如意投不需要买家自己去寻找淘宝客，而是淘宝根据参加淘宝客的宝贝的表现，自动将优秀的宝贝推荐到淘宝客，这里的淘宝客都是淘宝的一些热卖频道。在淘宝官方推荐的淘宝客网站中，最大的网站是“爱淘宝”。它的流量最大，成交最多，从某种意义上来说，淘宝客的如意投推广，就是爱淘宝的排名推广。

爱淘宝的流量主要来自于在各大导航网站的推广，如图 7-9 所示。

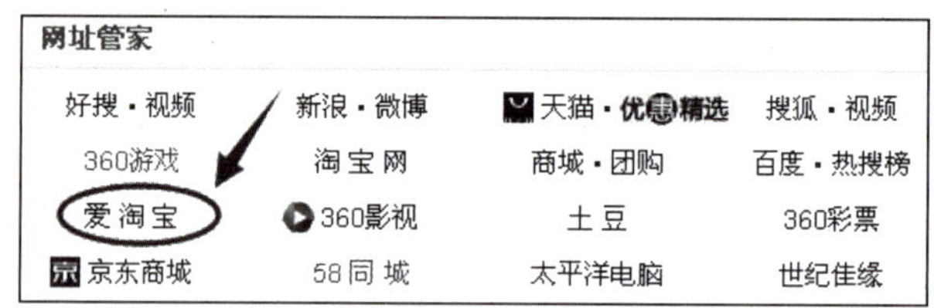

图 7-9 爱淘宝流量来源

在爱淘宝里同样可以在搜索框中搜索自己喜欢的产品，如图 7-10 所示。与淘宝不同的是，爱淘宝里面搜索出来的产品，全部是参加了淘宝客如意投计划的产品。

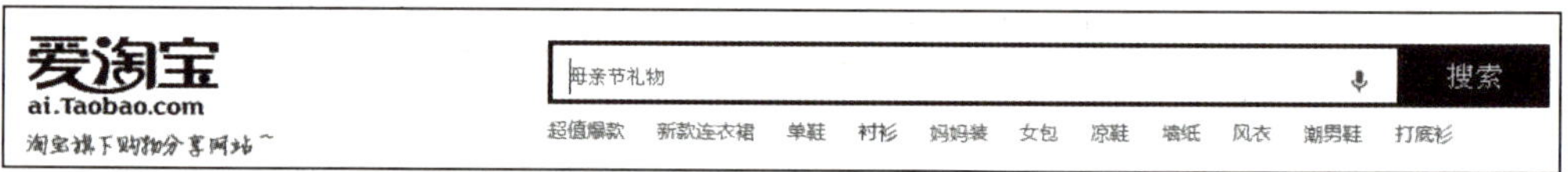

图 7-10 爱淘宝搜索

如意投的设置方法与通用计划一样，选择推广宝贝然后设置佣金即可。爱淘宝里面的排名取决于两个因素，一个是综合评分，其中最重要的是动态评分。另一个是佣金比例。综合评分越高，佣金比例越高，宝贝排名就越靠前。

根据如意投的上述规律，选实战店铺当中动态评分高，利润高的宝贝加入到如意投当中，并设置较高的佣金比例。然后在爱淘宝中搜索对应关键词，查看宝贝的排名情况，再适当调整佣金比例。

3. 定向计划

除通用计划与如意投计划外，淘宝客还可以开通自由的创建计划，并自行选择是否公开。自由计划通常是为某个淘宝客单独投放的，所以一般选择不公开，这种计划也叫做定向计划。

创建定向计划，首先要在“推广计划”里单击“新建定向计划”，如图 7-11 所示。

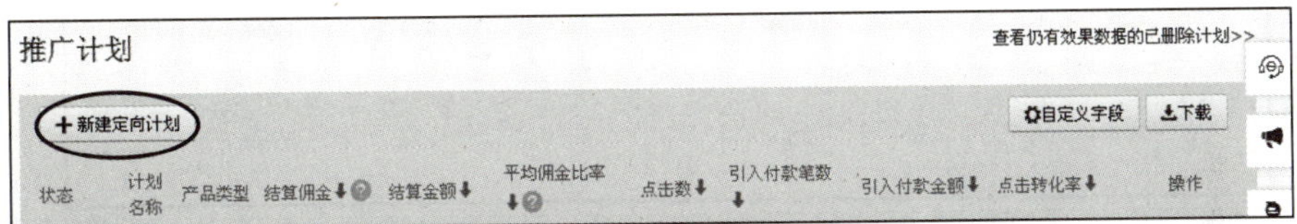

图 7-11　新建定向计划

在弹出的图 7-12 所示的“新建定向计划”页面中，输入计划名称并选择“不公开”选项。然后设置起止日期以及佣金比例。最后填写推广计划描述后，单击“创建完成”按钮即可完成。

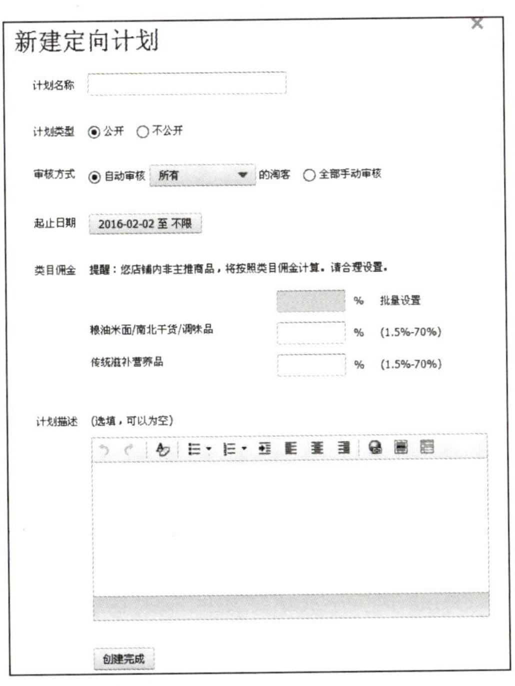

图 7-12　新建定向计划

创建完成的定向计划会排列显示在淘宝客列表中，如图 7-13 所示。

+新建定向计划　　自定义字段　下载

状态	计划名称	产品类型	结算佣金	结算金额	平均佣金比率	点击数	引入付款笔数	引入付款金额	点击转化率	操作
	通用 通用计划	淘宝客	3.28	176.61	1.85%	12	6	558.28	50.00%	查看
	活动 活动计划	淘宝客	0.00	0.00	0.00%	0	0	0.00	0.00%	
	如意投 如意投计划	如意投	0.00	0.00	0.00%	26	0	0.00	0.00%	
	味之旅	淘宝客	0.00	0.00	0.00%	0	0	0.00	0.00%	
	觅食粉丝专享价	淘宝客	0.00	0.00	0.00%	0	0	0.00	0.00%	

图 7-13　淘宝客列表中的定向计划

单击某个定向计划的名称，可以打开计划的总览页面，如图 7-14 所示。

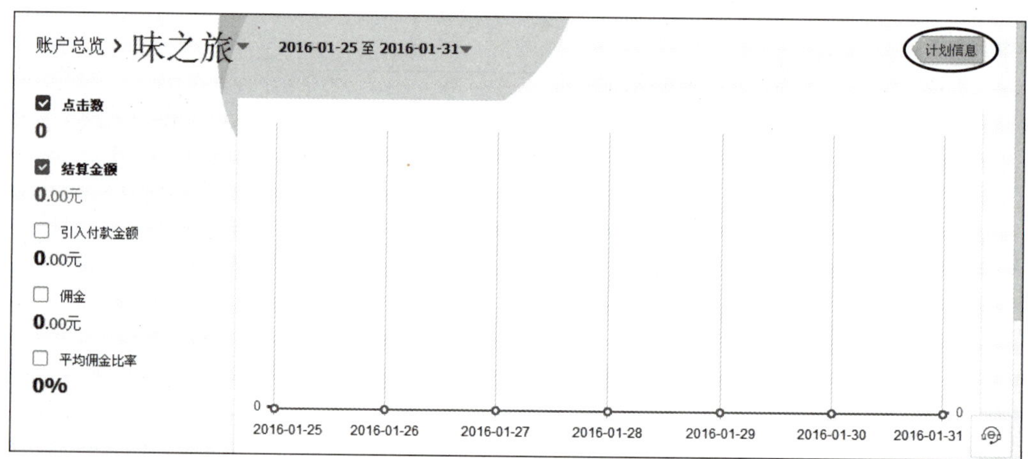

图 7-14　计划总览页面

单击“计划信息”按钮，就可以查看详细的计划信息，如图 7-15 所示。在计划信息里，有一项重要信息，即“邀请链接”。因为定向计划是不公开的，所以淘宝客无法获取推广链接，此时需要掌柜来复制此链接，并发送给定向淘宝客进行投放。

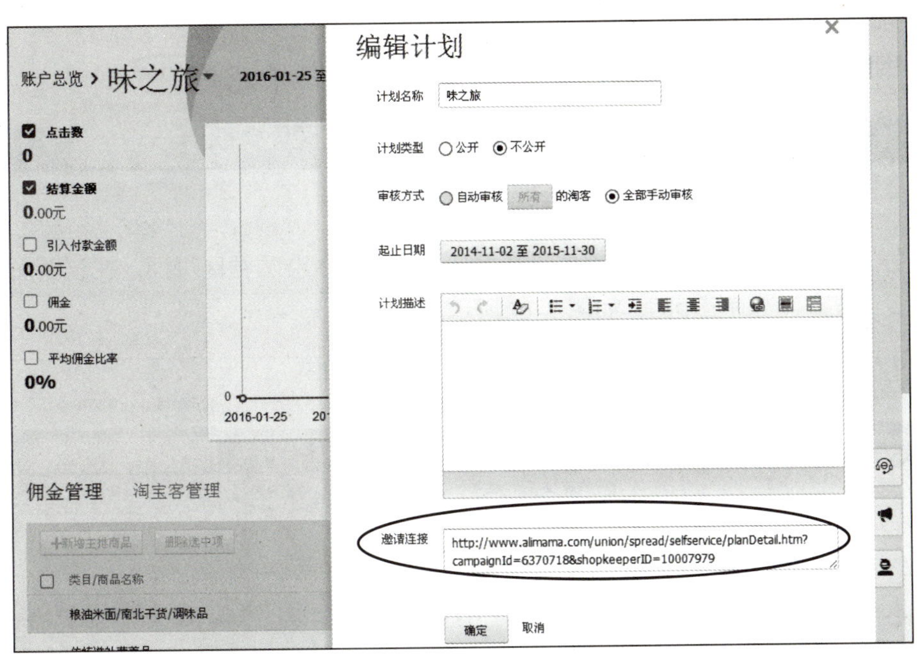

图 7-15　计划信息

实战操作与分析

定向计划需要卖家自己找淘宝客洽谈，征得对方同意并谈好佣金比例后，首先按照佣金比例创建定向计划并取得推广链接，然后将推广链接发给淘宝客，由对方进行推广。在此次实战中，定向计划共建了 3 个，全部由酒类相关的淘宝客进行推广。

4．高佣金计划

高佣金计划其实也是定向计划的一种，属于特殊时期创建的特殊计划。这些计划的佣金大多是 80%甚至是 90%，在如此高的佣金比例下，产品一定是要赔钱的，因此不适合长期操作，只适合短期需要提高销量的情况。

7.3.3　招募淘宝客

完成推广计划的创建后，就可以开始招募淘宝客为产品进行推广了。招募淘宝客需要到淘宝客活跃的地方，在阿里妈妈的论坛里就有着大量的淘宝客。

在阿里妈妈首页，单击“媒体合作”下的“淘宝联盟”，如图 7-16 所示。

图 7-16 “淘宝联盟”入口

在打开的淘宝联盟首页中，单击“社区”选项，进入会员社区页面，在该页面中单击“橙领论坛”→“掌柜专区”，如图 7-17 所示。

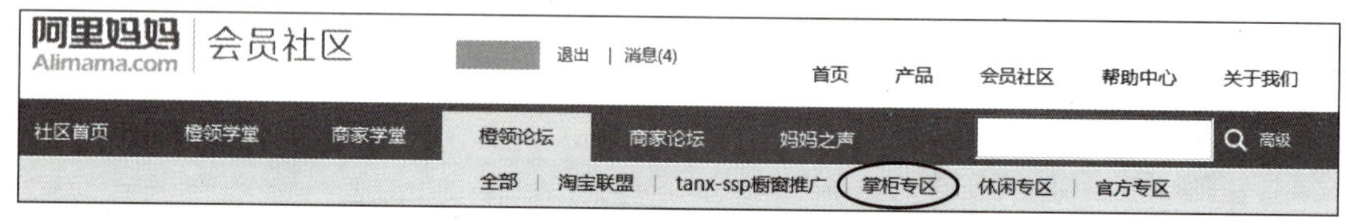

图 7-17 “掌柜专区”入口

进入到“掌柜专区”后，页面中包含“找淘宝客”版块，卖家可以在这里发帖寻找淘宝客，如图 7-18 所示。

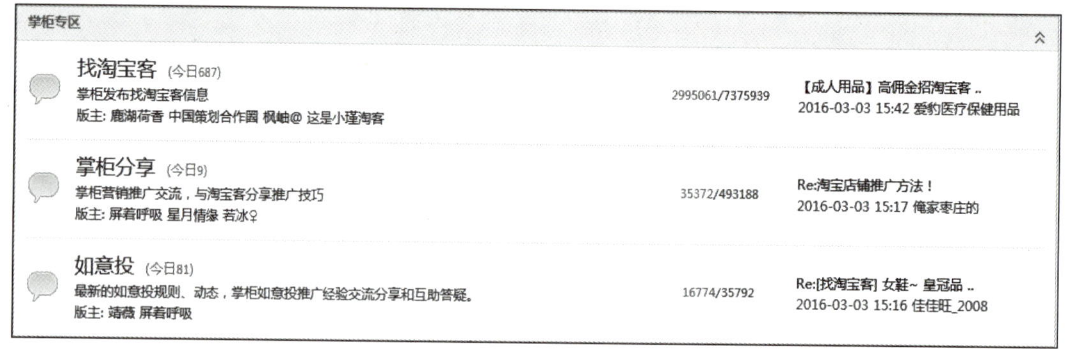

图 7-18 掌柜专区

除了阿里妈妈论坛，在淘宝客活跃的其他论坛或群里，同样可以发布招募信息。淘宝客的招募要重点强调两方面，第一是宝贝销量，第二是佣金比例。只有销量高、佣金高的宝贝才容易被淘宝客接受。这是因为销量高的宝贝推广后的效果好，容易产生成交，而佣金高会让推广的淘宝客赚得更多。

7.3.4　淘宝客的推广效果

淘宝客的推广效果可在淘宝客首页的“账户总览”中看到，淘宝客的数据很简单，只有点击数、结算金额、引入付款金额、佣金和平均佣金比例，如图 7-19 所示。

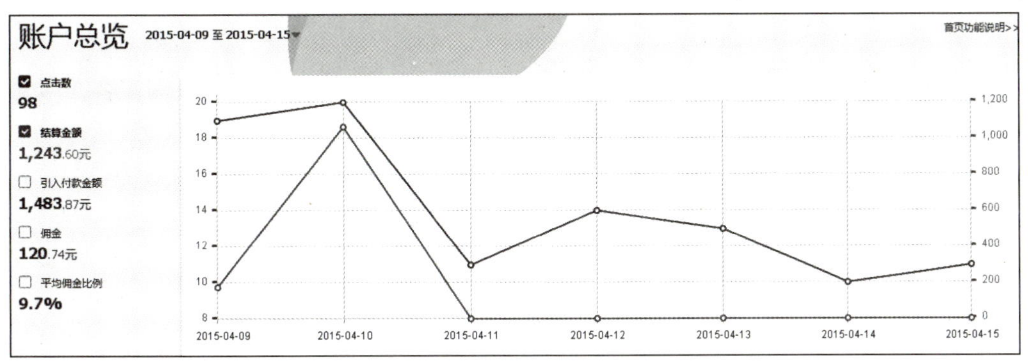

图 7-19　淘宝客账户总览

7.4 经验总结

综上所述，淘宝客的设置很简单，不需要复杂的数据解读，最需要努力的地方就是淘宝客的寻找与管理。

通过一个表格来总结淘宝客的推广计划，如表 7-1 所示。

表 7-1　淘宝客推广计划

计划名称	佣金	招募	应用
通用计划	低	不需要	全网通用
如意投计划	高	不需要	重点是爱淘宝
定向计划	高	需要	指定淘宝客
高佣金计划	极高	需要	指定淘宝客

7.5 技巧荟萃

- 淘宝客的流量不计入转化率，所以允许不精准。
- 淘宝客推广要有奖励计划，淘宝客推广满一定的金额可以给予现金奖励。

- 淘宝客的论坛招募淘宝客的方式用图片比用文字效果好。
- 为淘宝客推广宝贝制作专属的图片与文案会使宝贝更受欢迎。

掌柜小结

淘宝客在整个店铺的流量占比中，理想值在 10%左右即可达到目标。淘宝客在店铺的推广流量中，属于辅助性质，不占绝对作用。

第 8 章　让网店财源滚滚来——钻石展位

8.1 店铺背景

店铺名称：晨阳袜业

店铺主营：袜子

店铺等级：4 皇冠

店铺人员：15 人

经营时间：3 年

年营业额：350 万

店铺现状：晨阳袜业是一家加工型企业店铺，采用的是批量生产模式，因此需要大流量、多订单才能支撑企业的发展。所以必须使用大流量的推广方法。

8.2 相关知识

淘宝网首页除了展示搜索出来的商品以及一些特色频道以外，还提供图片类的广告位置，这些位置称为钻石展位。

8.2.1　什么是钻石展位

钻石展位是淘宝网为卖家提供的一个营销工具，主要以图片类的广告为主。卖家依靠图片的创意来吸引买家单击，从而产生成交。

8.2.2　钻石展位的位置

钻石展位的位置有很多，其中最具代表性的，也是人气最高的，就是淘宝网首页的焦点位置，如图 8-1 所示。

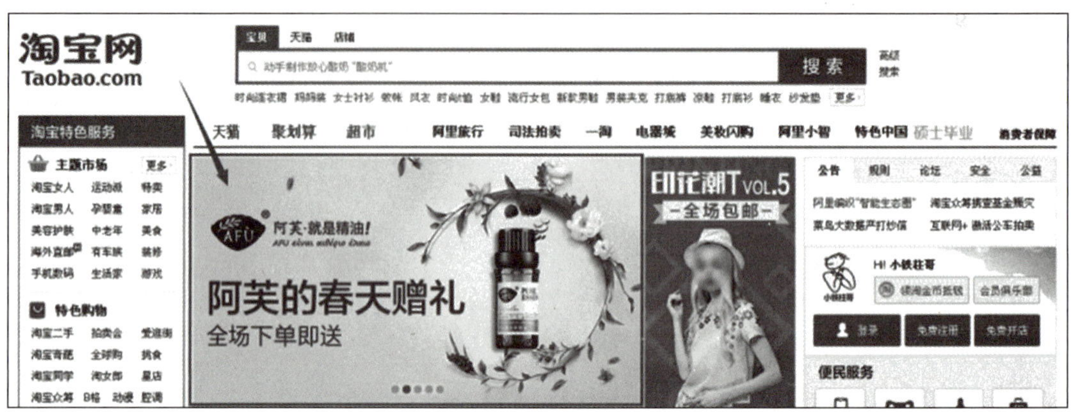

图 8-1　最具代表性的钻石展位

首页中另一个人气高的钻石展位在最下方，如图 8-2 所示。

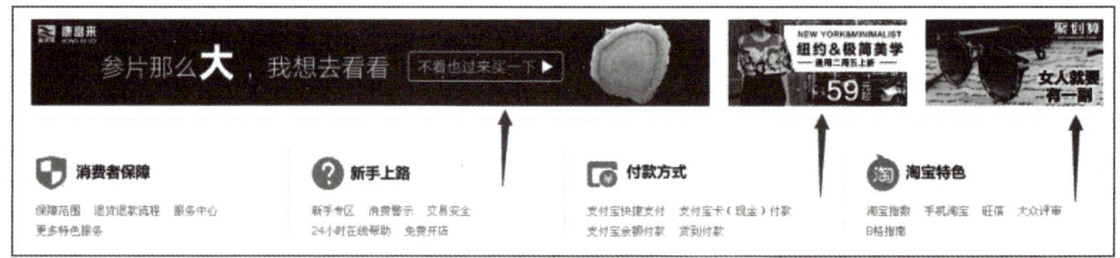

图 8-2　首页下方的钻石展位

钻石展位的其他位置还有收藏夹、旺旺面板等，大小各不一样，价格也各有不同。

8.3 店铺推广实战

下面以晨阳袜业店铺为例，讲解钻石展位的投放实战。

8.3.1　钻石展位的扣费原理

钻石展位的扣费与直通车、淘宝客都是不同的。直通车是按单击扣费，淘宝客是按成交扣费，而钻石展位是按展现扣费。其中的展现是指被买家看到的次数。

钻石展位的扣费与直通车、淘宝客的扣费区别如图 8-3 所示。

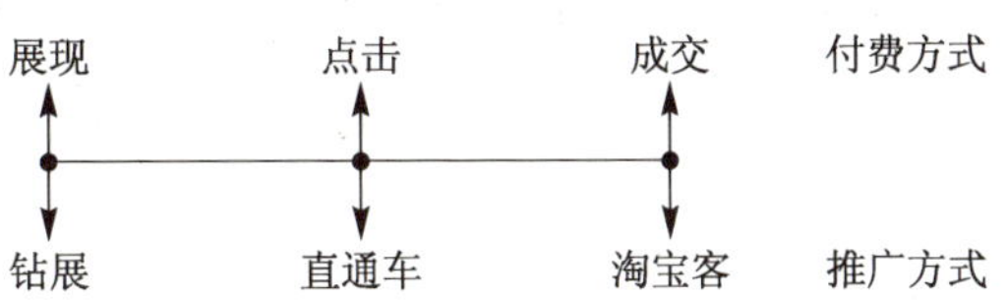

图 8-3　三大推广方式扣费方式的比较

根据以上对比，可以知道钻石展位是一个可控性比直通车和淘宝客都差的收费推广工具，由于它是按展现来收费的，只要有买家看到，无论是否单击、是否成交，都要扣费。但与此同时，钻石展位能带来大量的流量，流量能否转化成单击依靠的是图片创意本身，具有一定的风险性。

钻石展位的扣费是按照每千次展现出价来进行竞价。例如在同一位置，某宝贝每千次展现出价 5 元，排在第一位，那么就优先展示此宝贝。当此宝贝的投放消耗完毕以后，出价排在第二位的自动出现在展现位置，以此类推。

8.3.2　钻石展位的使用流程

报名钻石展位需要先进入“卖家中心”→“营销中心”→“我要推广”，在“常用入口”里单击“钻展”，如图 8-4 所示。

图 8-4　钻展

第一次参加钻石展位，需要进行钻石展位相关知识的考试，考试前会有学习的提示，按提示进入并学习知识即可。学习完成以后，参加考试并等待审核，审核完成后会有通知。

当审核通过后，单击“进入我的钻展”按钮，就可以进入钻石展位的平台页面，如图 8-5 所示。

如果卖家是第一次参加钻石展位，则需要先充值。钻石展位首次充值金额最少为 1000 元，单击左侧列表的“充值”按钮，在弹出的页面中填写充值金额后单击“立即充值”按钮，如图 8-6 所示。

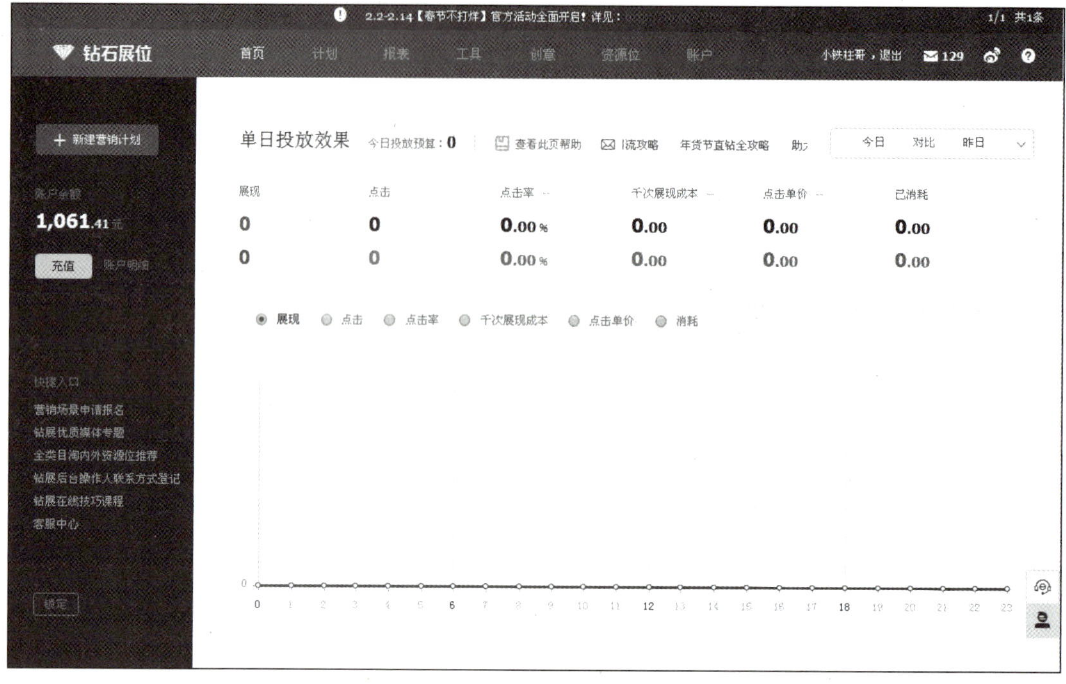

图 8-5　钻石展位首页

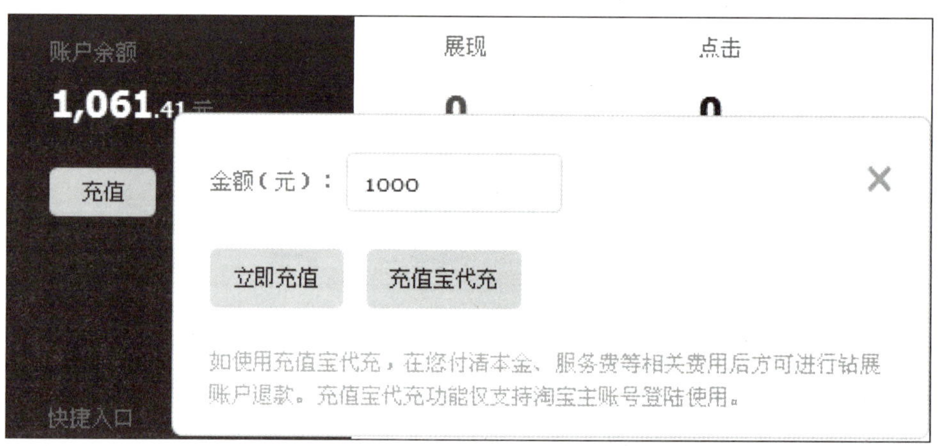

图 8-6　钻展充值

然后跳转到支付宝支付页面，使用手机支付宝或登录支付宝账户完成付款。付款成功以后会有“充值成功”的提示。

当账户有高于 1000 元的余额时，卖家就可以开始创建营销计划了。单击“新建营销计划”按钮，弹出“历史计划创建提示”对话框，如图 8-7 所示。

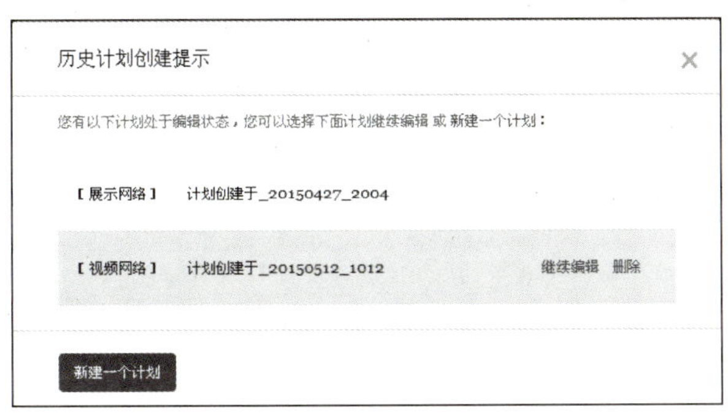

图 8-7　“历史计划创建提示”对话框

单击“新建一个计划”按钮，进入营销计划的选择页面，其中有“展示网络”、“明星店铺”、“视频网络”3 项选择，最常用的是“展示网络”。在其下方单击“立即创建”按钮开始创建新计划，如图 8-8 所示。

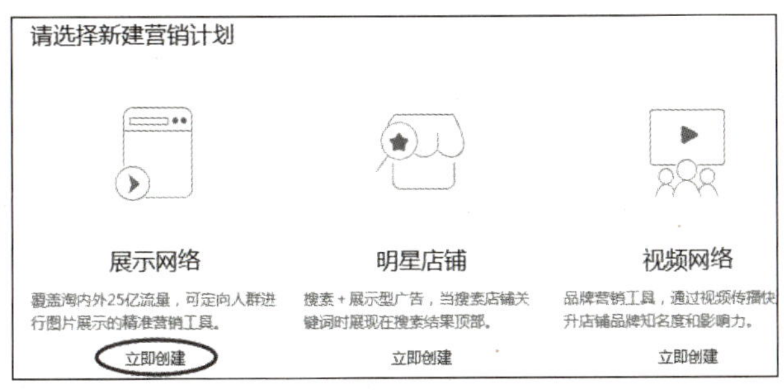

图 8-8　选择新建营销计划

新建营销计划包括填写计划基本信息、推广单元设置和添加创意 3 项。首先填写计划基本信息，包括计划名称、每日投放预算、投放日期，如图 8-9 所示。

图 8-9　计划基本信息

然后单击“下一步，设置推广单元”按钮，进入推广单元设置页面。首先填写推广单元名称，然后根据自己产品的消费人群设置好定向人群，如图 8-10 所示。

图 8-10 推广单元设置

最后单击“选择媒体”，卖家可以看到资源位列表，在其下方还有详细的推广位置可供选择，如图 8-11 所示。卖家勾选资源位列表中的“网站行业”、“日均访问量”等选项时，下方的资源位就会展现对应的推广位置。

选择好相应的推广位置后，在页面的右上方会显示资源位的数量和流量预估，如图 8-12 所示。

单击“确定”按钮，返回推广单元设置页面，勾选的推广位置出现在该页面中，如图 8-13 所示。

图 8-11　资源位列表

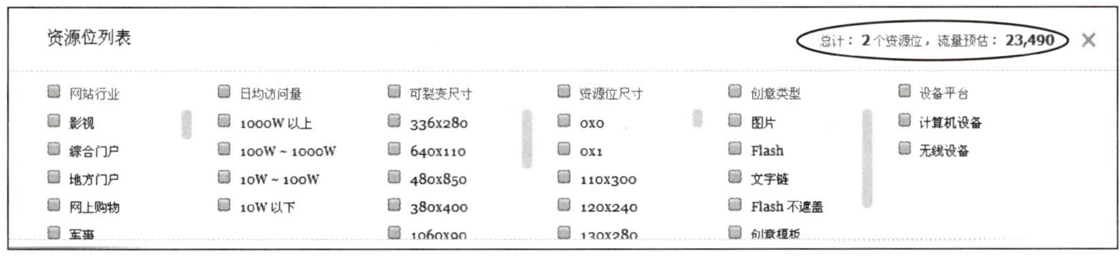

图 8-12　资源位数量和流量预估

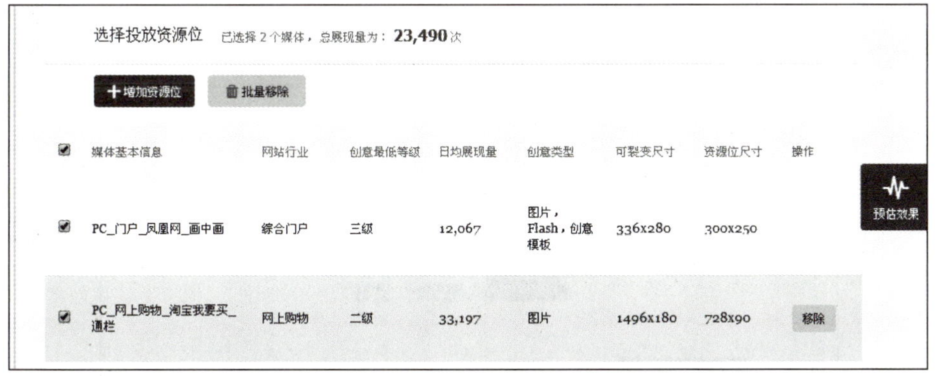

图 8-13　推广位置展示

接下来设置出价，卖家可以利用出价助手快速完成出价，也可以选择“通投”并设置每个推广位置的出价，如图 8-14 所示。

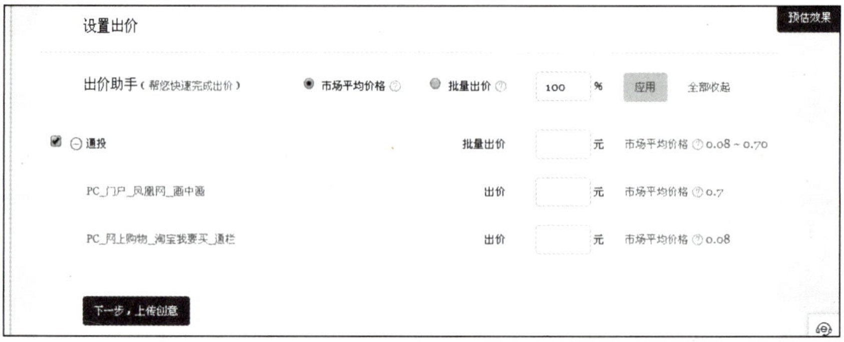

设置出价
预估效果
出价助手（帮您快速完成出价）
市场平均价格
批量出价
100
%
应用
全部收起
通投
批量出价
元
市场平均价格 0.08 ~ 0.70
PC_门户_凤凰网_画中画
出价
元
市场平均价格 0.7
PC_网上购物_淘宝我要买_通栏
出价
元
市场平均价格 0.08
下一步，上传创意

图 8-14　设置出价

然后单击“下一步，上传创意”按钮，进入添加创意页面。添加创意有三种方式，即创意在线制作、创意库选择和本地上传，如图 8-15 所示。除此之外，卖家还可以选择跳过创意上传，直接完成计划。

计划基本信息
修改
推广单元设置
修改
添加创意
728x90
300x250
Flash
300x250
300x250
还未选择任何创意
创意在线制作
创意库选择
本地上传
跳过创意上传，完成计划

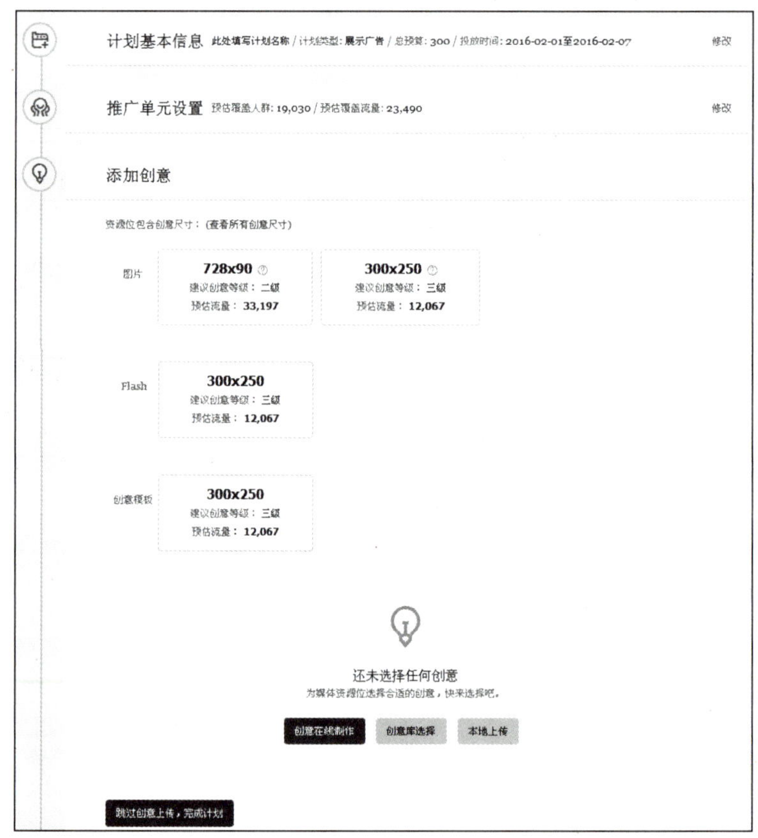

图 8-15　添加创意

至此钻石展位的设置全部完成。

钻石展位实际上就是淘宝网本身的收费广告位，淘宝网将优质的位置切割成不同大小的版块来出售，同时满足了大、中、小型各种卖家的需求。

直通车的流量存在上限，淘宝客需要卖家不断去寻找淘客，但是钻石展位最不缺的就是流量，大的钻石展位位置（如首页的焦点轮播）有十几千万的展现量，只要有钱有库存，敢于竞价就可以操作。只是这种方式风险很大，是否盈利不可控。

在这种情况下，晨阳袜业先从小的钻石展位做起，摸索规律。尤其是在图片的创意性上，研究如何能让买家产生更强烈的单击欲望。当好的创意图片测试成功以后，再去竞价有更高展现量的钻展位置，实现销量由少到多的逐步攀升，并取得了 3 年快速地由小做到大，最终成为年销售 350 万的大型店铺。

8.4 经验总结

钻石展位需要注意的问题有三个，第一是竞价合理的位置，第二是图片的创意，第三是优质的内功（产品、价格、服务、销量）。

（1）合理的竞价是指要去竞价与自己产品相符合的位置。例如销量只有几十件的产品，就不要去竞价高展现量的位置，因为低销量只会拉低转化率。正确的做法是要去竞价一个低展现量的位置，用少量的花费带动销量的增加；当销量增加到几百件的时候，再去竞价更高展现量的位置。

（2）图片的创意可以先在低展现量钻展位置进行测试，等到更高展现量位置的时候，需要再次测试，样本越大，准确率越高。

（3）内功是直接决定是否盈利的因素，先做内功，后做钻展（或者说，先做内功，后做推广）是网店推广的通用规律。只有内功做好了，通过推广引来的流量才不会浪费。

8.5 技巧荟萃

- 设置出价时，开始可以先使用行业平均出价。
- 与直通车一样，钻展可以设置投放时间和投放地域。
- 不要在整点的时候修改价格，以免系统延迟导致修改不生效。
- 一定要使用人群定向与店铺定向，确保流量来源精准。

- 相比较而言，钻展的店铺定向更精准。
- 定向店铺可以在数据魔方中按行业排名查找。
- 创意图片与详情页的风格要一致，不要盲目追求点击率。

掌柜小结

在网店的所有推广方法中，钻展是从小店到大店的一条必经之路，在店铺发展到中期的时候，钻展是让店铺更上一层楼的有力工具。而一些有实力的店铺，也可以通过钻展直接让店铺快速做大。

第 9 章 钱和人气一起赚——有效的促销

9.1 店铺背景

店铺名称：舞姿翼肚皮舞服饰

店铺主营：肚皮舞服饰

店铺等级：3 钻

店铺人员：1 人

经营时间：3 年

年营业额：26 万

店铺现状：舞姿翼肚皮舞服饰是由掌柜一人兼职运作的店铺，掌柜本人是资深买家，有着丰富的购物经验，因此了解买家心理并通晓店铺推广的流程。在店铺推广过程中，掌柜熟练地运用了促销技巧，并取得了不错的成绩。

9.2 相关知识

与实体店一样，网店也要有促销，对于买家来说，价格是很敏感的购物因素，有数据表明，当价格下降达到 20%时，买家就会有明显的“捡到便宜”的感觉。为此，淘宝网设立了各种促销方法，林林总总，名目繁多。学习并掌握这些促销方法，是淘宝开店的必修之课，也是网店推广必不可少的一步。

店铺促销有三个入口，一个是“促销管理”，一个是“店铺营销中心”，一个是“活动报名”。

- 促销管理：顾名思义，促销管理是直接针对某款宝贝，以打折等方式促进成交的方法。

- 店铺营销中心：不具体针对某款宝贝，而是基于全店的一种营销策略，以与买家互动为主，引流并间接促进成交。
- 活动报名：是卖家报名参加淘宝官方的一些活动的方式，通过报名可以把店铺的某款产品直接推送到活动页，从而带来成交。

“促销管理”与“店铺营销中心”两种入口，面对的都是已经来到店铺的买家，包括老客户和正在浏览的新客户。这一部分人群是固定的，在开展促销活动时要注重的是转化率。

而“活动报名入口”面对的完全是新客户，这种促销方式带来的是淘宝网的免费流量。因此在注意转化率的同时，也要注重点击率，比如报名活动的图片以及产品名称等就十分重要。

9.3 店铺推广实战

下面以舞姿翼肚皮舞网店为例，进行店铺的促销推广实战。

9.3.1 贴心的满就送工具

先来学习促销管理。促销都是由工具来完成的，找到这些工具，需要先单击“卖家中心”→“营销中心”→“促销管理”，进入“商家营销中心”首页，继续单击“优惠活动”，页面中包含各种可以设置优惠的工具，如图 9-1 所示。

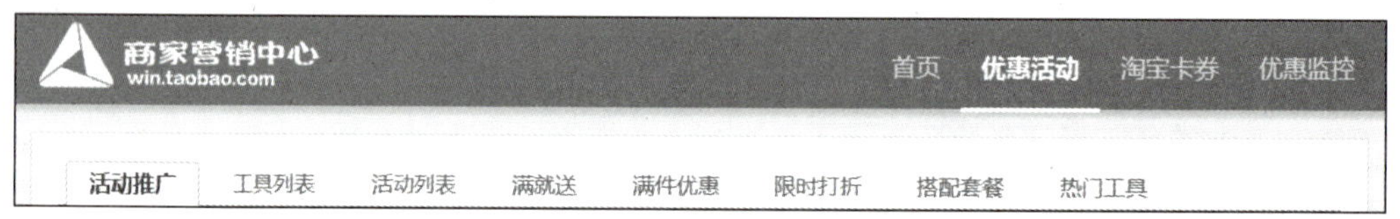

图 9-1　营销活动

“满就送”工具是淘宝网很常用的一种工具，设置过程主要包括“创建活动”、“活动页配置”、“活动推广”、“完成”，如图 9-2 所示。

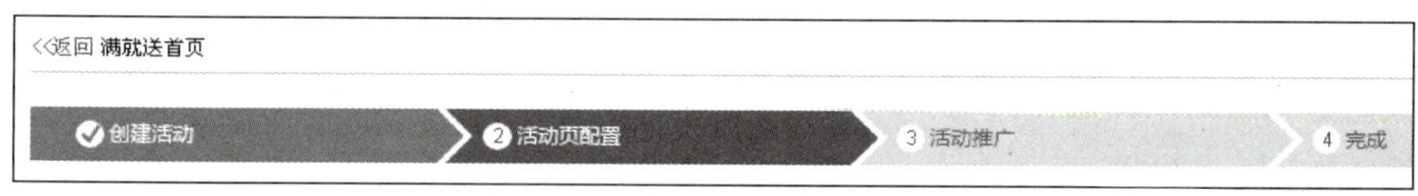

图 9-2　“满就送”活动设置

“满就送”的设置规则为：买家购物满一定金额，卖家就送某种东西。赠送物品包括：

现金、礼品、邮费、优惠券等。优惠内容可以单项选择，也可以多项选择，如图 9-3 所示。

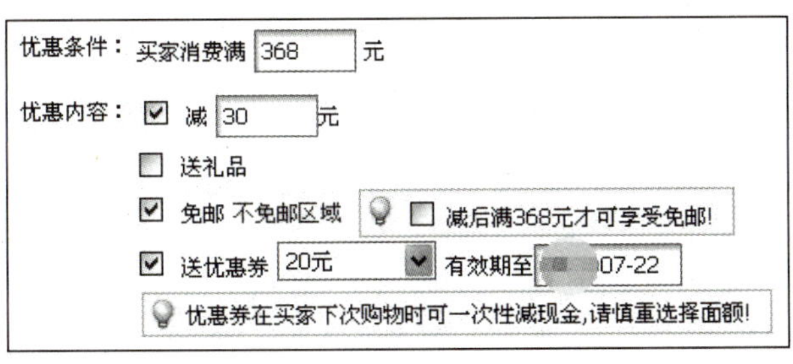

图 9-3　“满就送”优惠设置

设置完成后会有活动页面的预览。例如，我们设置了一个“满百包邮”的活动，就会有“满百包邮”的预览页面，如图 9-4 所示。

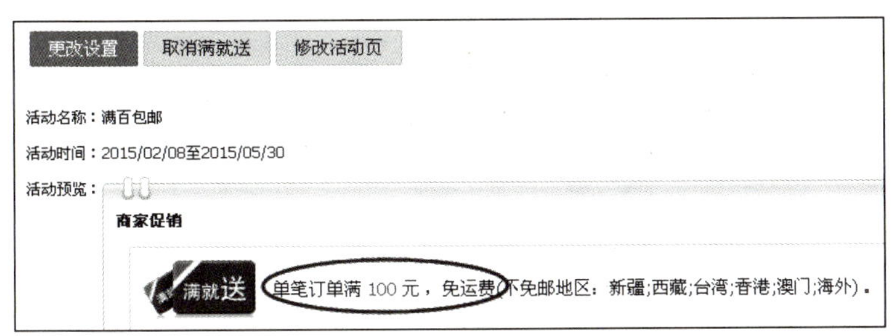

图 9-4　“满百包邮”活动

“满就送”活动满足了买家的“赠送”心理，在日常生活中，消费者无论在商场还是在街边消费，买够一定金额的产品，通常会提出赠送某种东西或者某种服务的要求。有了“满就送”活动，会让买家在心理上获得一种满足感和实惠感。

实战操作与分析

在“满就送”活动的设置里，最常见的就是满百元送运费，实战店铺也选用了这一方法。送运费实际上是淘宝网鼓励卖家承担运费的一种行为，是为了消除网购中买家除了付购买商品的费用，还要额外付运费的一种“多花钱”心理。

9.3.2　全网抢用的秒杀

除了“满就送”以外，还有一个常用的工具是“限时打折”，也就是常说的“秒杀”。“限时打折”使用频率极高，应用范围极广，几乎每一家店铺都会用到此工具。

“限时打折”的含义为：在一定的时间内才有折扣。例如一件原价 198 元的裙子，设

定在某天的上午 8:00 到 11:00，价格为 98 元，过期就恢复原价。“限时打折”设置的时间越短，折扣越大，效果就越好，这也是它会被称为“秒杀”的原因。

“限时打折”工具的入口与“满就送”是一样的，也是在“卖家中心”→“营销中心”→“促销管理”→“优惠活动”里。

“限时打折”需要先创建活动，如图 9-5 所示。

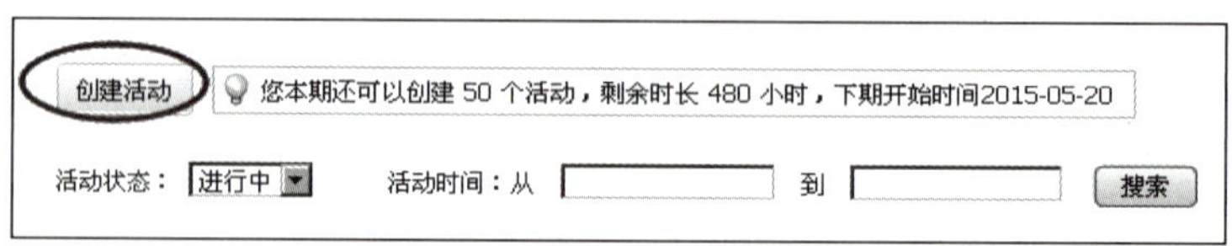

图 9-5　创建活动

创建活动第一步，需设置活动名称和促销时段，如图 9-6 所示。

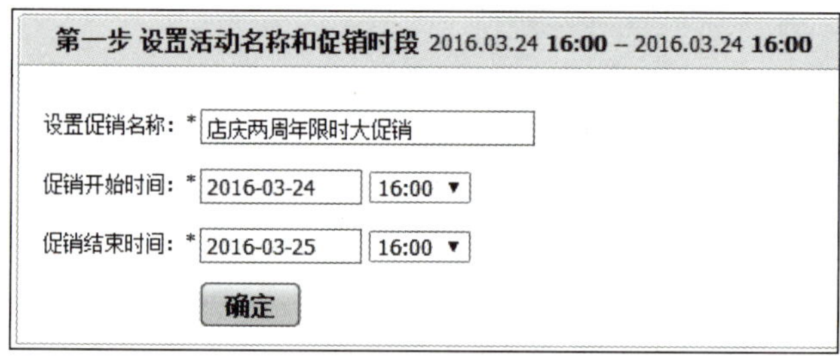

图 9-6　设置活动名称和促销时段

单击“确定”按钮，然后进入第二步，选择宝贝后勾选“参加打折”，如图 9-7 所示。

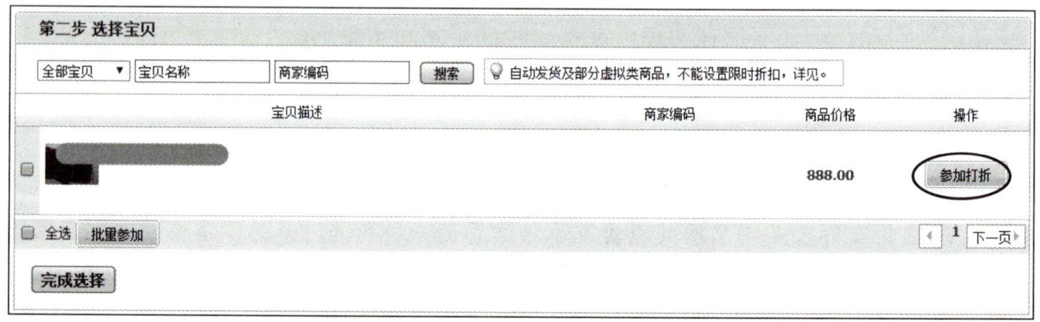

图 9-7　选择宝贝

单击“完成选择”按钮，然后进入第三步，设置折扣比例以及每人限购数量，如图 9-8 所示。

全部设置完以后，单击“完成活动设置，去推广”即可发布活动。

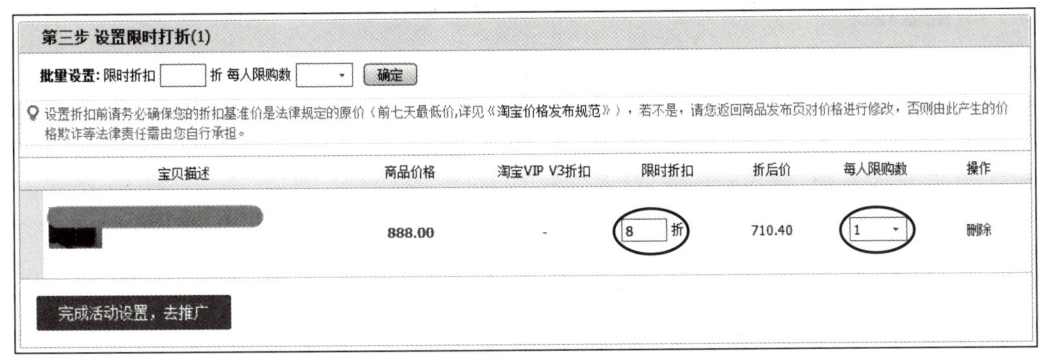

图 9-8　设置限时打折

“限时打折”与“满就送”的区别在于：“限时打折”只能偶尔使用，经常使用会影响使用效果；而“满就送”是可以长年使用的工具。

实战店铺在秒杀环节设置了三款宝贝，分别参加了每日秒杀，每周秒杀与每月秒杀。

每日秒杀的均为过季款、老款等，以成本价或低于成本价秒杀，主要用于与买家互动。每周秒杀的为常见引流款，以少量盈利、增加人气为目的。

每月秒杀的宝贝不固定，一般看哪款宝贝的销量下降，就在月底设置一次秒杀来巩固月销量。因为宝贝的搜索排名中，销量的权重是按每月计算的，每月秒杀起到增加销量，继而稳住排名的作用。

9.3.3　搭配套餐巧搭配

与“满就送”和“限时打折”并列的还有一项是“搭配套餐”，它也是一款比较常用的工具。搭配套餐是将多种宝贝搭配在一起，通过一次下单就能完成多种商品的购买的交易方式。搭配套餐中不同宝贝之间应该具有共同性、相近性或者是互补性，这样才能让买家愿意去选择搭配套餐。

设置搭配套餐，首先要创建搭配套餐，如图 9-9 所示。

图 9-9　创建搭配套餐

创建搭配套餐先要设置基本信息，包括套餐标题、搭配宝贝、套餐原价、套餐图片和套餐描述，如图 9-10 所示。

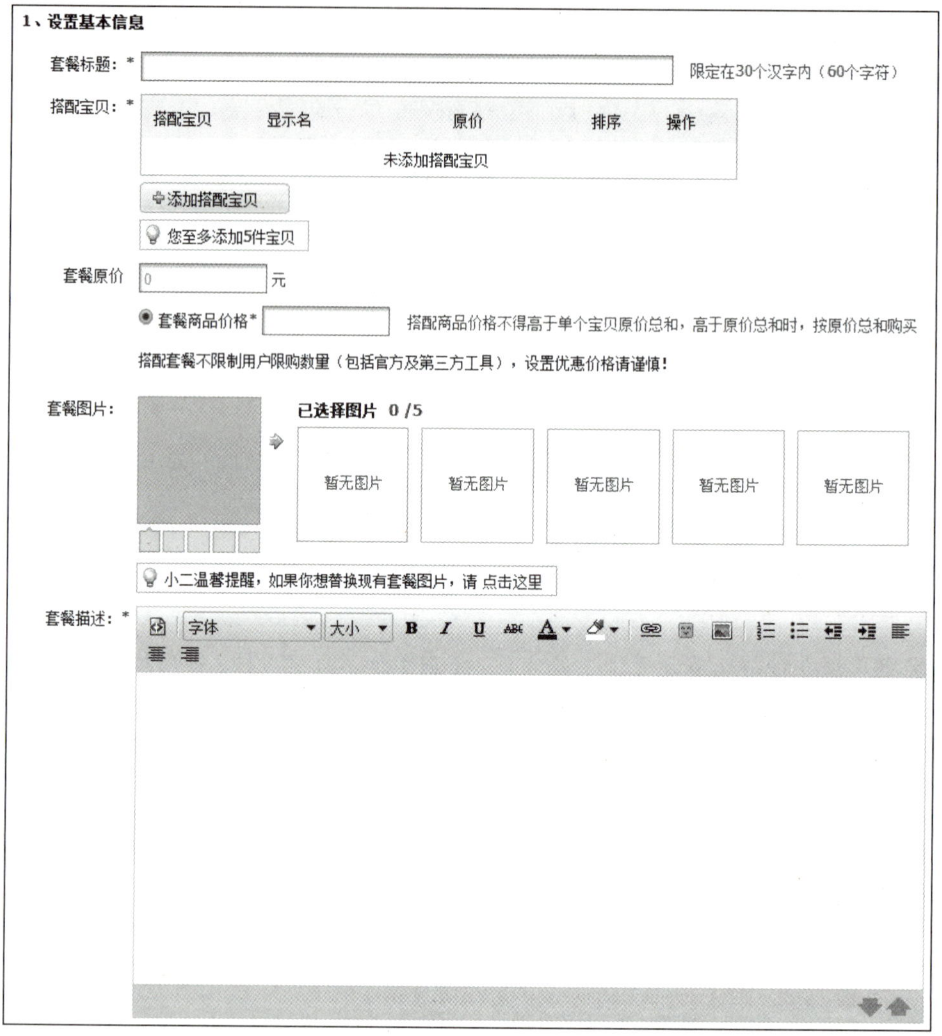

1、设置基本信息

套餐标题：* 限定在30个汉字内（60个字符）

搭配宝贝：*

搭配宝贝	显示名	原价	排序	操作
未添加搭配宝贝				

添加搭配宝贝

您至多添加5件宝贝

套餐原价 0 元

套餐商品价格* 搭配商品价格不得高于单个宝贝原价总和，高于原价总和时，按原价总和购买

搭配套餐不限制用户限购数量（包括官方及第三方工具），设置优惠价格请谨慎！

套餐图片： 已选择图片 0 /5

暂无图片 暂无图片 暂无图片 暂无图片 暂无图片

小二温馨提醒，如果你想替换现有套餐图片，请 点击这里

套餐描述：* 字体 大小

图 9-10　设置基本信息

（1）首先设置套餐标题并选择搭配宝贝，其中搭配宝贝最多添加 5 件。

（2）选择完套餐宝贝以后，设置套餐价格，搭配套餐的价格要小于不同宝贝总价之和，例如宝贝 A 的价格是 50 元，宝贝 B 的价格是 30 元，宝贝 C 的价格是 20 元，那么三者的总价就是 50+30+20=100 元。将 A、B、C 三款宝贝设置成一个搭配套餐，则套餐的价格要少于 100 元。如果设置的价格高于原价，则自动按原价成交。

（3）然后选择套餐的图片，套餐图片应与搭配宝贝相对应。

（4）最后填写套餐的描述，写清套餐的种类、搭配好处以及优惠信息等。

创建搭配套餐的第二步要设置物流信息，如图 9-11 所示。完成单击“发布”按钮，搭配套餐即可设置完毕。

图 9-11　设置物流信息

设置好的搭配套餐，会显示在所有搭配的宝贝中。例如搭配套餐中有 A、B、C 三款宝贝，则无论买家打开的是 A、B、C 中的任何一款，都会看到搭配套餐，方便买家进行点击比较，查看优惠程度与自己的需求，最终做出是否购买的选择。

实战操作与分析

实战店铺的经营类目是肚皮舞服饰，特别适合搭配套餐。掌柜根据客户喜好设置了披肩类套餐、全身套餐、演出套餐等几项，都在销售中反应良好。

9.3.4　店铺红包

在上面的三个小节中，学习了“满就送”、“限时打折”、“搭配套餐”这三种针对宝贝的促销工具，这一小节开始讲解针对全店的“店铺营销中心”，进入“卖家中心”→“营销中心”→“店铺营销中心”，如图 9-12 所示。

在“店铺营销中心”首页左侧，有“店铺活动”和“官方活动”两大分类，如图 9-13 所示。卖家通常在“店铺活动”中创建自己的促销活动。

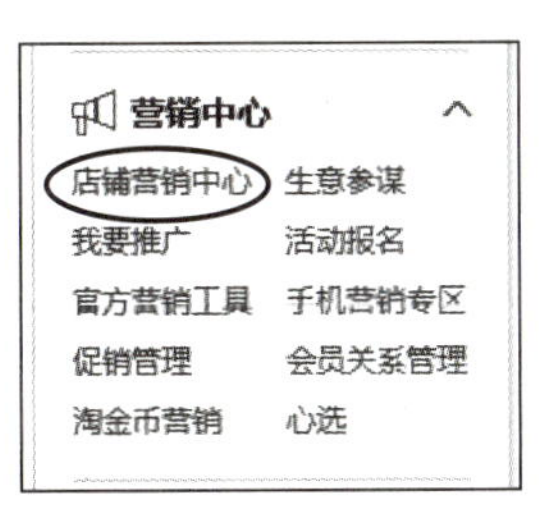

图 9-12　店铺营销中心

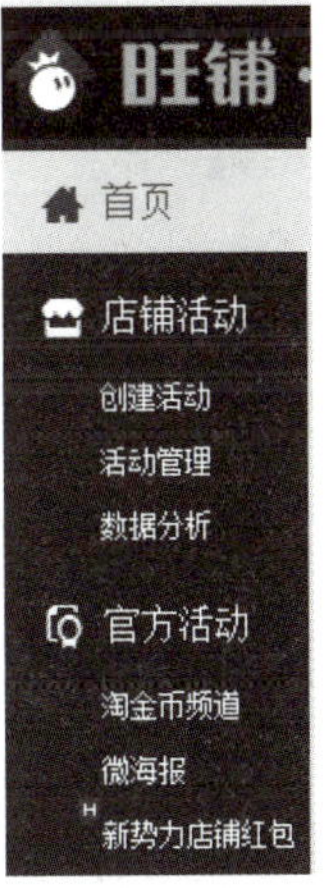

图 9-13　店铺营销中心首页

单击“创建活动”后进入设置页面，可以看到有很多活动可以设置，如图 9-14 所示。本节讲解“店铺红包”，它是店铺营销中最具有代表性的营销活动。

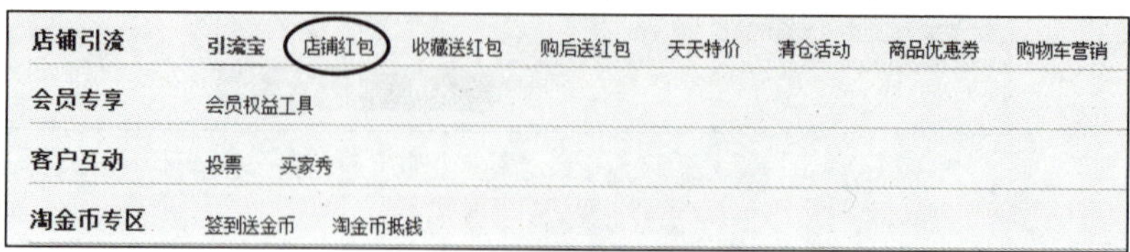

图 9-14　店铺活动

要设置“店铺红包”，首先单击“店铺引流”里的“店铺红包”，在其下方会出现“店铺红包”标志及描述，如图 9-15 所示。

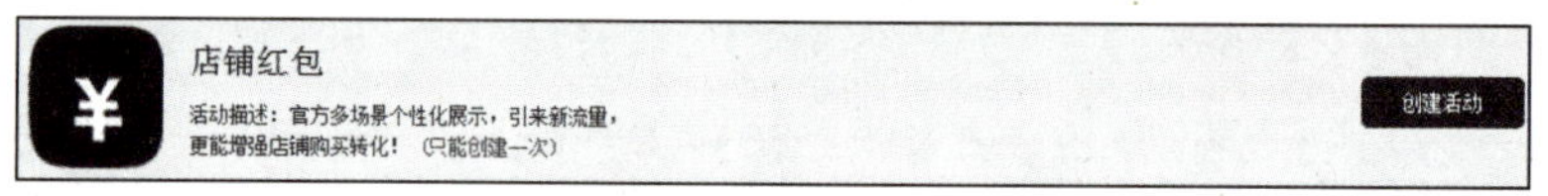

图 9-15　店铺红包

然后单击“创建活动”按钮即可开始创建“店铺红包”活动。创建红包活动要依次填写活动信息和设置发布渠道，最后创建完成。

第一步填写活动信息时，首先要填写活动名称及红包面值，其中红包的面值最低为 5 元。然后填写发行量，设置活动时间及代言商品。最后单击“下一步”按钮，如图 9-16 所示。

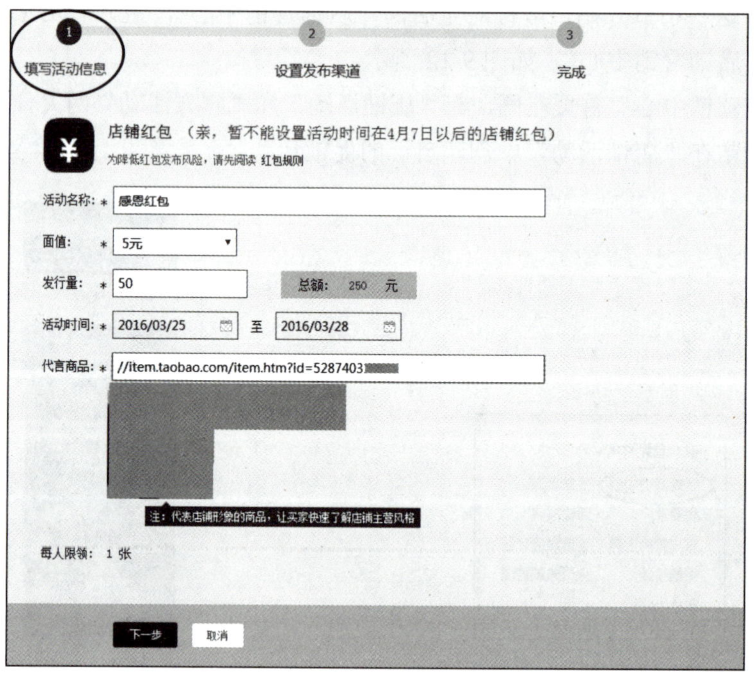

图 9-16　填写活动信息

然后进入创建红包活动的第二步：设置发布渠道。发布渠道包括店铺活动页、PAD 活动页、我的淘宝、购物车等，如图 9-17 所示。

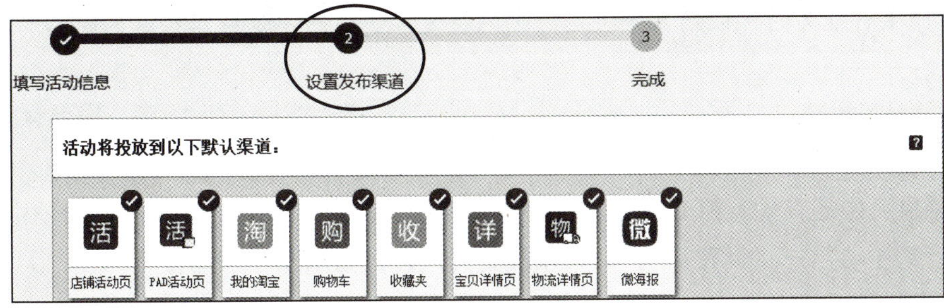

图 9-17　设置发布渠道

选择发布渠道后，最后单击“保存”按钮，即可设置成功。

卖家可以对设置好的红包进行管理。单击“店铺活动”→“活动管理”，可以在“店铺红包”下看到设置好的红包，可对其进行作废、重设、复制推广链接等操作，如图 9-18 所示。

红包名称	创建时间	有效期	发行数量	已领取数	已使用数	状态	相关操作
¥ 面值:5.0元 感恩红包	2016-03-25	2016-03-25 至 2016-03-28	50	0	0	正常	作废 重设 复制推广链接

图 9-18　店铺红包信息

红包的设置与使用应注意以下几项：

- 红包有效期的最大期限是 60 天。
- 对于已经设置好的红包，如果要调整数量或金额，需要先将原来的红包作废后重新设置。作废后，之前买家领取的红包依然有效。
- 同一店铺的同一种红包，每个买家只能领取一张。
- 红包不能提现，不能转赠。
- 淘宝另外有优惠券工具，优惠券工具与红包的区别是，优惠券只能在购买指定的宝贝时使用，而红包是全店通用。

实战操作与分析

实战店铺中折扣种类已经够多，因此没有进行红包的大规模和长期地发放，只在节假日、店庆等特殊日子才进行了红包的设置与发放。

考虑到产品利润与店铺长期经营的因素，我们不建议店铺将所有的促销方式都用上，而是要结合时间进行合理的设置。一个长期靠打折与促销获得流量的店铺是无法建立长久的生存能力的。促销只是特定时期的特定方法，而不是网店经营的核心。

9.3.5 购物车营销

店铺引流中还有另一种工具——“购物车营销”，进入“卖家中心”→“营销中心”→“店铺营销中心”→“创建活动”，可以找到其入口，如图 9-19 所示。

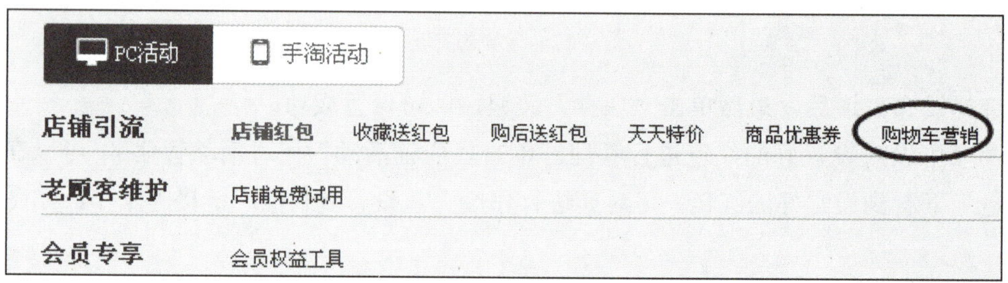

图 9-19 购物车营销入口

购物车营销是专门针对将宝贝加入购物车，但还没有付款的买家设立的营销工具。将宝贝加入购物车的买家大多会及时付款，但是有少数买家还没有下定最后的决心，只是把购物车当成收藏的工具，然后再货比三家。

能把宝贝加入购物车的买家，是经过了对产品的搜索、点击、浏览，最后再将其添加到购物车，可以说这部分买家是十分精准的人群。针对这部分买家进行营销，是提升转化率、促进成交的有效手段。

单击“购物车营销”，在页面下方会出现“购物车营销”页面，如图 9-20 所示。

图 9-20 购物车营销

单击页面右侧的“创建活动”按钮，可以进入创建活动页面，如图 9-21 所示。创建购物车营销活动首先要填写活动名称、活动时间和活动对象等。然后设置优惠方式。最后输入活动宣言，单击“确定”按钮即可。

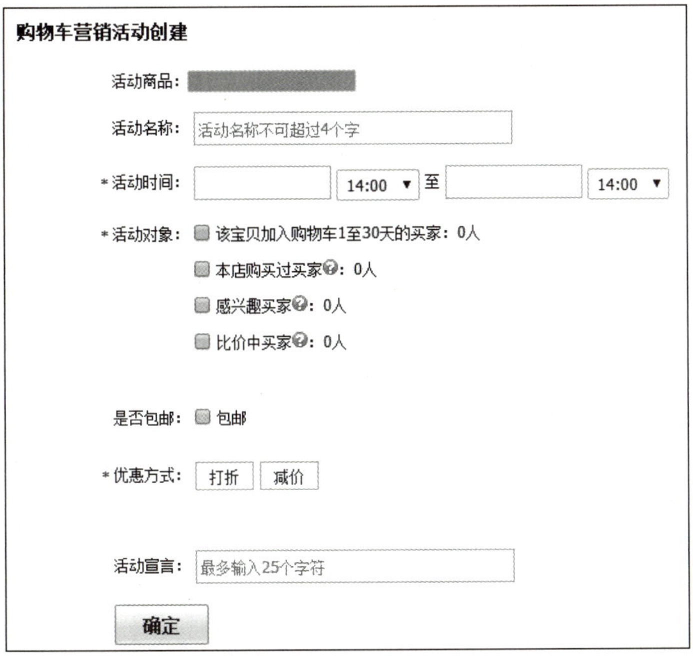

购物车营销活动创建

活动商品：

活动名称：活动名称不可超过4个字

*活动时间：14:00 至 14:00

*活动对象：该宝贝加入购物车1至30天的买家：0人

本店购买过买家：0人

感兴趣买家：0人

比价中买家：0人

是否包邮：包邮

*优惠方式：打折　减价

活动宣言：最多输入25个字符

确定

图 9-21　购物车营销活动创建

买家在把宝贝加入购物车后，会在购物车里看到购物车营销信息，对最后一步的下单付款起到了促进作用。

实战操作与分析

实战店铺的购物车营销做得很出色，观察并调查了加入购物车但不付款，或者是付款慢的买家都是因为哪些因素导致的，针对这些因素设置了购物车活动宣言，大大增加了购物车的付款率。

9.3.6　活动中心入口

淘宝为了回馈买家，鼓励卖家进行打折促销等活动，但是卖家自己店铺的打折促销各自为战，不能形成全网统一有效的品牌效应。为此，淘宝官方也会发起各种活动，提供一个平台，让卖家来参与。

淘宝的活动有很多，几乎每天都会有报名入口。参加淘宝官方的活动，需要进入“卖家中心”→“营销中心”→“活动报名”，如图 9-22 所示。

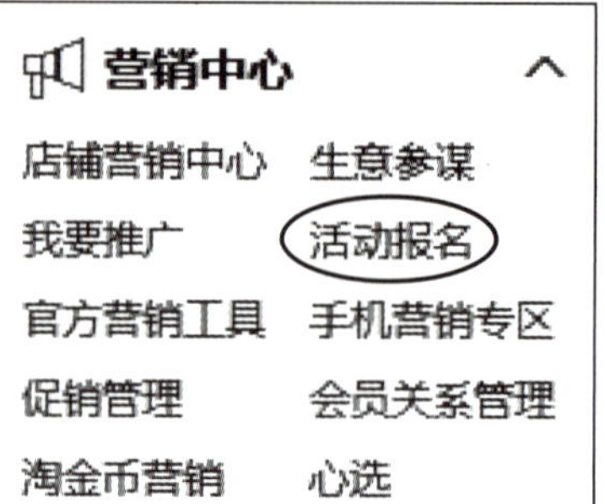

图 9-22　活动报名入口

进入活动报名页面后，可以先查看“活动列表”里的“全部活动”。在“活动列表”里有各种不同主题的活动，每个活动都列出了活动名称、报名截止时间等信息。对于可以报名的活动，在活动的最右侧会有“立即报名”的按钮，如图 9-23 所示。

活动名称	报名截止	已成功报名	状态	操作
【月度活动】散落民间的大饼君	当天结束	381个	未报名	立即报名
箱包配件牛店专场活动招商	当天结束	1037个	未报名	立即报名
【5.1】特色中国大型市场活动	当天结束	3220个	未报名	立即报名
超优汇春夏爆款促销专场	当天结束	8430个	未报名	立即报名

图 9-23　活动列表

淘宝的活动不是所有的卖家都能报名的，因为类目、信用、资质等原因，某些卖家是无法参加某些活动的。如果是不能报名的活动，在活动的最右侧会有“查看原因”的字样，如图 9-24 所示。

[极有好装修] 调性和价格 缺一不可	长期有效	64个	未报名	查看原因
深圳特色珠宝馆	长期有效	570个	未报名	查看原因

图 9-24　无法参加的活动

选择一项可以报名的活动参加报名，先要选择宝贝，如图 9-25 所示。

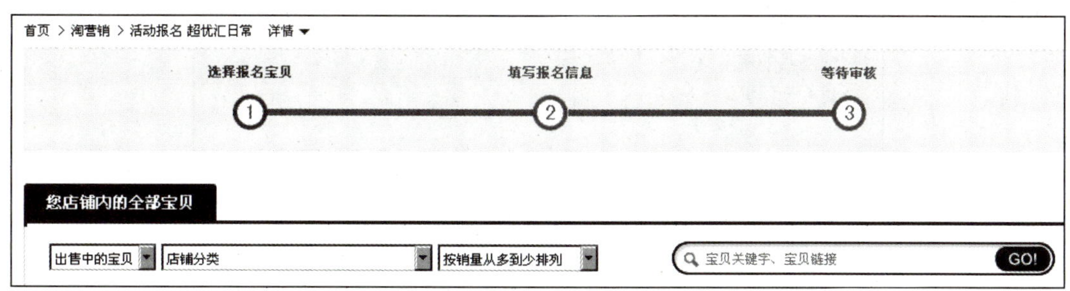

图 9-25　选择报名宝贝

选择宝贝完成后，单击页面最下方“选择完成、继续填写信息”按钮，进入信息填写页面。首先要填写负责人旺旺 ID，如图 9-26 所示。

图 9-26　填写负责人旺旺 ID

继续填写宝贝名称，上传宝贝图片，填写宝贝宣言，如图 9-27 所示。

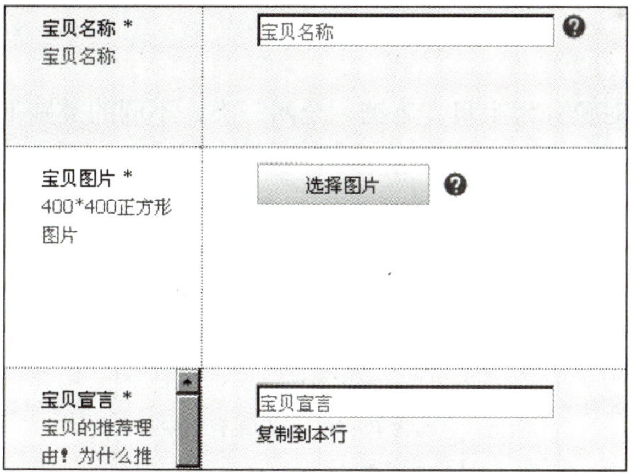

宝贝名称 *
宝贝名称
宝贝名称
宝贝图片 *
400*400正方形
图片
选择图片
宝贝宣言 *
宝贝的推荐理
由！为什么推
宝贝宣言
复制到本行

图 9-27　设置宝贝名称、图片和宣言

然后填写宝贝原价，活动促销价，如图 9-28 所示。

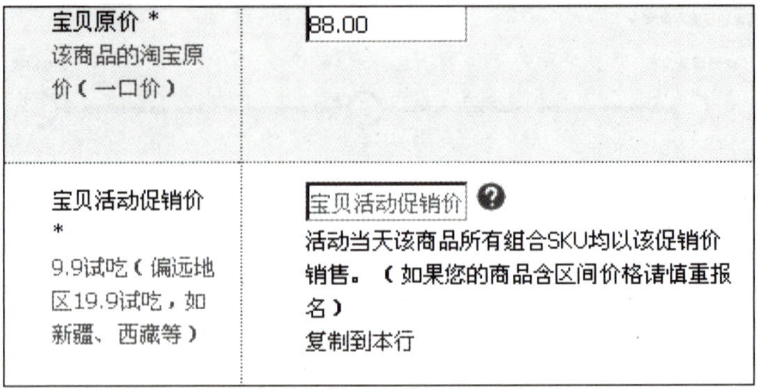

宝贝原价 *
该商品的淘宝原价（一口价）
88.00
宝贝活动促销价 *
9.9试吃（偏远地区19.9试吃，如新疆、西藏等）
宝贝活动促销价
活动当天该商品所有组合SKU均以该促销价销售。（如果您的商品含区间价格请慎重报名）
复制到本行

图 9-28　设置宝贝原价和活动促销价

以上是报名活动必须填写的内容，根据不同的活动，还会有其他的内容需要填写或上传，按要求逐项完成即可。

实战操作与分析

实战店铺收集了所有活动的名称，并做好各种活动报名的准备，例如不同的活动可能对宝贝图片会有不同的要示。每天早 8 点开始查看是否有可以报名的活动，可以参加的活动积极报名，并随时观察审核情况。

9.4 经验总结

促销活动面对的对象分为宝贝、店铺、全网三类，不同的类别下有不同的促销工具，三者的入口都在卖家中心，如图 9-29 所示。

促销
宝贝
满就送
限时打折
搭配套餐
促销管理
店铺
红包、优惠券
购物车营销
其他
店铺营销中心
全网
活动中心
卖家中心

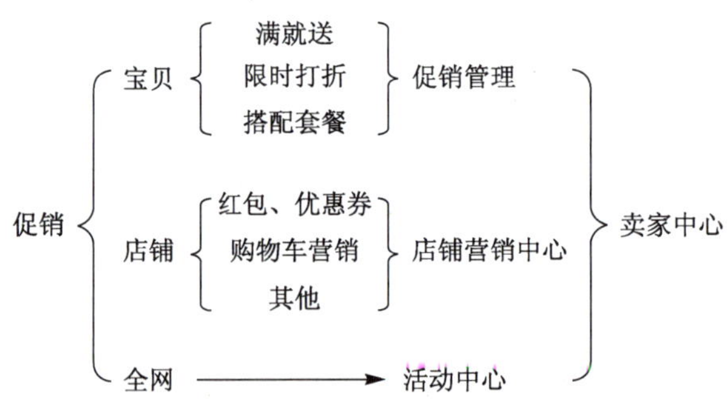

图 9-29　促销活动方式

9.5 技巧荟萃

- “满就送”可以设置多重，例如满 100 元包邮，满 200 元再减 5 元，满 300 元再减 10 元等。这样既满足了买家得到实惠的心理，还增加了销售额和利润。
- 搭配套餐的价格一般低于总价的 80%。
- 购物车营销还可以实时查看将产品加入购物车的卖家，并及时为其送优惠券。
- 发布宝贝时价格设置为行业的相对高价，秒杀的价格设置为行业低价。
- 活动报名的时间早，有利于审核的通过。例如，报名入口中午 12 点开放，12 点 05 分以内报名审核容易成功。

掌柜小结

店铺推广离不开促销，但又不能进行长期大量的促销。促销的意义在于短期内增加宝贝成交的密度，提高销量，从而使销量的权重增加，并最终提升产品的排名。

第 10 章 巧用一切资源赚钱——多维度的站外推广

10.1 店铺背景

店铺名称：乐韩商贸

店铺主营：美妆

店铺等级：1 皇冠

店铺人员：2 人

经营时间：4 年

年营业额：185 万

店铺现状：自开店至今 4 年以来，店铺发展状况良好，掌柜通晓站外各种资源，并具有很强的人格魅力，利用微博、微信等社交工具，与粉丝互动分享从而带动产品销售。

10.2 相关知识

淘宝网是一个专业的购物网站，然而买家们却并不仅仅活跃在淘宝网。在除淘宝网以外的各个网站上，每一个活跃的用户都可能是潜在的消费者，也是卖家们努力想要拉进店铺消费的对象。

站外推广，即指在除淘宝网以外的任何一个网站进行店铺宣传的推广方式。

10.2.1 站外推广资源概述

站外推广的平台资源有很多，常见的包括自媒体、论坛、互动问答平台、网站广告位和聊天工具等。

- 自媒体：顾名思义就是自己创建并发布内容的载体，包括博客、微博、QQ 空间等。自媒体的优点是灵活方便，发布内容不受约束；缺点是比较封闭，需要积极的宣传才能获取他人的关注。
- 论坛：相比自媒体，论坛属于开放性平台，如天涯社区、百度贴吧等。论坛上发表的内容不用宣传就会被人看到，但是论坛发表的内容要受到论坛规定的限制，尤其是广告类帖子很难发表成功或发表后易被删除。
- 百度知道、搜搜问问等问答型互动平台也一直是站外推广的重要阵地，这类平台以提问、回答的互助方式存在，提问方式和回答内容都有不同的技巧。
- 为了满足商家的需求，每个网站或论坛上都会有固定的广告位置进行出售。
- 随着社交软件的普及，QQ、微信等聊天工具也开始被用于进行站外推广。

10.2.2　站外推广方式概述

站外推广的方式分为免费与收费。在上面的推广平台资源中，有的是免费的，有的是收费的，有的则是免费与收费兼而有之。例如博客是完全免费的；微博也是免费的，但是微博提供了一些收费性质的功能与服务；论坛发帖子也是免费的，但是论坛的广告位是收费的。

站外推广根据内容还可以分为硬性广告与软性广告。硬性的广告直截了当地表明广告内容，而软性的广告表面上没有广告痕迹，通过发起话题慢慢地代入广告。两种方法各有优缺点，在下面的章节中将会一一论述。

10.3　店铺推广实战

下面以乐韩商贸店铺为例，进行店铺的站外推广实战。

10.3.1　微博推广

微博兴起于 2010 年，据中国互联网信息中心统计，截至 2014 年 6 月，微博用户已达到 2.75 亿。在多个微博网站当中，以新浪微博人气最高，因此本节将以新浪微博为例，文中无特殊说明者均简称为微博。

使用微博推广，首先要寻找用户，然后才能发布内容。除免费方式外，还可以使用微博提供的收费工具或团购微博等收费方式进行。

1. 寻找用户

微博需要有粉丝，发布的微博才会被粉丝看到，粉丝是微博推广的必要条件，没有粉丝就无法进行推广。先建立一批自己的粉丝群体，是卖家首先要做的工作。

1）寻找精准人群

微博添加粉丝的过程首先通过关键词查找功能，在微博首页上方的搜索页面输入产品或者与产品相关的关键词，在搜索框的下拉列表中会出现两个选项，一个是与关键词相关的微博，另一个是与关键词相关的用户，如图 10-1 所示。

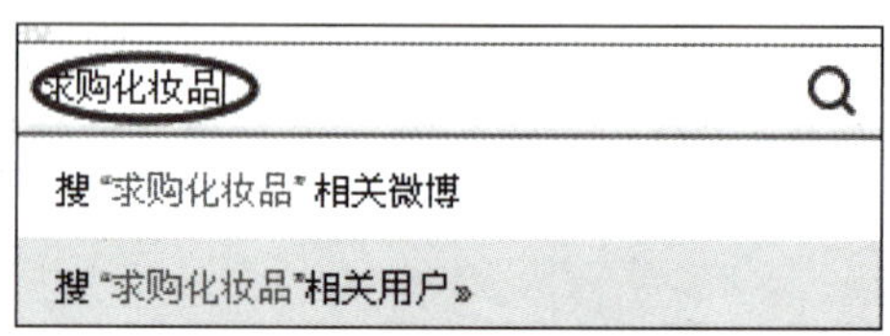

图 10-1　搜索产品关键词

我们选择信息量更大的微博，搜索结果如图 10-2 所示。

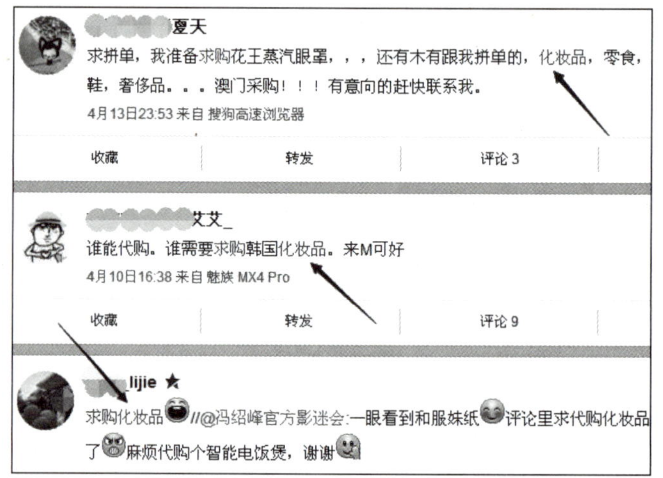

图 10-2　搜索结果

在搜索关键词时，要尽可能地去猜测需求产品的人群最可能用哪些词来发布自己的需求信息。只要经过反复对比测试，就能得到越来越多的搜索词。搜索到相关微博以后，买家可以先关注博主，并且在微博下方的“评论”里留言。博主如果对留言有兴趣，会回复卖家并且关注卖家的微博。

2）寻找次精准人群

微博添加粉丝还可以搜索次精准人群。这类人群本身不一定有直接的产品需求，但是其潜在需求与产品相匹配，是卖家可以开发的人群。查找此类人群可以通过相关的微博查找（见图 10-3），也可以通过相关用户查找（见图 10-4）。

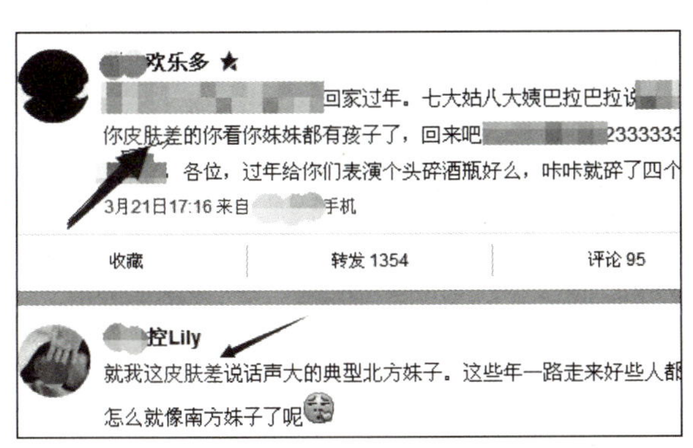

图 10-3　通过微博查找

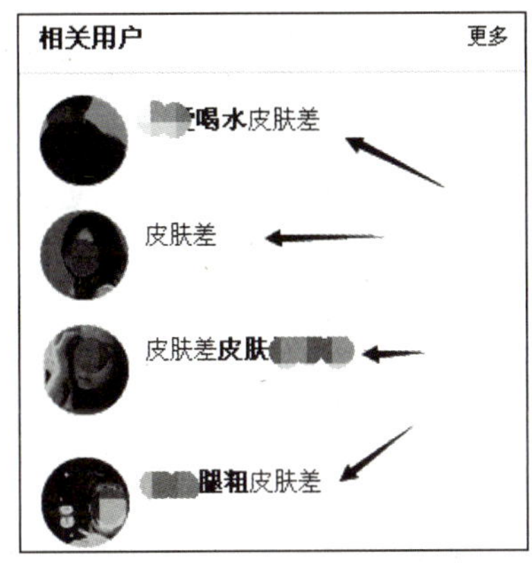

图 10-4　通过用户查找

查找到这些微博与博主后，可以与他们留言互动，互相关注。

3）寻找宽泛人群

宽泛人群是指既没有直接的购物需求，也没有潜在的购物需求，只是适用于产品的人群。此类人群虽然不精准，但通过性别、年龄以及爱好等进行筛选后，也可以获得不错的效果。

首先给实战店铺中产品的适用人群定位：年轻的时尚女性，然后根据这个定位进行搜索。与精准和次精准人群不同的是，前两次的搜索是直接与博主进行交流，而宽泛人群由于太过广泛，所以需要找到他（她）们因为兴趣而集中关注的热门博主，如图 10-5 所示。

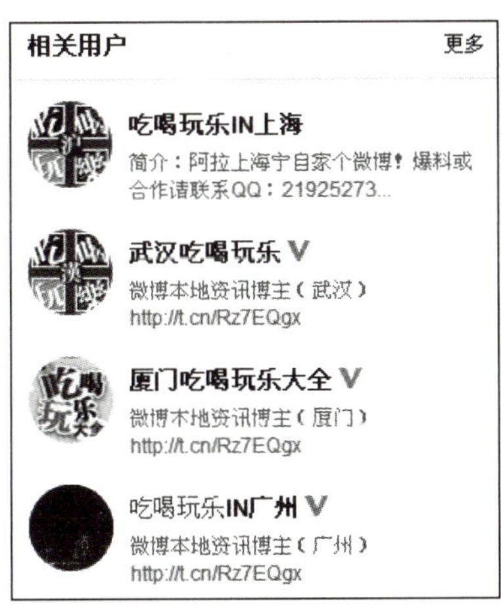

图 10-5　查找热门博主

卖家可以先关注热门博主，然后进入微博主页，参与话题讨论，在讨论中宣传自己的店铺及产品，如图 10-6 所示。

图 10-6 关注热门微博并参与话题讨论

总结以上三类人群，微博寻找粉丝的过程，需要卖家有耐心去操作。随着时间的积累，粉丝达到一定的数量才会产生大的推广效益。

2. 微博内容

有一定的粉丝基础后，就可以发布推广微博了。

微博的内容以引流为主，所以淘宝的店铺链接及宝贝链接，是一定要定时发布的。新浪微博与淘宝是战略合作关系，卖家不但可以在新浪发布淘宝的链接，而且还可以直接显示标题、“淘”字标识、卖家信用等级、价格、销量，“去购买”按钮等，如图 10-7 所示。

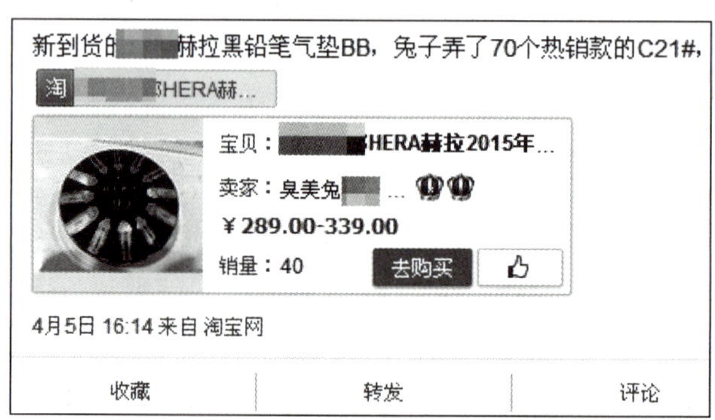

图 10-7 在新浪微博发布淘宝链接

除发布产品外，微博也要定期发布生活信息，与粉丝互动，形成一定的个性特征，如图 10-8 所示。

图 10-8　与粉丝互动

3．微博工具

微博宣传的内容，除了发布在自己的微博让粉丝看到，或在相关博主微博中回复外，还可以利用新浪提供的收费工具，实现更多的曝光量。

新浪的收费工具包括粉丝通、粉丝头条、微任务等。这些收费工具都有自己的微博，卖家搜索相关名称进行关注，即可获取使用方法，如图 10-9 所示。

图 10-9　“微任务”微博

4．微博里的团购

微博里可以发起团购，团购可以发在自己的微博里，如图 10-10 所示。

【寻找团长】如果我有货你有人，那么我们天生一对儿！我做正品你来宣传，那么我们天生一对儿！我来发货你来销售，我们天生一对儿！寻找最有人缘的团购团长，店内正品货物任选款，团购10个起，个别货物可以5个起成团，有钱大家一起赚，有能力者加微信choumeitu

图 10-10　微博里发起团购

卖家也可以查找专门从事团购业务的微博。在新浪微博，这类团购微博大多以“××团”来命名，例如“米娘团”，简介里有商家求团购的联系方式，如图 10-11 所示。

图 10-11　米娘团

微博团购的方法与论坛团购基本相同，通常采取“报暗号”的方式，首先由商家设定团购产品、时间、价格、暗号，再由团购微博通知买家，买家在拍下产品时，会报上相应的暗号来获得折扣，如图 10-12 所示。

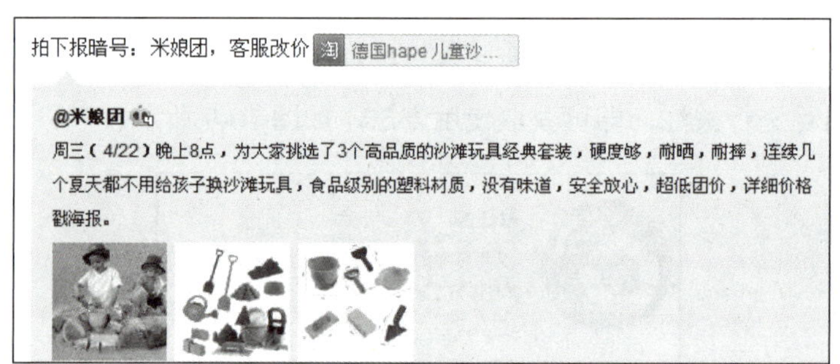

图 10-12　设定暗号

团购的具体流程如图 10-13 所示。

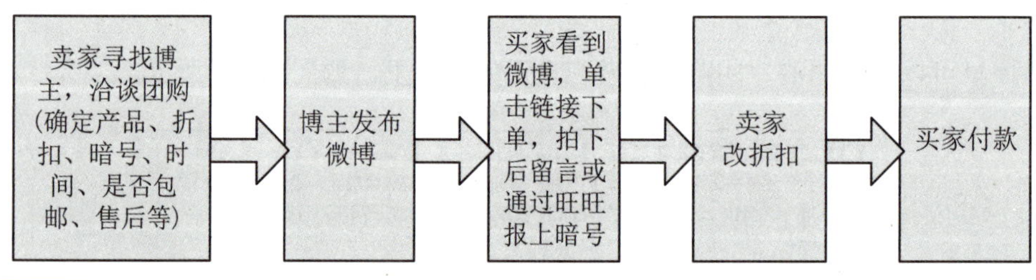

图 10-13　团购的具体流程

卖家找微博主，洽谈团购，确定产品，折扣，暗号，时间，是否包邮，售后，微博主发布微博，买家看到微博，单击链接下单，拍下后留言或者通过旺旺报上暗号，卖家改折扣，买家付款。

实战操作与分析

实战店铺将老客户转化为微博粉丝，并分享产品引流新粉丝，形成了 6000 人左右的基础粉丝团，再“分享—加粉丝—分享”的不断循环过程，客户团逐渐壮大。

10.3.2　论坛推广

1. 论坛查找

论坛也是站外推广的一大主要平台，但是论坛有很多，查找起来费时费力。因此，首先可以通过导航类网站，从其中的“社区”类目进行第一批次的论坛收集，如图 10-14 所示。

您的位置：导航首页 > 社区

综合论坛			
瑞星卡卡安全论坛	天涯社区	新浪论坛	搜狐社区
网易论坛	华声论坛	西祠胡同	猫扑大杂烩
新华网论坛	Chinaren社区	CNTV-论坛	中华网论坛
凯迪社区	西陆社区	泡泡俱乐部	大洋论坛
四川麻辣社区	人民网强国社区	国际在线论坛	瑞丽论坛
Tom论坛	19楼论坛	大河论坛	猫扑贴贴
中国学生网社区	广西红豆社区	上海热线论坛	青青岛社区

图 10-14　论坛收集

接下来可以依次打开收集的第一批次的论坛，从其友情合作论坛中收集第二批次的论坛。例如打开华声论坛，在网页最下方可以看到友情合作论坛，如图 10-15 所示。这样通过每一个论坛最下方的友情合作论坛，就可以不断地查找到新论坛。

合作媒体

Discuz!　hao123网址之家　360网址导航　凤凰论坛　大旗网　39健康论坛　凯迪网络　天涯湖南　铁血军事　2345网址导航　1616图片　265上网导航
金融界论坛　化龙巷　大众网论坛　麻辣社区　中金论坛　中新网社区　北方论坛　合肥论坛　广州论坛　老钱庄论坛　大河论坛　互动中国
红豆社区　京华论坛　两江论坛　旅游论坛　厦门论坛　北京房产　地宝网　天涯社会　中经论坛　POCO论坛　和讯财经论坛　iDO社区　落伍者
站长论坛　齐鲁社区　二八推论坛　推一把论坛　电脑爱好者论坛　龙虎论坛　华商论坛　51游戏　同城约会　花粉俱乐部　福建第一社区
青青岛社区　潮鸣论坛　半岛社区

图 10-15　友情合作论坛

2．论坛分类

论坛经过查找和收录后，要进行分类和整理。大型论坛一般为综合性论坛，例如天涯社区等；而中小论坛就各具特色。一般来说，中小论坛可以分为地区性和专业性两种，地区性论坛是同一地区的人聚集在一起的论坛，而专业性论坛是指具有某种共同爱好的人集聚在一起的论坛。

把论坛分类，更有利于提高推广的精准性，精准的的推广可以节省成本并提高转化率。

3．论坛直销与团购

把论坛分类整理并从中提取精准的论坛后，就可以进行论坛推广了。现在是网购流行的时代，所以很多论坛都开放了网购版块。以“化龙巷”为例，这是一个地区性论坛，主要是以江苏省常州市的网民为主。百度搜索“化龙巷”社区，然后单击进入，发现在首页版块分类里有“网购”版块，如图 10-16 所示。

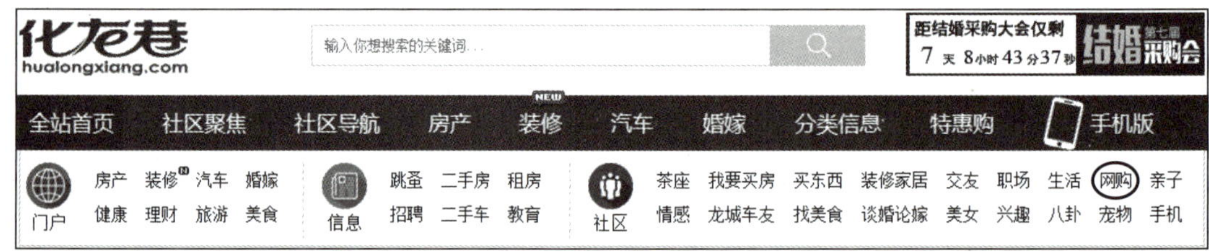

图 10-16 “化龙巷”首页

单击“网购”版块进入，有很多网购相关的子版块，包括“购物分享”“网购集市”“免费商家自荐”等，如图 10-17 所示。进入相关的版块就可以发布内容，发布方法与第 5 章介绍的淘宝社区的发帖方法一样。

图 10-17 网购子版块

以上是论坛内免费发布信息的方法，买家看到交易信息后直接联系卖家，这种方式称为直销。除此之外，在论坛内还有一种方式叫团购，团购一般由论坛的资深购物者，俗称“团长”发起，团购方式与微博团购的方式一样：首先由商家与团长取得联系，确定是否可以团购，然后由商家提供产品价格、折扣以及交易的“暗号”，最后由团长统一发布在论坛里，由买家单击团长发布的链接进入交易。

团购信息的版块大多称为“团购区”，论坛的“团长”通常具有多年的网购经验，而论坛也会对“团长”的行为进行管理与监督，保证团购的公平操作，如图 10-18 所示。

【04.10已审核】2015年妈网团长集中营，新团长要先申请，老团长来报到，要写清楚个人资料 ...2 3 4 5 6 .. 28
[团购事务]【12.26更新】北京妈妈网团长黑榜更新 团长ID：爱能佳3取消下个月开团资格 请大家监督！ ...2 3 4 5 6 .. 7

图 10-18　管理与监督“团长”

4．论坛的硬广告和软文推广

论坛还可以进行自助性的推广，在论坛的任意版块都可以发表帖子，帖子里面可以放置广告内容。帖子的广告形式分为两种——硬广告和软广告。

硬广告就是直接的广告，例如：

赫拉的新款黑色蜡笔气垫 c21 号到货，淘宝价格仅 289 包邮，要的留言用淘宝链接给你们

硬广告因为不符合论坛的版规，所以生存期较短，被删除的可能性极大。所以论坛发帖多采用软广告，这种帖子也叫软文。软文里面没有明显的广告痕迹，而是通过间接的表达来引起广告，既不违反版规，同时又起到了宣传作用。

软文通常在主帖里没有广告内容，而是以普通事件引出，在回帖中再间接提到。例如：

嘿嘿，好久不见，又带来一堆神秘的好东西，先去吃个饭，晚上回来晒图~~

软文需要做的是循序渐进，发一些生活类帖子和大家互动，让大家认识自己，让自己有一个鲜明个性与特征，传达了这些真实的印象之后，再间接地宣传自己的产品，才会事半功倍。

实战操作与分析

实战店铺选了几个大型论坛进行软文的发布，主要以介绍产品知识与生活经历为主，不涉及产品销售。将这几个大型论坛的账号培养出了高人气后，再做购物引导。

10.3.3　互动问答平台推广

网络上有一种互动问答知识平台，在该类平台上，每个人既可以做提问者，也可以做回答者。常见的有百度知道、新浪爱问知识人、搜搜问问等。

下面以百度知道为例介绍互动问答平台的推广，百度知道是百度旗下的一款产品，它的网址是 zhidao.baidu.com。首先要注册一个百度账号，然后在“百度知道”的页面，搜索产品相关的关键词，可以搜索出很多相关的问题，如图 10-19 所示。

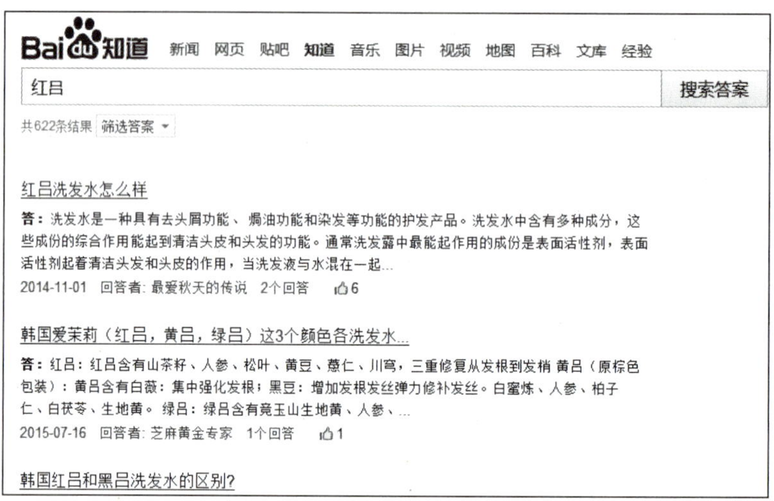

图 10-19　百度知道搜索

用户可以选择单击任何一个问题进入详情页，单击“我有更好的答案”按钮，输入自己的答案，然后单击“提交回答”按钮，如图 10-20 所示。

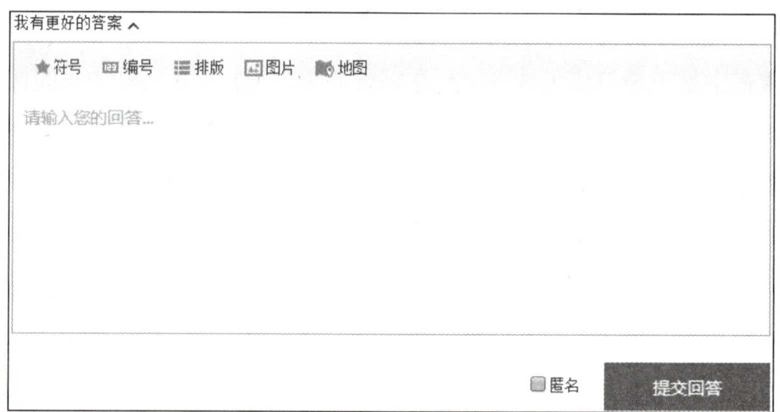

图 10-20　回答问题

答案会出现在问题的下方，如果提问者有疑问，还可以继续回答，并引出购物信息，如图 10-21 所示。

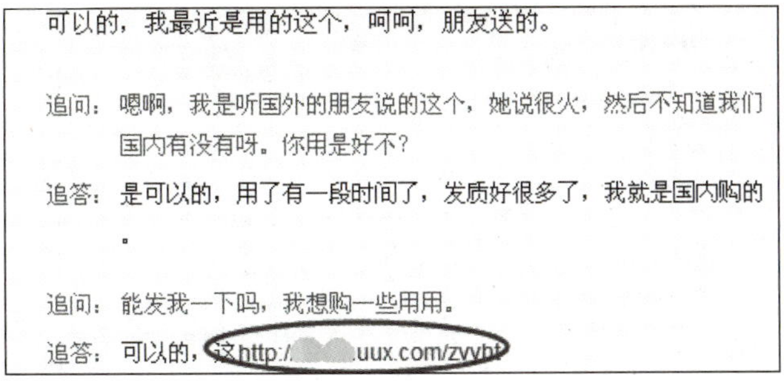

可以的，我最近是用的这个，呵呵，朋友送的。

追问：嗯啊，我是听国外的朋友说的这个，她说很火，然后不知道我们国内有没有呀。你用是好不?

追答：是可以的，用了有一段时间了，发质好很多了，我就是国内购的。

追问：能发我一下吗，我想购一些用用。

追答：可以的，这http://　uux.com/zvyb

图 10-21　引出购物信息

在百度知道中做站外推广需要注意以下几个方面的问题：

- 如果回答被采纳为最佳答案，则答案会排在所有答案的最上方，关注度会更高。
- 回答被采纳为最佳答案的次数越多，对应的百度知道账号的可信度就越高。
- 专注于某一分类的回答越多，系统就会自动推荐该分类的新问题。
- 与论坛推广和微博推广一样，百度知道的账号要保持鲜明的个人风格与魅力，形成视觉烙印。
- 用户可以在个人资料里放置产品及店铺信息。

实战操作与分析

实战店铺在百度知道里进行了产品知识类的回复，回答方法在早期为多回复，把账号培养成级别高且值得信任的账号。在后期只定期回复，并注意回复质量，争取被选为最佳答案，并且成功地使其中几条可以长期出现在百度搜索的前几位。

10.3.4　网站广告位推广

现在的网站大多都有广告位出售，卖家需要联系网站获得报价，网站的联系方式一般在首页的上方或者最下方。例如，“化龙巷”的联系方式在首页的最下方，如图 10-22 所示。

关于我们 | 诚聘英才 | 友情链接 | 法律声明 | 商业合作 | 帮助中心 | 申请表 | 手机版

图 10-22　商业合作

单击“商业合作”进入具体信息页面，可以看到网站的服务电话、服务 QQ 等联系方式，如图 10-23 所示。

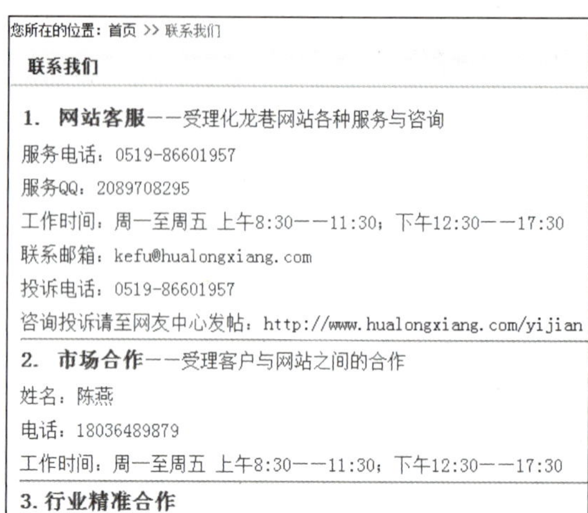

图 10-23 网站联系方式

网站的广告位投放有两种方式，一种是通投，另一种是定向。通投指的是针对全网用户的广告投放，这种方式投放的广告可以被所有来到网站的人看到。而定向投放的广告是专给某一类人看的。通投的广告价格高，多位于网站的首页，如图 10-24 所示。

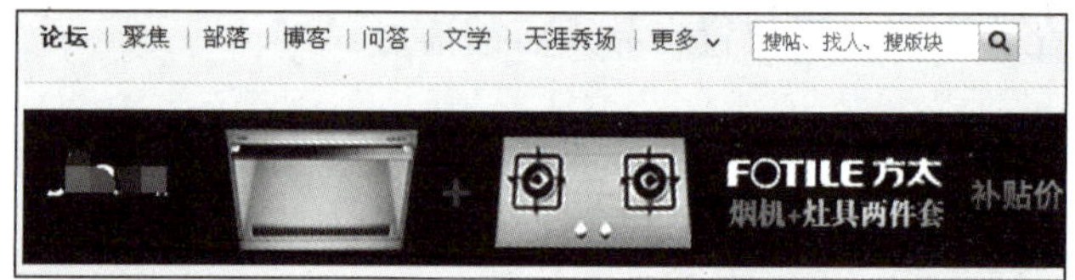

图 10-24 广告位的通投方式

一般来说，中小型网站都是通投，而大型网站的流量大，有大数据的技术做支撑，可以做定向投放。定向投放根据的是用户的搜索习惯而定，例如某用户经常搜索关于“梯子”的信息。

做了定向投放后，当用户进入该网站时，就会看到关于“梯子”的广告，如图 10-25 所示。

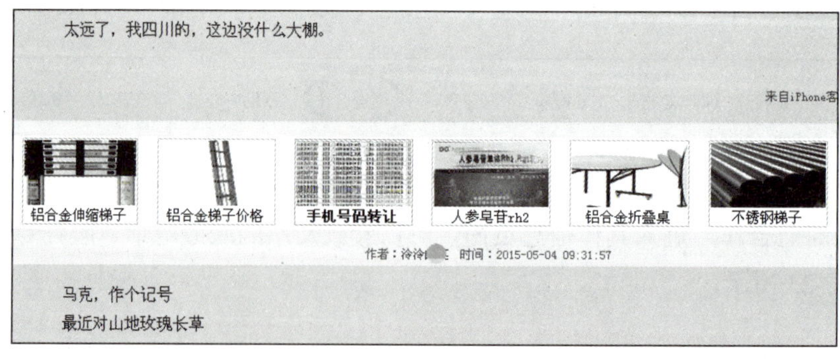

图 10-25 广告位的定向投放方式

定向投放带来的客户精准，是卖家首选的一种投放方式。

实战店铺选择了极精准的专业网站进行了投放，并分别计算投入产出，对比后只留下投入产出合理的网站继续投放。

10.3.5　聊天工具推广

聊天工具是常用的网络工具，基本功能很简单，常见的有 QQ、微信等。使用聊天工具推广时，需要注意以下几点：

- 硬广告形式有危险性，容易被系统检测并屏蔽或被举报等。
- 广告应以个人签名、动态、日志等形式发布。
- 聊天工具加好友也要精准。
- 擅于使用聊天工具的各种功能，比如 QQ 的群发消息、群发邮件等。
- 聊天工具推广依托于社交圈子，先交朋友再做生意是首选方式。

实战操作与分析

实战店铺的微信推广很成功，掌柜在店铺的宝贝里加入了微信的水印，并设置了“加微信有红包”等奖励。在初始时间内，微信与微博的粉丝有一定的重复，但是在后来的分享与新人加入中，逐渐形成了两个不同的流量来源。

10.3.6　站外推广的帮手——任务网

当我们在站外进行推广的时候，如果广告量比较大，没有多余的人手来操作，可以选择任务网来帮忙。任务网是一类雇主付出赏金并发布任务，而另一些人领取赏金来做任务的网站，其中较著名的如猪八戒网。

以猪八戒网为例，注册登陆以后，在首页“我是雇主”→“发布需求”里，可以发布任务。单击进入以后，如果想要进行论坛推广，可以在“营销/策划/推广、SEO”里选择“论坛推广”，如图 10-26 所示。

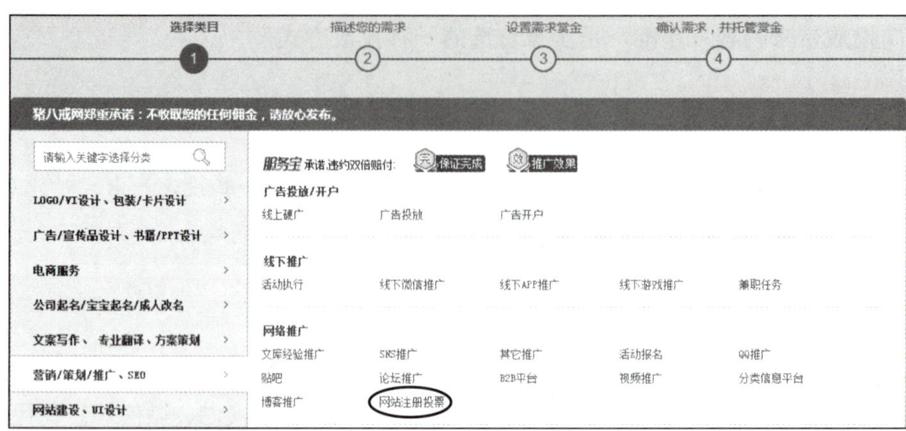

图 10-26　选择类目

雇主首先简单填写自己的需求，再留下自己的联系方式，然后写出具体的要求，如图 10-27 所示。

图 10-27　描述您的需求

单击“下一步”按钮，进入需求赏金的设置，如图 10-28 所示。完成后单击“下一步”进入确认页面。确认需求并选择赏金暂时由平台托管，即可完成需求发布。

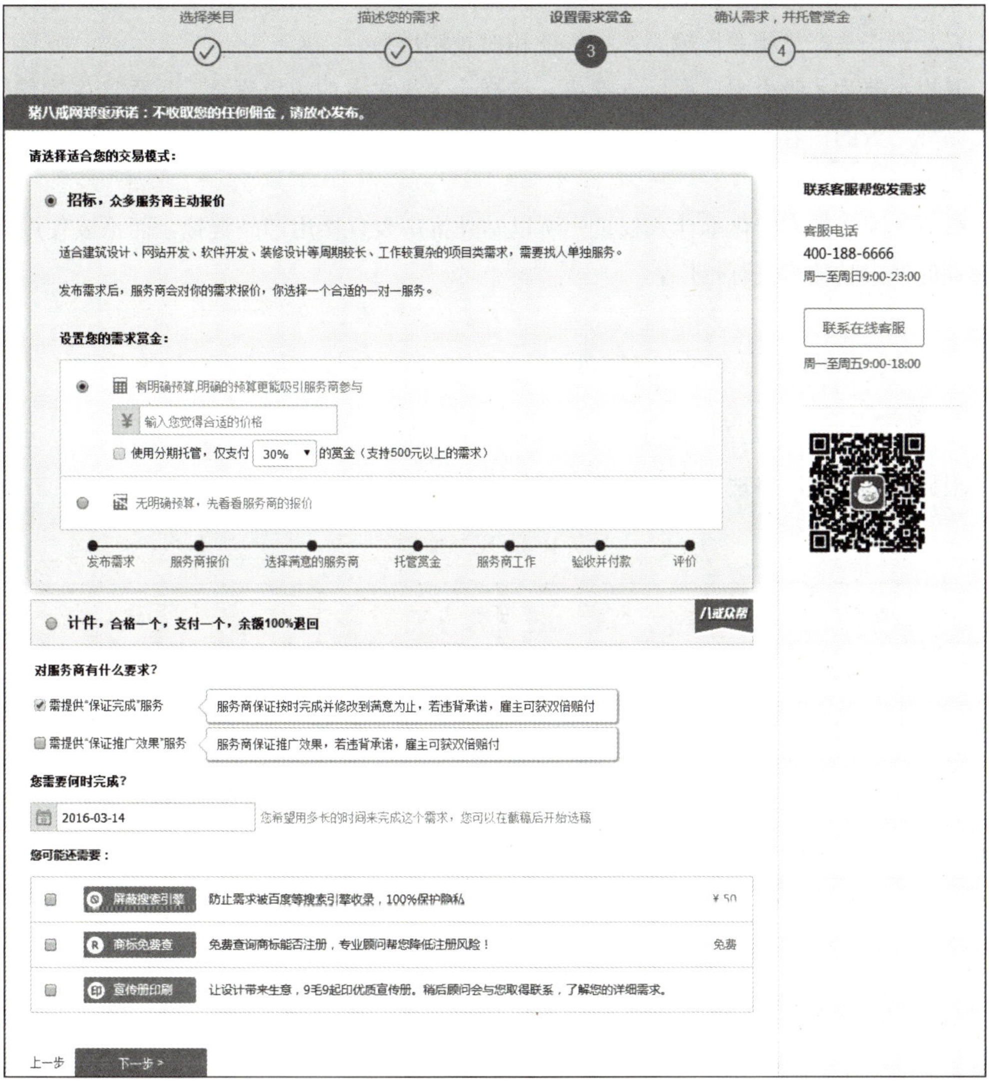

选择类目　描述您的需求　设置需求赏金　确认需求，并托管赏金

猪八戒网郑重承诺：不收取您的任何佣金，请放心发布。

请选择适合您的交易模式：

招标，众多服务商主动报价

适合建筑设计、网站开发、软件开发、装修设计等周期较长、工作较复杂的项目类需求，需要找人单独服务。

发布需求后，服务商会对你的需求报价，你选择一个合适的一对一服务。

设置您的需求赏金：

有明确预算，明确的预算更能吸引服务商参与

¥ 输入您觉得合适的价格

使用分期托管，仅支付 30% 的赏金（支持500元以上的需求）

无明确预算，先看看服务商的报价

发布需求　服务商报价　选择满意的服务商　托管赏金　服务商工作　验收并付款　评价

计件，合格一个，支付一个，余额100%退回　八戒众帮

对服务商有什么要求？

需提供“保证完成”服务　服务商保证按时完成并修改到满意为止，若违背承诺，雇主可获双倍赔付

需提供“保证推广效果”服务　服务商保证推广效果，若违背承诺，雇主可获双倍赔付

您需要何时完成？

2016-03-14　您希望用多长的时间来完成这个需求，您可以在截稿后开始选稿

您可能还需要：

屏蔽搜索引擎　防止需求被百度等搜索引擎收录，100%保护隐私　¥50

商标免费查　免费查询商标能否注册，专业顾问帮您降低注册风险！　免费

宣传册印刷　让设计带来生意，9毛9起印优质宣传册。稍后顾问会与您取得联系，了解您的详细需求。

上一步　下一步 >

联系客服帮您发需求

客服电话

400-188-6666

周一至周日9:00-23:00

联系在线客服

周一至周五9:00-18:00

图 10-28　设置需求赏金

任务网可以批量解决站外推广的工作。

实战操作与分析

任务网主要用来做论坛的手工硬广告发帖以及聊天工具的硬广告发帖，有效链接价格一般为 0.5 元至 1 元，在产品经营淡季要采取多发硬广告的方式进行推广引流。

10.3.7 站外推广的注意事项

站外推广的缺点是不精准，因此要尽量提高精准度，例如进行论坛推广时，寻找专业的论坛，论坛与产品相关性越高，推广就相对越精准。

其次不要为了吸引眼球而玩弄噱头，这样会带来大量的垃圾流量，反而产生副作用。

站外广告的内容要与店铺的产品详情页风格一致，从广告到产品的风格突然转变会降低转化率。

最后，因为搜索转化率计入权重，所以站外推广要直接用产品链接，而不要使用产品关键词的搜索功能来进行推广。

10.4 经验总结

根据以上介绍，整理站外推广的内容如表 10-1 所示。

表 10-1 站外推广

站外推广	细分	用途
微博	团购、转发、工具	做活动，凝聚客户
论坛	直销、团购、硬广告、软广告	引宽泛新流量
互动问答平台	百度知道，爱问知识人	引精准新流量
网站广告位	通投、定向	配合店铺活动、提高销量
聊天工具	QQ、微信	淡季操作，推广引流

10.5 技巧荟萃

- 微博大号经常引导互粉，参与互粉可增加粉丝量。
- 微博大号可以付费转发产品信息。
- 微博的更新要保持持续性，始终保证版本为最新。
- 微博可以付费购买置顶功能，在所有粉丝中置顶。
- 某些论坛新账号发帖需超过 24 小时才能操作。
- 某些论坛对广告账号会采取封 ID 的操作，但是 ID 可以重新注册。
- 某些论坛对广告账号会采取 IP 的操作，需更换 IP 地址才能再次登录。

➢ 百度知道中用相同的 IP 地址同时进行提问与回答是无效的。

掌柜小结

本章的站外推广在店铺的推广中属于锦上添花性质，在 SEO 及站内推广做好的前提下，再来做站外推广会更轻松。先站内再站外，先免费再付费，是推广的通用原则。

第 11 章 新的黄金起点——无线端推广

11.1 店铺背景

店铺名称：七彩阳光儿童生活馆

店铺主营：童装

店铺等级：3 钻

店铺人员：2 人

经营时间：2 年

年营业额：25 万

店铺现状：七彩阳光儿童生活馆是一家年轻的店铺，正面临淘宝的人口红利慢慢消失的现状，掌柜开店以兼职为主，无意组建团队与同行业进行深度竞争。这种情况下只能依靠淘宝本身的变化而调整自己的推广策略。

在淘宝的发展中，有一些规律是大致可以确定的。淘宝在不同的时期会推出不同的扶持，抓住扶持的好时期，也会带来可观的收益。

例如，淘宝推广旺铺（店铺装修的一种方式）时，开通旺铺的店铺就会获得流量扶持；推广主图视频时，增加主图视频的店铺就会获得流量扶持；其他如鼓励卖家包邮，细分类目的“小而美”等，都会有不同程度的流量倾斜。在如今使用无线端（智能手机、平板电脑）网购的人越来越多的情况下，发展无线端并向无线端进行流量扶持是大势所趋。

因此，跟着行业的风向变化，从无线端入手，避开 PC 端（PC 为计算机，即传统意义的电脑）的激烈竞争，是中小店铺以及兼职卖家优先考虑的推广方案。

11.2 相关知识

无线端是指智能手机、平板电脑等移动工具，无线端推广就是利用这些工具引流并促进成交，最终获取利润的过程。

11.2.1 无线端发展的光明之路

根据中国互联网信息中心发布的调查报告，截至 2015 年 12 月，我国手机网民达 6.20 亿，人群占比提升至 90.1%，如图 11-1 所示。

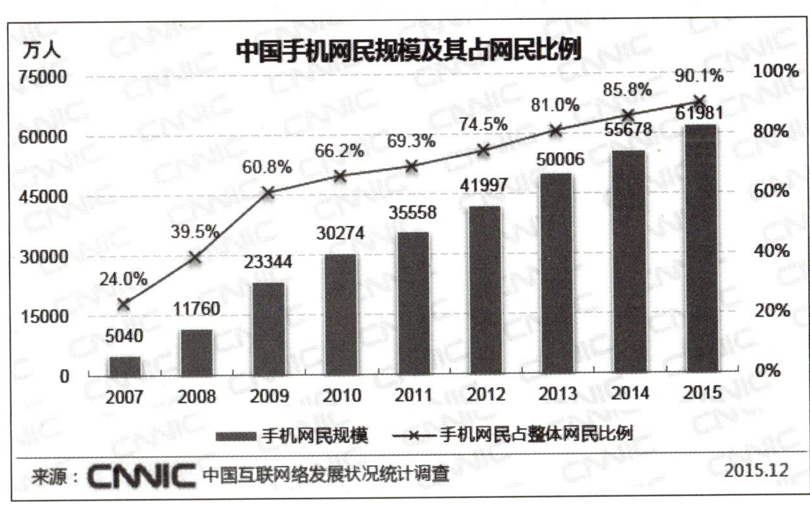

图 11-1 中国手机网民规模及其占网民比例

手机网民已经超越了传统 PC 的网民规模，这一数据表明，移动互联网时代已经来临。在这一形式下，移动互联网购物也已经成为新的趋势，移动消费占比大幅提升，如图 11-2 所示。

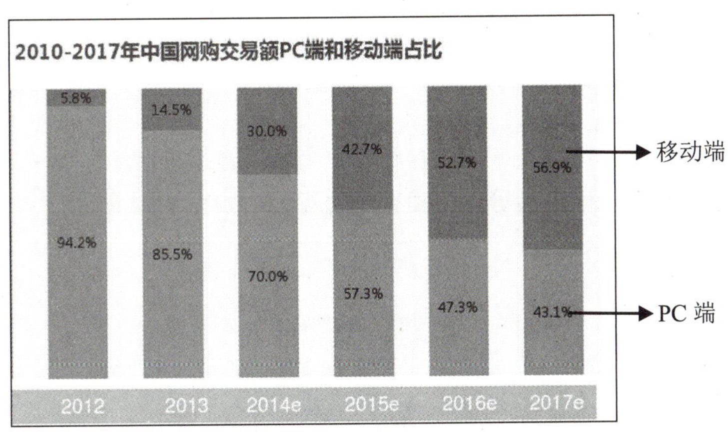

图 11-2 移动互联网购物趋势

11.2.2 无线端的特点

无线端主要包括手机与平板电脑，其中产生购物行为的绝大多数为手机，因此本章只以手机为例进行讲解。

手机购物的特点有很多：

- 手机小巧、灵活，携带和使用都很方便。
- 手机随时随地都可以访问网络，接触网购的时间点明显增多。
- 手机购物省去了输入地址的麻烦，触摸屏让操作更简单。
- 手机的快捷支付让支付流程更简单。
- 手机购物的时间碎片化，娱乐及冲动型购物都明显高于 PC 端。

11.3 店铺推广实战

下面以七彩阳光儿童生活馆店铺为例，进行无线端推广的实战操作。

11.3.1 手机淘宝的微淘

手机淘宝是淘宝网的手机客户端 APP。从 2014 年开始，淘宝网开始对手机淘宝进行扶持。淘宝对手机淘宝的扶持，从流量，到活动，到直通车，几乎是应有尽有。为了增加手机淘宝的用户粘性，还在手机淘宝中加入了“微淘”，用来增加买卖双方的联系，如图 11-3 所示。

图 11-3 微淘

微淘里有店铺动态，买家可以看到店铺上新、打折等活动。卖家还可以发广播、推送问候、产品常识、掌柜生活等，与卖家产生互动，如图 11-4 所示。

图 11-4 微淘店铺动态

淘宝会自动把收藏店铺的买家加入微淘，粉丝微淘会增加客户的粘性、信任度以及重复购买的次数，其作用类似于第 4 章中的微博、微信等自媒体。

实战操作与分析

> 实战店铺首先开通了微淘，因为系统会把收藏店铺的用户自动导入成微淘粉丝，所以基础粉丝量不用运作。开通微淘后，定期更新生活动态、店铺动态、产品信息，三者有效地结合起来，使其成为一个有人情味兼具营销功能的工具。

11.3.2　手机详情页

手机详情页是无线推广的重要部分，2014 年淘宝开始对发布了手机详情页的宝贝进行流量扶持。

当没有发布手机详情页的时候，在手机淘宝上通过搜索也可以找到宝贝以及店铺，移动端页面会自动同步 PC 端的详情页，但是只同步图片，没有文字。并且，同步显示的图片紧密相连，没有排版，而且大小也不适合手机浏览。最重要的是，对于没有发布手机详情页而只是靠自动同步 PC 端详情页的这类宝贝，淘宝是没有流量扶持的。

发布手机详情页，需要进入“卖家中心”→“宝贝管理”→“出售中的宝贝”，找到要编辑的宝贝，单击“编辑宝贝”按钮，进入宝贝信息编辑页面。在该页面的“宝贝描述”里，会显示“电脑端”和“手机端”两个选项。为了表示“手机端”的重要性，淘宝为其添加了一个红色的“HOT”标。

单击“手机端”，进入手机端的编辑详情页，手机端的详情页面无法直接输入，需要先添加模块，在详情页的最下方，有“添加”字样，如图 11-5 所示。

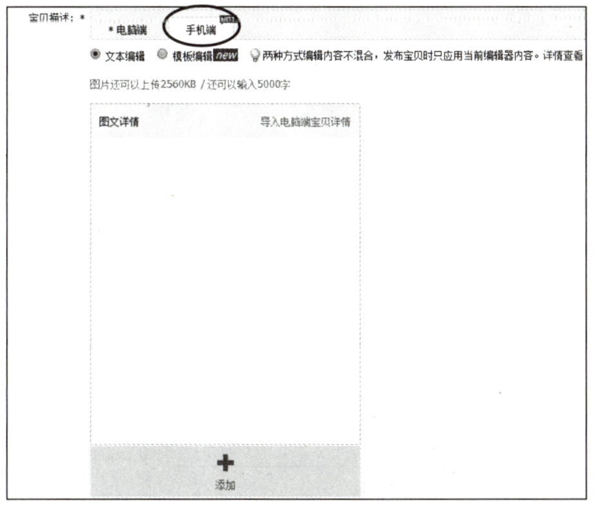

图 11-5　手机端宝贝描述

单击“添加”按钮，会出现“音频”、“摘要”、“图片”、“文字”四个选项，如图 11-6 所示。卖家可以按顺序添加模块并在模块中设置相应的内容。

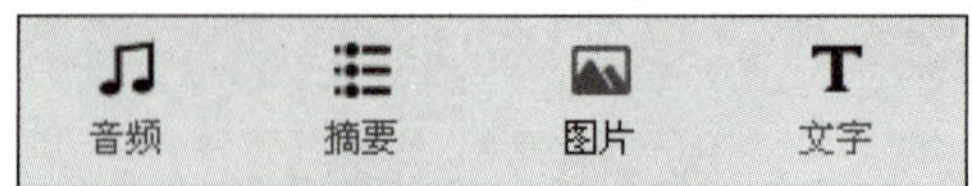

图 11-6　可添加模块

手机详情页比 PC 端的详情页要小得多，因此 PC 端做好的图放到手机里看的时候，有些字就会非常的小，导致买家看不清，如图 11-7 所示。此时应重新制作适合手机端详情页的图片，图片上的字体调整到可以看清楚为宜。另外，手机端的图片数量以 10～20 张为宜。

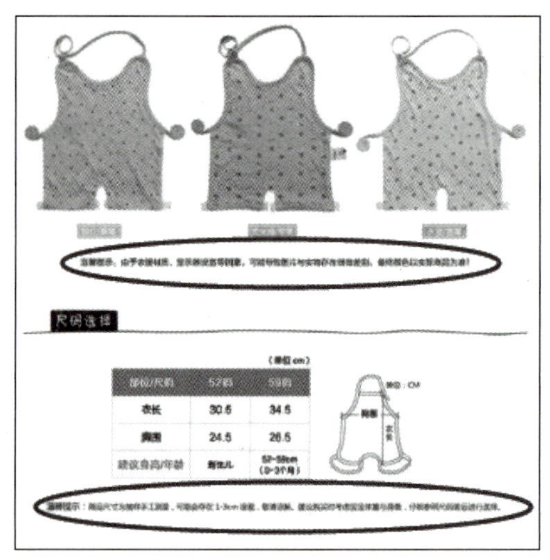

图 11-7　图片不清楚

手机的店铺装修，需要进入“卖家中心”→“店铺管理”→“手机淘宝店铺”，如图 11-8 所示。

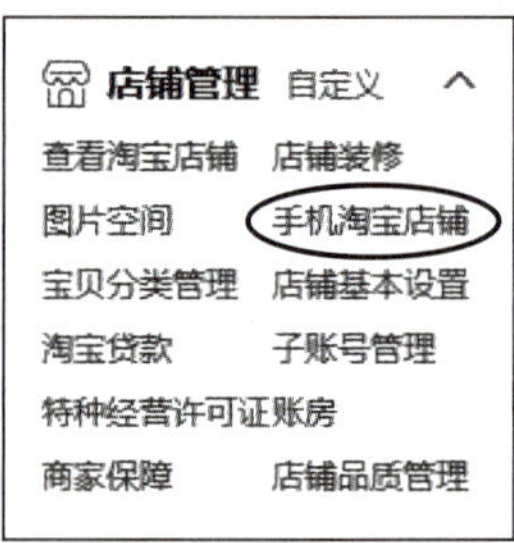

图 11-8　手机淘宝店铺

在“无线店铺”中单击“立即装修”按钮，如图 11-9 所示。

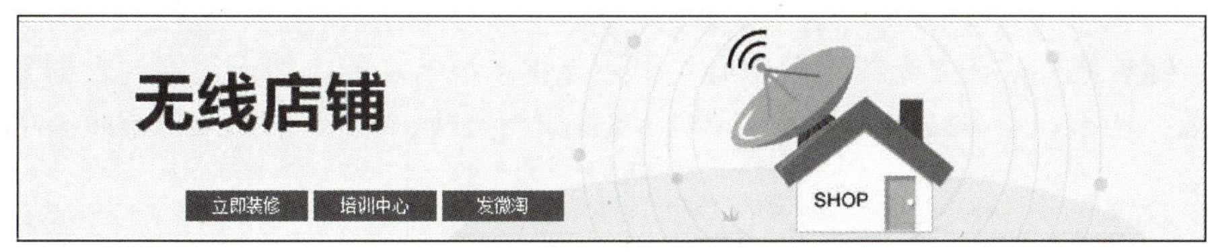

图 11-9　无线店铺

进入装修页面，单击“店铺装修”，进入淘宝的“无线运营中心”，如图 11-10 所示。

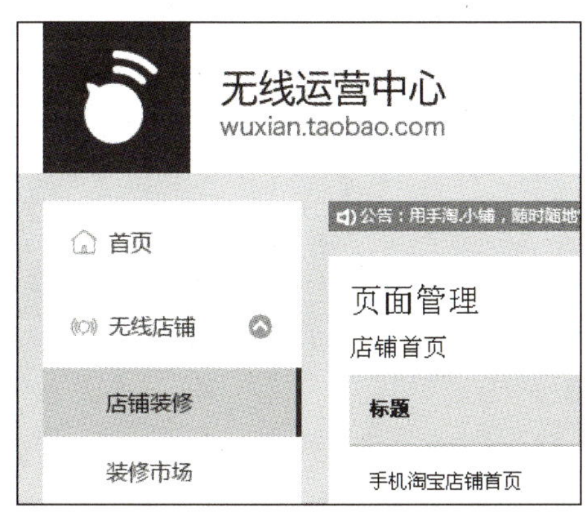

图 11-10　无线运营中心

淘宝的手机店铺装修需要用特定的游览器，安装下载后才能操作，浏览安装成功以后，按照提示即可进行店铺装修，如图 11-11 所示。具体装修方法不在推广的范畴内，读者可以参考其他相关教程。

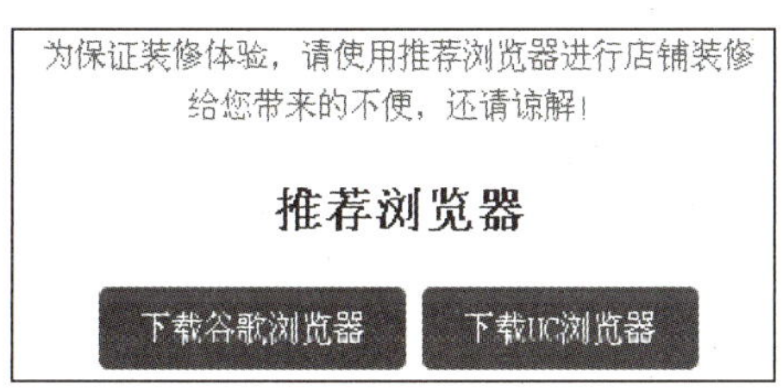

图 11-11　下载特定浏览器

实战操作与分析

手机详情页的发布虽然有一键搬家功能，但是由于图片在手机上的显示比例问题，实战店铺还是重新制作了手机详情页，按照手机的大小来制作图片及文字，并重新排版，让买家在视觉上更舒服。

11.3.3 无线运营之码上淘

除店铺装修外，在“无线运营中心”里还提供了很多功能，如无线端的数据分析、会员营销等。其中有一个独特的功能是“码上淘推广”，“码上淘”是利用二维码向无线引流的一个方式。

要使用“码上淘”，首先需在“无线运营中心”里，单击左侧列表中的“码上淘推广”按钮，进入“码上淘”首页，页面中包含“创建二维码”、“管理二维码”和“分析二维码”三类功能，如图 11-12 所示。

图 11-12 “码上淘”首页

卖家创建二维码的方式有很多种，不仅可以创建宝贝二维码，还可以创建店铺二维码。下面以创建宝贝二维码为例，讲解二维码的创建过程。

创建宝贝二维码需要三步：“确定扫码内容”→“关联推广渠道”→“创建完成”。首先在“确定扫码内容”页面选择要创建二维码的宝贝，如图 11-13 所示。

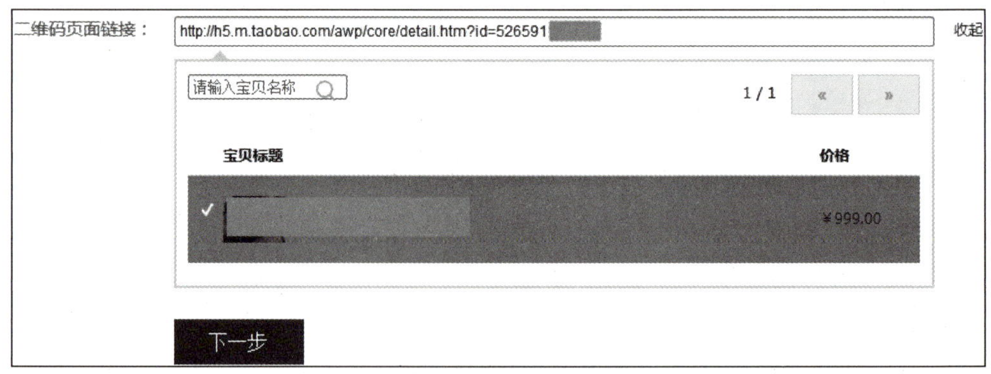

图 11-13 确定扫码内容

单击“下一步”按钮，进入“关联推广渠道”页面，填写二维码名称并选择所需的渠道标签，如图 11-14 所示。最后单击“下一步”按钮，即可创建成功。

图 11-14　关联推广渠道

码上淘不仅可以创建宝贝二维码，还可以创建店铺二维码、服务二维码（产品说明）、互动二维码（扫码优惠）等。

二维码创建成功后，可以使用“分析二维码”功能对其进行分析，分析内容包括效果分析、地域分析、人群分析和同行对比。例如，某店铺与同行优秀以及同行平均的对比曲线图，如图 11-15 所示。卖家可以通过分析结果查看“码上淘”的推广效果。

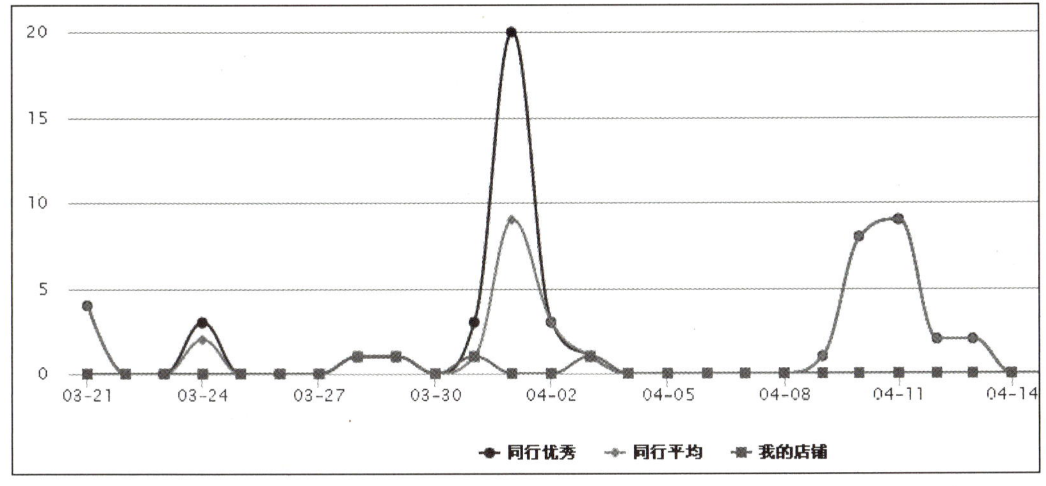

图 11-15　分析二维码

实战操作与分析

"码上淘"功能需要线下发货配合操作。实战中印刷了店铺的二维码，发货的时候随货一起寄走，实现从"PC端→移动端"的转移。

11.4 经验总结

无线端的推广如图11-16所示。

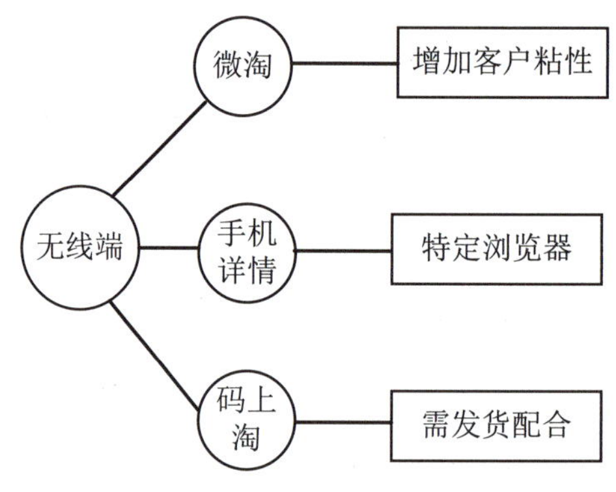

图11-16　无线端推广

11.5 技巧荟萃

- 手机详情页中的文字字体大小无法设置，卖家可以在图片中加入放大后的文字。
- 手机店铺装修要使用特定的浏览器，否则无法操作。
- 手机店铺的淘小铺功能，可以设置号码，直达店铺。
- 手机的千牛客服帐号也可以分流接单。
- 手机详情页以6～10屏左右为宜。

掌柜小结

无线端推广要放眼整个电商的大环境来看。因为微信的崛起，给淘宝的无线端带来了冲击，因此淘宝在无线端的布局有着极大的重要性。利用好无线端的各种机会，是店铺在当前形势下发展的新趋势。

第 12 章 以点带面——用推广打造爆款的秘笈

12.1 店铺背景

店铺名称：植北珍生态店

店铺主营：绿色坚果

店铺等级：5 钻

店铺人员：5 人

经营时间：3 年

年营业额：95 万

店铺现状：掌柜从一开始就组建团队，按照品牌店铺进行运营与打造，投入资金多，熟悉规则，所用技术熟练，所以在短期就取得了不错的销售成绩，成功渡过了新店期与发展期。现在准备通过打造爆款实现利润的高增长与品牌的塑造。

12.2 相关知识

爆款是指店铺中某款销量很高的产品，其销量少则几百，多则几千，甚至上万。爆款的销量通常都是短时间内爆发式增长的，为了形容这种具有特殊意义的产品，所以称之为“爆款”。爆款的特点是时间短、流量大、成交多。

为了了解爆款的重要性，我们先来了解一下“羊群效应”。“羊群效应”也叫“从众效应”，是指当人们在面对事情无法选择的时候，通常会借鉴模仿已经做出决定的群体的现象。这种现象体现在网购方面就是，人们在淘宝选择产品时，在其他因素都相差不大的情况下，买家往往会选择销量更多的一款产品来下单。

网购的数据也证明了这一现象，在淘宝网的搜索页面，高销量与高排名往往是高度匹配的。而大多数人会在第一页选择产品，而不是翻到第二页及以后，在第一页最上方的三排产品，因为销量高被选择的几率还会更大。

因为这种爆款与排名和成交的高度关联性，打造爆款就成了淘宝推广的重中之重。

一件爆款的成功，不仅可以带动自然搜索的排名，也会带动直通车、淘宝客等各方面的表现；高销量的直通车产品会有更高的点击率，高销量的淘宝客产品会被更多的淘客选择并推广。

12.3 店铺推广实战

下面以植北珍生态店为例，讲解爆款的打造流程。

12.3.1 打造爆款的策略

因为淘宝搜索排名中的销量权重只计 30 天内的销量，所以打造爆款需要时间短、速度快，打造爆款的方法只能选择短期超大流量的方法，靠日积月累是不行的。

打造爆款的方法包括：聚划算、钻展、淘金币、“双十一”、“双十二”、手淘活动，以及折 800 网等站外折扣网活动。

活动的展现位有限，所以淘宝网会把自己的有限资源，投放给表现最好的产品。打造爆款在短期内应专攻一种方法。因为淘宝网的审核机制对参加活动的产品有记录，第一次参加某活动的产品，取得好的效果后，第二次报名该活动会更容易审核通过。

例如，在参加淘金币活动时，系统会让商家提供一个预估的承诺销量，当商家达到了这个销量时，会被系统认为是表现良好，下一次报名通过的几率就会很大；若销量不理想，没有达到承诺销量的时候，再次报名时被通过的几率就不大，如图 12-1 所示。

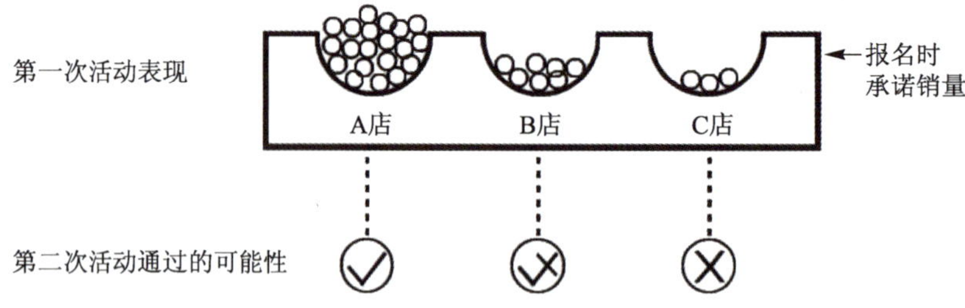

图 12-1　淘宝网的活动审核机制

另外，只攻一种方法用于打造爆款，由于规则及流程都是一样的，所以更有利于熟悉规则、把握进度及积累经验，库存、发货等方面的可控性也就更大。

实战操作与分析

分析以上可以打造爆款的所有方法，其中，因为受时间限制，所以去掉“双十一”、“双十二”等特殊活动；聚划算的申请难度大，暂时不做尝试；站外折 800 网折扣较大，很难盈利。综上所述，实战店铺选择从淘金币活动入手。

12.3.2　打造爆款的步骤

下面以淘金币活动为例，详细讲解通过淘金币活动打造爆款的过程。

1．了解淘金币

淘金币是淘宝网的一种虚拟积分，当买家在淘宝网上购物时，下单成功后，系统会赠送买家一部分的淘金币用于以后的购物抵现，如图 12-2 所示。

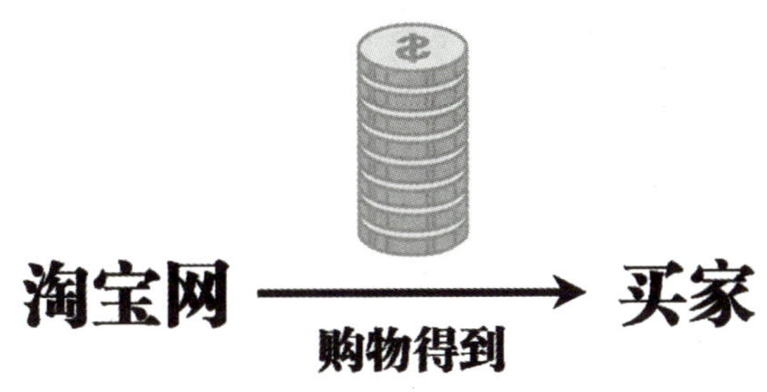

图 12-2　买家获得淘金币

买家领到的淘金币会存在于自己的虚拟账户内，淘金币与真实货币的换算比例为 100∶1，即 100 淘金币可抵 1 元现金，如图 12-3 所示。

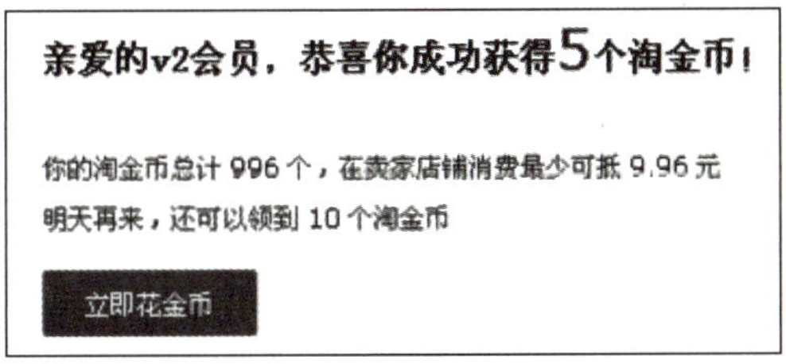

亲爱的v2会员，恭喜你成功获得5个淘金币！

你的淘金币总计 996 个，在卖家店铺消费最少可抵 9.96 元
明天再来，还可以领到 10 个淘金币

立即花金币

图 12-3　淘金币与真实货币的换算比例

买家得到淘金币以后，可以在开通了淘金币抵现的店铺中使用。例如某店铺开通了 5% 的淘金币抵现，买家购买了其中一款 100 元的产品，在付款的时候勾选“使用淘金币”，则真正支付时只需付现金 100×（1−5%）=95 元，另外再支付 500 个淘金币（按换算比例

等于 5 元）即可。在这一过程中，卖家收获了淘金币，如图 12-4 所示。

图 12-4　卖家获得淘金币

买家的淘金币和卖家的淘金币是不一样的，买家领到的淘金币可以抵现金，而卖家的淘金币是不可以抵现的。卖家的淘金币只能用来参加淘金币活动，尤其是淘宝网官方的大型淘金币活动，卖家需要积攒大量的淘金币才可以获得某些活动的参加权限。

由图 12-2 和图 12-4 可以看出，淘金币的玩法是这样的：首先淘宝网先提供大量的淘金币，买家购物的时候，系统会自动赠送给买家。与此同时，一部分卖家为了增加店铺竞争力，开通了淘金币抵现来吸引买家。

在这一过程中，买家和卖家都将产生两极分化：消费能力一般的买家，积攒的淘金币不多，只能参加店铺的淘金币抵现，而一部分消费能力比较强的买家，积攒了大量的淘金币，而普通店铺提供的抵现较少，已经满足不了这部分买家的需求。同时一部分卖家设置的淘金币抵现比例较大，收获了大量的淘金币而无处可用。

这个时候，淘宝网的淘金币平台开通的官方活动，就为买卖双方提供了对接的机会。拥有大量淘金币的卖家可以获得参加活动的权限，享受淘金币官方活动带来的大流量；拥有大量淘金币的买家可以在平台上挑选自己喜欢的宝贝，享受更大的折扣。而没有淘金币的买家也有机会参加大型活动。因为在参加淘金币活动的时候，有一个功能叫“帮抵”，就是卖家用自己的淘金币帮助买家抵现购买。

综上所述，淘金币活动的完整的流程如图 12-5 所示。

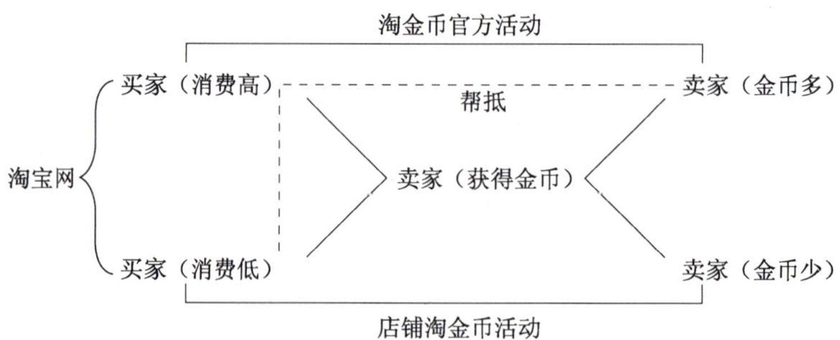

图 12-5　淘金币活动的完整流程

2. 设置店铺活动积累淘金币

买家需要积攒一定数量的淘金币才能获得参加官方淘金币活动的权限，因此首先需要设置店铺活动积累淘金币。

店铺淘金币抵现设置的入口在“卖家中心”→“营销中心”→“淘金币营销”。单击进入“淘金币卖家服务中心”页面，选择“淘金币账户”分类下的“赚淘金币”，然后单击左侧的“淘金币抵钱”，如图 12-6 所示。

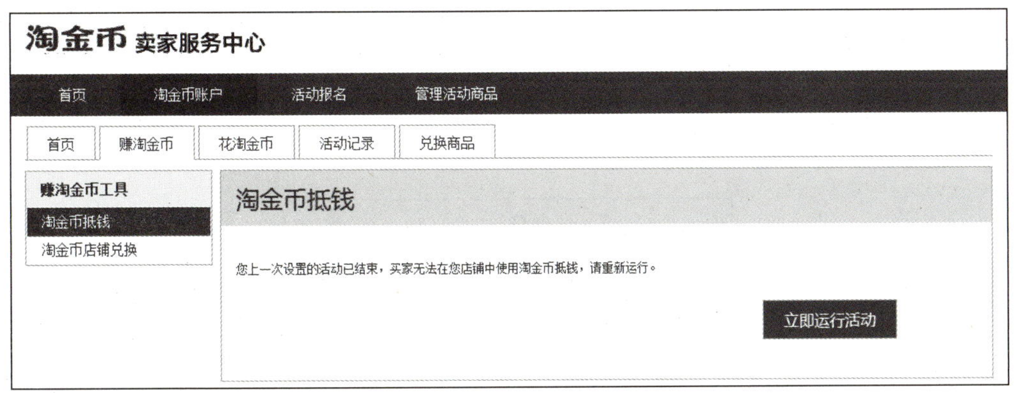

图 12-6　淘金币抵钱入口

使用“淘金币抵钱”，需要先运行活动。单击“立即运行活动”按钮，进入活动开通页面。输入活动的最高抵扣比例并选择活动时间后，单击“同意开通”按钮后即可，如图 12-7 所示。然后在弹出的窗口确认活动信息，单击“确定开通”按钮，如图 12-8 所示。

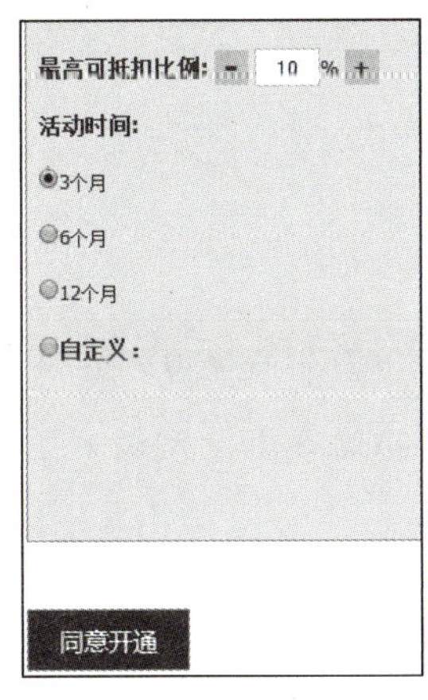

图 12-7　活动开通页面

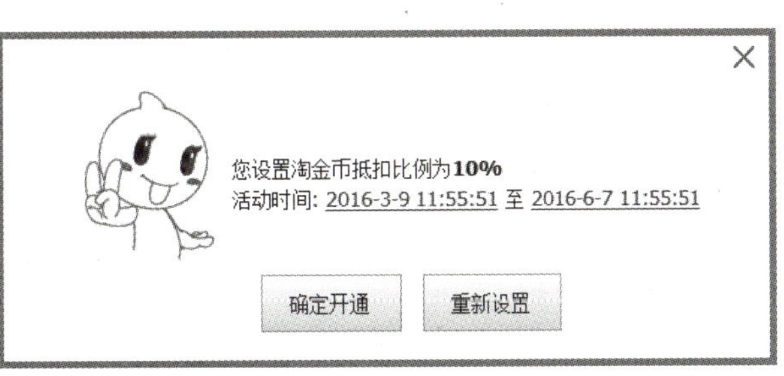

图 12-8　确定开通

开通活动后，页面显示活动信息，在该页面中还可以添加单品并设置单品折扣，如图 12-9 所示。单击“添加单品”按钮，弹出图 12-10 所示的页面，在该页面中设置添加单品 id 或产品链接、抵扣比例、是否支持抵扣，然后单击“确定添加”按钮即可。

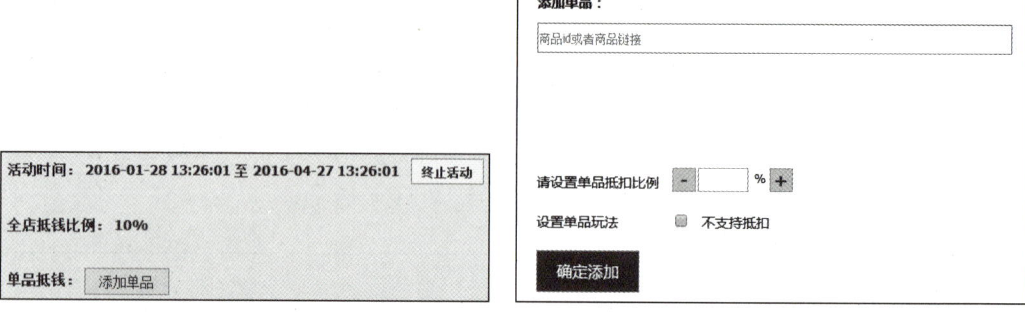

图 12-9　活动信息展示　　图 12-10　添加单品

设置完成后，使用了“淘金币抵钱”的宝贝会有相应的标志，如图 12-11 所示。

图 12-11　“淘金币抵钱”标志

通过店铺本身的淘金币活动，积攒下来的淘金币可以在淘金币帐户里查询，如图 12-12 所示。

可用淘金币：

453041

图 12-12　可用淘金币

实战操作与分析

为了保证快速参加活动，植北珍生态店铺开通了全店的“淘金币抵现”活动，抵扣比例设置为 5%，并在一个月左右积累了 40 万的淘金币，为报名参加活动做好了准备。

3．选择适合的活动

攒够一定数量的淘金币后，卖家就可以参加淘金币官方活动了。淘金币官方活动有很多种，要选择适合自己的参加。首先来认识淘金币官方活动，在淘宝网首页左侧的“优惠促销”里有“淘金币”入口，如图 12-13 所示。

图 12-13　“淘金币”入口

单击进入淘金币官方活动后，在首页的左侧有淘金币的全部商品，分为服饰内衣、美妆鞋包、母婴食品等几大类，每类都有不同的玩法，如图 12-14 所示。

图 12-14　淘金币商品分类

参加淘金币官方活动的宝贝，通常都会获得很高的销量，是打造爆款的一个很好的途径，如图 12-15 所示。

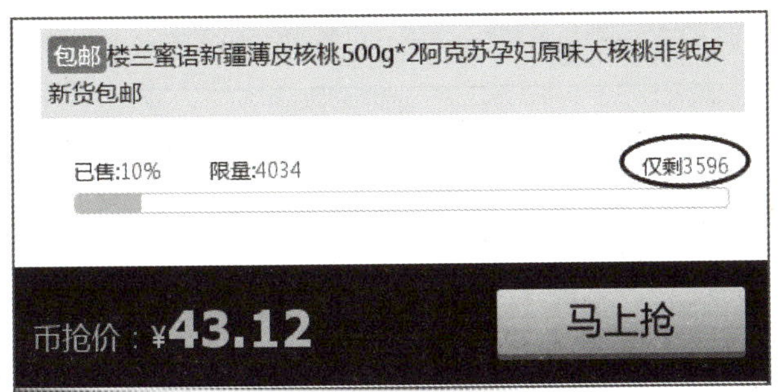

图 12-15　参加活动的商品销量

卖家应该查看各种活动的流量、销量以及特色等，根据实际情况选择适合自己的活动进行报名。

实战操作与分析

对比各个活动以及自己店铺所售商品的品类，实战店铺最终确定参加“母婴食品”这一淘金币主题活动的报名。

4. 了解报名规则

淘金币活动报名有着复杂而详细的规则，在“淘金币卖家服务中心”首页中有“淘金币卖家规则汇总”字样，单击进入即可查看具体规则。文章最上方为目录，包括招商、审核、商家管理、规则变更、信息互通 5 项，如图 12-16 所示。

<目录>
招商：基础招商标准、业务招商标准
审核：审核时间、选品规则
商家管理：入选商品发布细则
规则变更：更新公示
信息互通：旺旺群及志愿者职责

图 12-16　淘金币卖家规则汇总——目录

每项规则的具体要求都需要卖家仔细阅读。例如，审核包含审核时间和选品规则，如图 12-17 所示。

【审核】

- 审核时间：15天

  注：如提交5天以上仍未审核通过，建议更换新的商品，重新报名。

- 选品规则：

1. 报名商品为店铺主营类目的日销TOP商品优先
2. 全网同类商品横向比价，抵扣后价格低的优先
3. 备货充足优先
4. 实物拍摄且商品详情页质量高的优先
5. 店铺：包含但不限于近期成交情况、淘金币日常使用量、历史活动表现等综合维度筛选
6. 服务：DSR、纠纷退款率等体现店铺服务和质量水平的指标维度

图 12-17　审核规则

除淘金币卖家规则汇总外，卖家还可以在“淘金币卖家服务中心”首页下方的“常见问题”中单击查看相关规则，如图 12-18 所示。

常见问题

报名相关	审核相关	其他问题
金币不足能报名活动吗	图片审核规范？	淘金币玩法FAQ汇总
	审核不通过的主要原因	如何设置淘金币抵钱

图 12-18　常见问题

5. 报名淘金币官方活动

熟悉了规则以后，就可以进入报名流程了。单击进入“卖家中心”→“营销中心”→“淘金币营销”，在打开的“淘金币卖家服务中心”页面中单击“活动报名”，打开报名页面。

报名页面分为“品牌汇”与“主题购”两类，其中每个大类又有各自的小分类，如图 12-19 所示。其中，“主题购”中的活动比“品牌汇”中的活动更生动，也更灵活。

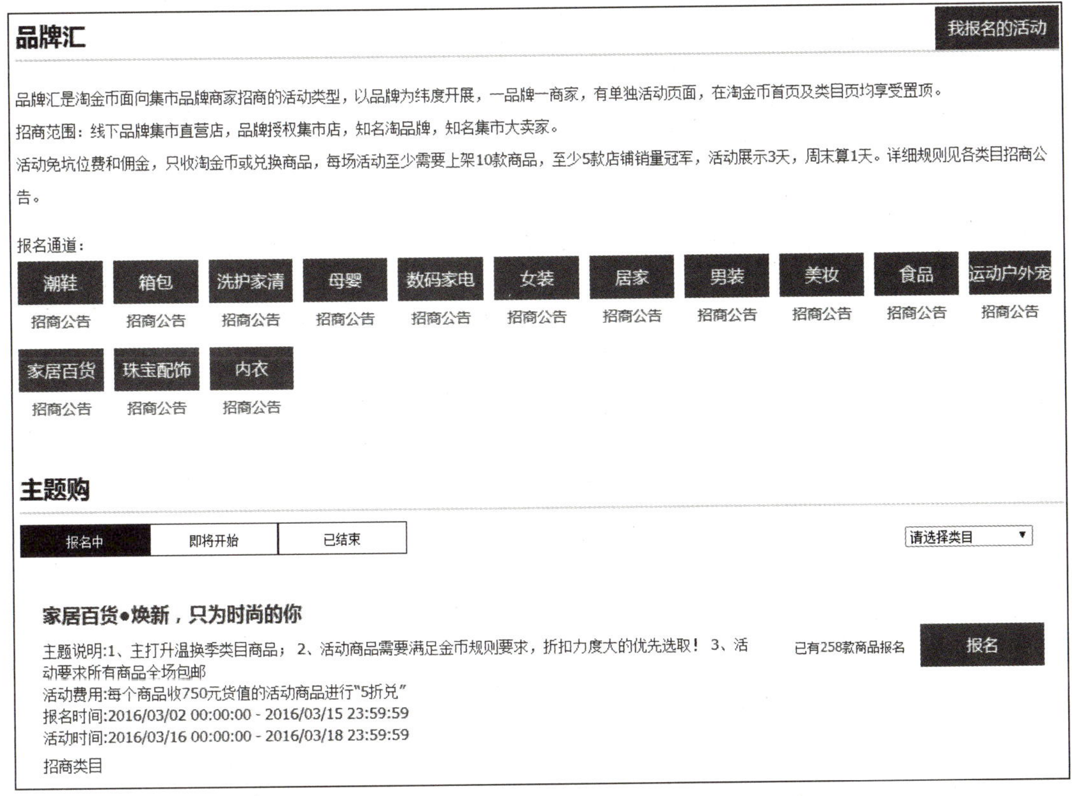

图 12-19 “品牌汇”和“主题购”

选择要参加的活动（上一节经过分析已经确定参加“母婴”主题），单击“品牌汇”下报名通道中的“母婴”，进入主题。

报名参加活动时，首先会显示对店铺的资质要求，如果符合要求，在相关的资质后面会有“符合”字样，如图 12-20 所示。

店铺资质要求

店铺资质要求	
卖家账户淘金币数量>=0	符合
DSR三项指标评分不低于4.6分	符合
实物交易占比必须为90%以上	符合
开店时间>=3个月	符合
未被搜索全店屏蔽的店铺	符合
近一个月人工介入退款成功笔数不得超过6笔	符合

图 12-20　店铺资质要求

然后是商品资质要求，如图 12-21 所示。

商品资质要求

商品资质要求	我的资质
宝贝必须在架	报名商品时验证
同一个商品如果在当前已经报名了其它主题，则不能再报名，待审核不通过或展示结束后或被下架才能再报名	报名商品时验证
商品类目[]	报名商品时验证
包邮	报名商品时验证
商品30天销量>=50	报名商品时验证
多sku的商品价格不一样，则不能报名	报名商品时验证

立即报名

图 12-21　商品资质要求

若以上资质全部符合，卖家才能会进入选择宝贝、设置价格等页面，如图 12-22 所示。

宝贝链接	http://item.taobao.com/item.htm?spm=2013.1.1998246701.4.M4za0m&scm=10(
商品30天最低价	
商品原价	
商品活动价	98　活动价不能高于30天最低价
商品淘金币抵扣比例	%　请填写0-99之间的整数
淘金币抵扣后价格	只适用于该商品，在活动期间将锁定淘金币抵扣比例
店铺淘金币抵扣比例	0　%　适用于店铺所有商品，在活动期间将锁定淘金币抵扣比例

图 12-22　进入选择宝贝、设置价格等页面

然后填写库存、旺旺和联系手机号码，如图 12-23 所示。

商品库存	2000
联系旺旺	植北珍
联系手机号码	1389563****

图 12-23　填写联系信息

设置宝贝图片以及是否支持淘金币帮抵扣，此项是非常重要的一项，也就是前边反复强调，卖家要积极攒大量的淘金币的意义所在。只有卖家积攒了大量的淘金币之后，在此处才可以勾选“是否支持淘金币帮抵扣”。也就是说，当买家没有足够的金币来进行最高比例的抵扣时，卖家会帮助买家支付不足部分。此时“卖家淘金币”会自动转换成“买家淘金币”加入到交易中，同时卖家账户中的淘金币数量相应减少。

支持淘金币帮抵扣是增加下单量，提升活动转化率，最终实现爆款的一个重要手段，如图 12-24 所示。

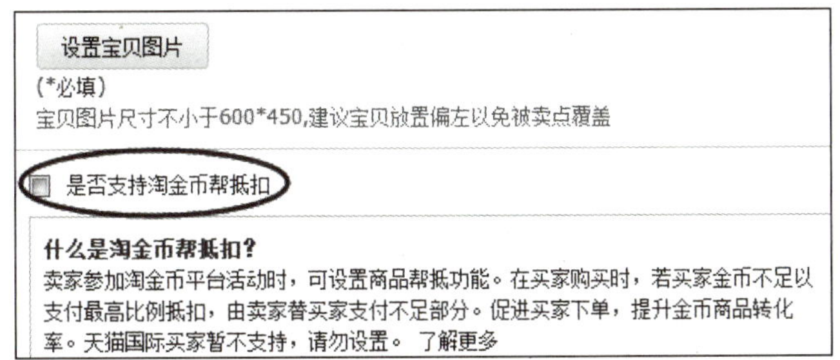

图 12-24　选择“是否支持淘金币帮抵扣”

接下来要填写宝贝卖点，如图 12-25 所示。

宝贝卖点1:	野生大个 (*必填) 最多6个汉字
宝贝卖点2:	炭火烘培 (*必填) 最多6个汉字
宝贝卖点3:	孕妇专用 (*必填) 最多6个汉字

图 12-25　填写宝贝卖点

至此，淘金币官方活动的所有活动报名流程都已完成，单击“提交商品”即可。

实战操作与分析

淘金币报名是一项很精细的工作。首先选款，确定店里的热卖产品“松子”为报名参加活动的产品。

制作符合要求的报名图片10余张，通过直通车的创意功能测试图片的受欢迎程度，最终确定了报名图片并上传。

提炼产品的卖点并确定了三条宝贝宣言：野生大个、炭火烘培、孕妇专用。在销量方面，符合报名要求，但是在成功报名前要跟踪，防止销量下滑。

淘金币方面，因为有了大量的淘金币，所以选择了“淘金币帮抵扣”，并将淘金币的抵扣比例设置为20%，表示了极大的折扣诚意。

6. 报名后的准备工作

报名成功以后，要做以下准备：

- 预估销量：通过上一期的活动页面，查看自己同行业卖家的销售记录，预估本次活动的销量。销售记录细节包括：活动期间总下单量，下单频率（每隔几分钟成交一笔订单）、单笔订单购买件数（买1件的多还是2件的多，各占比例多少）、下单波动（哪个时间段下单量集中，哪个时间段下单量分散）。
- 准备库存：根据统计好的销售记录计算并准备库存。
- 预备发货：提前准备发货单、纸箱，安排好发货人员，与快递谈好价格，提前打包（根据统计上一期活动同行业销售记录里的成交件数来打包，比如60%的人群选择了1件成交，25%的人群选择了2件成交，15%的人选择了3件及以上成交，根据比例先打包出部分货物）。
- 制定预案：制定售前（活动预热，发海报，通知老客户）、售中（设置快捷短语、常见问题、客服接待）、售后（退换货）预案。
- 活动引导：活动进行中根据活动时间设定几个批次，促使老客户引领下单。
- 售后处理：活动之前原价成交的，发现活动价后要退差价；活动结束之后还想以活动价成交的；到货慢、次品率、退换货等问题，按售后预案解决。

7. 其他打造爆款的方法

除淘金币活动以外，打造爆款的方法还包括以下几种：

- 聚划算：聚划算是阿里巴巴旗下的团购网，也是全网最大的团购网站，包括聚名品、生活汇等不同主题。2015年之前，聚划算仅对天猫（阿里巴巴旗下网站）开放，2015年后对淘宝也开始开放。

➢ 钻展：钻展位置越好，价格越高，打造爆款越快，具体内容可参见第 8 章。
➢ 双十一：“双十一”是指每年一度的大型促销活动，时间为 11 月 11 日。此方式打造爆款快速而准确。
➢ 双十二：“双十二”活动时间为 12 月 12 日，虽然比双十一流量少，但成交仍然很可观。
➢ 手淘活动：手淘活动是指手机淘宝的各种活动。在无线端的新机会下，手淘活动也可以打造爆款，具体内容可参见第 11 章。
➢ 淘宝达人活动：淘宝达人活动是指淘宝达人与淘宝官方共同合作的活动，而不是淘宝达人自身的活动，具体内容可参见第 5 章。
➢ 折 800：“折 800”是一个第三方团购网站，也是淘宝搜索排名中唯一有权重的站外团购网站。

实战操作与分析

报名通过以后，卖家马上根据上一期活动中同行业的销售数据，估算本次活动自己店铺的流量与销售量：活动时间共 3 天，总销量大约在 1500 件左右，其中 1 件的订单占 40%左右，即 600 件左右；2 件的订单占 30%左右，即 450 件左右。按照比例提前将销量的一半中 1 件与 2 件的订单打包好，也就是 1 件的订单提前打包 600/2=300 件，2 件的订单提前打包 450/2=225 件。因为活动的最后真实销量会有出入，所以留下一半的空余量为机动。

根据活动的流量曲线图，准备夜班增加 2 名销售客服（午夜 0 点开始流量最大），白班增加 1 名销售客服。

提前准备好快递单，另准备一台备用打印机。

产品预热，在店铺首页放置海报图，通知买家活动详情。

通知老客户，在享受淘金币折扣的时候，另外可以享受老客户折扣，条件是在 0 点以后的半小时后下单，引领其他买家下单，形成抢购场面。

准备完毕后，等待活动开始。

12.3.3 爆款实操的效果检测

1. 运营操作表

此表记录活动所有的规则、要求、报名通过后的流程明细（包括图片大小、格式、背景颜色等细节）要达到可以熟练背诵的程度。

2. 排名变化表

此表要使用“排名查询”软件，分别记录宝贝活动前、活动中、活动后的排名，查看打造爆款对排名的影响作用。

3. 投入产出表

此表包括折扣减掉的利润、参加活动的坑位费、老客户引领折扣减掉的利润、活动带来的利润、最终总利润等。

4. 三表比较出结果

对比以上三张表格中的数据，能看出爆款对于整个店铺的作用，同时总结经验，方便下一次打造爆款。

实战操作与分析

活动开始后流量瞬间增高，从“生意参谋”后台的实时访问，可以看到访客的进店频率，各个客服设置好分流开始接单。根据流量及下单量，重新评估活动销量并开始打包发货，随着活动的进行，不断进行活动销量的再度评估，而且结果会越来越精准。

活动结束后，按表格填写对应内容，包括流量、销量、产品排名变化、投入、产出。从活动第三天开始，进行售后处理，同时进行产品排名的持续跟踪。

在本次打造爆款的活动中，库存充足，发货及时，售后较少。3 天的活动产品总计销量 1200 件，分流到店内的其 他产品总销量 400 件，经过投入产出核算利润，总计为 35000 元。同时，产品排名从自然搜索的第一页 30 多名上升至第 7 名，并连续 3 周保持稳定。

活动不足，除活动宝贝外的其他宝贝库存出现不足，导致活动尚未结束，就有部分产品销空。

12.3.4 爆款的落地开花

1. 从爆单品到爆全店

通过的爆款有排名及流量上限，冲到行业前三，靠自然排名的流量，即可以维持排名。另外，可继续以同样方法操作下一个爆款，如图 12-26 所示。其中，A 是已经通过爆款操作达到流量上限的产品，而 B 是等待爆款操作的下一个产品，将更多的产品不断推到 A 的位置，最终达到爆全店的效果。

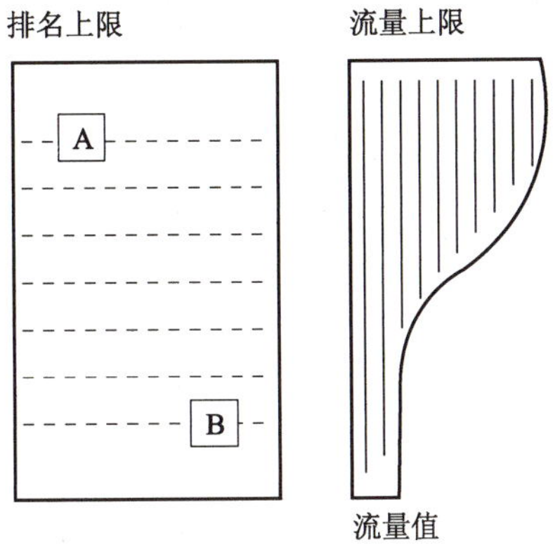

图 12-26　爆款的排名上限和流量上限

爆全店的真正意义不是全店所有产品都能进入系统搜索排名前三，这也是淘宝不支持的。爆全店的真正意义是打造良好的全店结构：除爆款外，店铺内也有长尾款、高端款的同步健康发展。这些款虽然没有大量的成交，但是也有稳定的销量及排名，而不是变成滞销款。全店所有宝贝的良好表现会加高店铺的搜索权重。

2．下一个爆款的选择要遵从幅射效应

当第一个爆款引来了流量以后，流量不会全部集中在当前的爆款上，也会向店铺中其他宝贝分流。因此在打造爆款时，店内其他宝贝的销量同时也会上升，这些宝贝中有表现好的，也有表现不好的。其中表现最好，也就是上升最快的，就是爆款辐射效应最好的，也就是接下来应该打造的爆款，如图 12-27 所示。

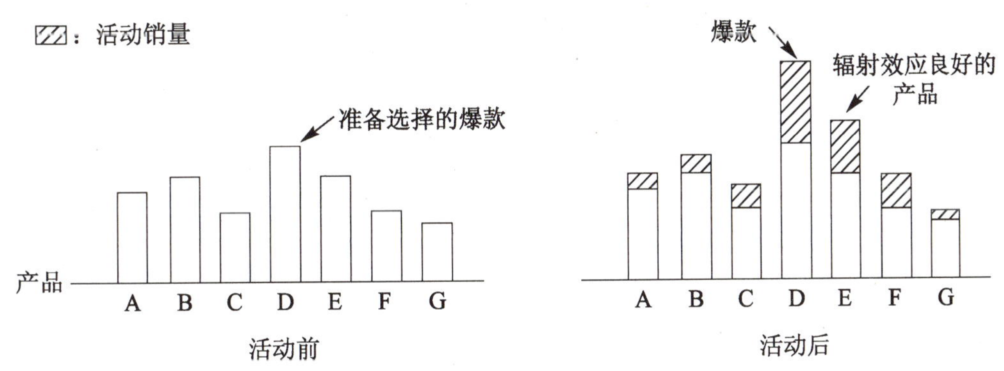

图 12-27　爆款的辐射效应

3．从爆一季到爆全年

爆款的延续性很重要，在爆款打造成功之后，自然搜索排名提高带来的流量以及销

量可以使宝贝维持很好的排名。但是同时也要面对以下因素：同行追赶，淡旺季，行情波动等。在出现这些因素导致排名有所变化的时候，应及时接下一个大活动来保持销量的连续性。

12.4 经验总结

一图看懂活动打造爆款的流程，如图 12-28 所示。

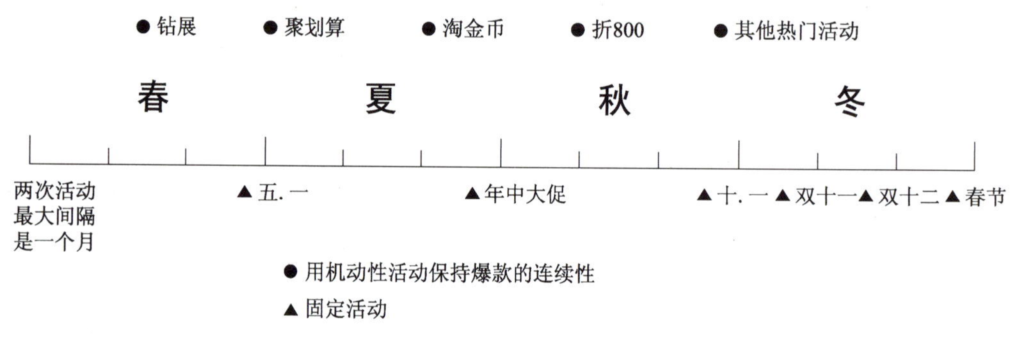

图 12-28　打造爆款的流程

12.5 技巧荟萃

- 报名入口开放后要马上报名，越早报名通过的可能性越大。
- 通过一次活动后，第二次报名同类活动通过的可能性较大。
- 活动报名后，若发现问题可以修改后重新报名。
- 每个活动有专门负责的小二和活动群，卖家需与其保持联系。
- 爆款活动报名竞争激烈，卖家应做好反复报名的准备。

掌柜小结

打造爆款是网店推广中难度最大的方法，能打造爆款的活动报名人数众多、竞争激烈，这要求产品在销量、价格等各方面都要有很强的优势，因此前期的销量稳步积累十分重要。

第 13 章 一览众山小——从零进化到淘品牌的解决方案

在网购快速发展的今天，仍有许多网店并不盈利。统计数据表明，多数网店不盈利的原因主要包括以下几点：

- 产品准备不足：包括掌柜没有挖掘第一手货源、对产品的了解深度不够、无法形成有效的产品差异化，导致产品及店铺竞争力下降，在网店的运营过程中举步维艰。
- 对网店的规则没有进行全方面的学习与解读。网店的知识是全新的且处在不断地更新当中，知识点碎片化，数量大，需要耐心地进行学习与解读。
- 没有长期计划，缺少准备，库存经常性不足、售后问题频出，对规则不了解导致运营与推广进行缓慢且低效。
- 信心不足，半途而废：网店就像一个生命体，初期的见效比较慢，但是初期把基础打好了，产品竞争力强，推广有力，老客户群体慢慢壮大，后面的推广就会越来越容易。

一个店铺从小到大的发展，付出的成本与收获的回报呈现明显的延迟效应。初期付出大，回报少。例如选产品、学规则、制作详情页，这些工作可能会历经几个月甚至半年的时间，而店铺尚未成立，更谈不上盈利。但是基础仍然是相当重要的，把基础打好，越到后期回报就会越多。

本章将纵观淘宝发展的大局，提供一个网店从零基础的新店，到发展、壮大，最终做成淘品牌的解决方案。方案中将用到前面的十二个章节中所讲的所有内容。

13.1 新店的零基础阶段

13.1.1 新品如何获得展示

新店成立初期，很多卖家会担心：新店没有销量，没有老客户，会不会没人来买？事实上，淘宝为了保证产品的多样化与个性的多样化，所有新店新品都会有展示的。有一句流行语叫“神奇的淘宝，万能的淘宝”，就是这个意思，保证新店新品的展示，是淘宝生态环境中必不可少的一环。

1）新品加权

自 2014 年以来，网购人群增长放缓，淘宝开始提倡“小而美”的战略，进一步加大了对新店新品的流量倾斜，为新店与新品在搜索上进行了加权，保证了新店的良性成长。这种做法也是淘宝中小卖家得以发展壮大的基础。

2）新品打标

淘宝会抽取新发布的宝贝，对符合标准的宝贝会在 24 小时内打上新品标。新品标通常会持续 2 周左右。

发布新品的时候要注意：

- 发布新品时，不要有与同行业完全相同的标题与主图，如果宝贝标题与主图与其他同行业发布过的完全相同，不会被认定为新品。
- 新品打标之后，如果流量与成交表现好，则打标时间会延长。
- 新品的主图与标题优化一次性完成，打标后切忌随意改动。改动后新品标有可能会被取消，而新品标带来的流量也将流失。

3）新品馆

除新品在搜索上加权外，淘宝还提供为新品单独开放的类目，如新品馆，表现好的新品可以自动被收录到新品馆。

4）喜欢新品的老买家

在淘宝网上活跃着一群资深的老买家，这些老买家网购经验丰富，不看重销量与人气，反而更看重新店刚开张时的价格与服务，他们会主动查找新店进行下单。

综合以上几个方面，新品是一定有流量的，而且如果能按照细节操作好，新品甚至会有高于非新品的流量。

13.1.2 阶梯价格破零销量

当新品被展示出来以后，将要进行的就是销量的破零计划。进行破零计划时，不应注重利润，要敢于放弃利润来换取初始销量。此时方法包括：

- 前十名顾客买一送一。
- 虽然是新品，但是也可以采用第 4 章中的“阶梯折扣破零法”，拍下越早，折扣越大。
- 详情页放置更多优惠引导按钮，引导客户单击并返回首页，增加入店浏览时间，减少跳失率。
- 首页放置新店开张折扣海报，将更多的新品与折扣信息展示出来，增加转化率。

新店初期的推广步骤为：选好产品→熟悉规则→写店铺运营推广计划书→发布产品→新品快速破零→单品销量完成 10 件以上。除销量外，店铺还应产生收藏店铺、收藏宝贝、加入购物车、深度浏览等多种店铺良性发展表现。卖家需要每天查看生意参谋进行数据整理、跟踪和记录。

新品期店铺指标预览如表 13-1 所示。

表 13-1　新品期店铺指标预览

指标	现状	分　析
流量	少	店铺单日流量可过 50
销量	少	主推产品 15 天销量过 10
利润	无	暂无利润，收回 30%～50%的成本
产品	简单	种类仅 10 种以上
库存	少	仅可以满足月销量，在剩余 1/3 库存时补足
资金	少	已发货未回款+1 个月库存
人员	少	1～2 名

13.1.3　免费试用增加基础销量

这里的免费试用是指淘宝官方的免费试用活动，单击“卖家中心”→“营销中心”→“我要推广”，在“常用入口”里可以找到“试用中心”入口，如图 13-1 所示。

图 13-1　“常用入口”中的“试用中心”

免费试用的流程如图 13-2 所示。

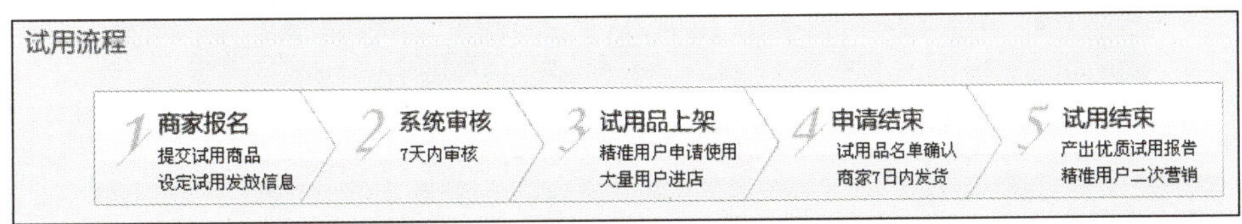

图 13-2　免费试用流程

店铺及商品均符合报名条件（见图 13-3）的前提下，单击“报名免费试用”按钮，然后根据实际需要选择排期，填写报名信息后等待审核即可。免费试用一旦申请成功，流量就会十分可观，而试用报告会带来后续的持续销售。

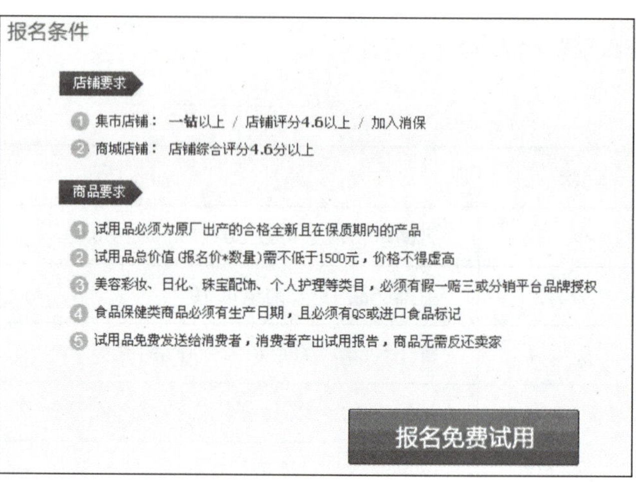

图 13-3　免费试用报名条件

13.1.4　天天特价带来第二阶段销量

新品基础销量破零以后，销量会维持在 10 以上，同时也会有评价记录。基础销量、评价记录和自然流量会带来后续的成交，成交量取决于产品的竞争优势（参考第 3 章）。

此时新品标已经取消，根据销售情况，进行第 2 章中的 SEO——搜索引擎优化来进一步优化排名。同时开通无线端（参考第 11 章）。分析前期的评价并收集客户意见，提升产品及服务质量，为后续的活动打基础（参考第 9 章）。

优化排名、优化产品服务，以及无线端布局完成后，就需要大幅度地提高销量，此时卖家可以报名参加淘宝的天天特价活动。天天特价的地址是 tejia.taobao.com，如图 13-4 所示。

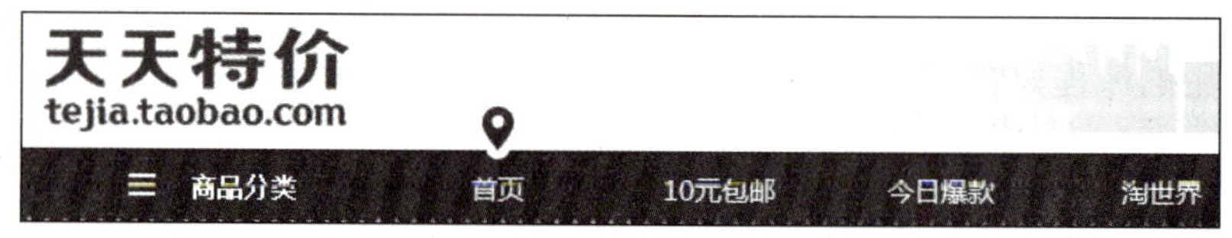

图 13-4　天天特价

在页面右侧的“商家中心”下拉菜单中，有商家报名入口，如图 13-5 所示。单击进入日历页面（见图 13-6），选择合理的活动日期，并单击相应活动中的“我要报名”按钮，认真填写并确认信息填写无误后提交报名并等待审核即可。

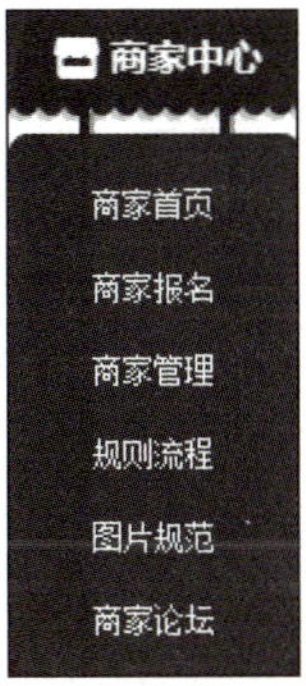

图 13-5　商家中心

图 13-6　选择活动日期

在 2014 年之前，天天特价对店铺的信用等级要求较高。但是现在，即使是低信用等级的店铺也可以参加天天特价。

天天特价的流量很大，但是不精准，店铺评分可能会受到影响，这也是为什么在做天天特价之前，需要先完善产品及服务的原因。

免费试用与天天特价是打造基础销量的常用工具，在开店初期人气较少的情况下，只有用利润换基础销量，才能为后续的高排名与高转化率打下基础。

基础销量期店铺指标如表 13-2 所示。

表 13-2　基础销量期店铺指标

指标	现状	分　析
流量	短期大流量	流量来源不精准、不持续
销量	短期高	活动产品销量破 100，可持续一个月
利润	少，无，负	取决于天天特价的总销量表现
产品	少	主推产品开始凸现
库存	短期增加	主要积累库存经验，为爆款做准备
资金	短期增加	掌柜开始意识到现金流的重要性
人员	1～2 人	活动期间可临时增加

13.2 中级发展阶段

网店经过了新品期与初次活动，掌柜会对淘宝的推广有了切身的了解，会较正自己对淘宝在一些认识上的偏差，对于店铺的前景与掌控会有更直观地把握。此时可以进行较深一步的行动，也是难度较高的操作——直通车。

13.2.1 直通车精准引流

在经历过天天特价活动之后，店铺的销量会明显增加。选择参加了天天特价的热卖产品，马上将其加入直通车，天天特价获得的大销量会对直通车的单击与成交产生明显的推动作用。

此时的直通车推广有两个作用：第一是完好地利用了天天特价的活动销量，为直通车的点击做好准备，增加了直通车的点击率，提高了直通车的质量得分，最终降低了直通车的点击单价；第二是直通车带来的流量是精准的，可以弥补天天特价的不精准流量带来的微小评分效应。

因此，天天特价的促销时间应与开通直通车的时间紧密相连。

13.2.2 小型活动与促销

原则上来说，价格的大幅波动，对于店铺及宝贝的排名是不利的，长期稳定的价格是搜索引擎优先加权的因素。在这种前提下，做促销与活动，是因为大量的销量带来的排名提升，能够弱化价格变化带来的负面效应。

在大型活动结束后，产品价格会迅速恢复原价，价格曲线会显示出明显的波动，此时应报名小型活动，或者设置店铺的小型促销来实现价格波动的缓冲。

在免费试用与天天特价结束后，部分买家会继续回访，看店铺是否有下一步的活动。这种需求恰好与小活动或小促销形成对接，达到价格曲线平缓下降的目的。

总结：中期阶段，直通车的精准引流会为店铺带来持续而稳定的流量。直通车的开通是否成功，关键在于直通车的技术，要多学习、细调整，其中质量得分、出价、关键词筛选与 ROI（投入产出比）是重中之重。小型活动与促销无难度，可以为免费试用及天天特价的回访者提供二次消费的机会，成为后续流量及销量的补充来源。

中期阶段店铺指标如表 13-3 所示。

表 13-3 中期阶段店铺指标

指标	现状	分 析
流量	稳定增加	直通车的开放会带来自然流量并持续稳定
销量	中等	自然流量的销量显著增加
利润	少量	排名带来的利润增多，直通车开通初期会有亏损
产品	增加	实操中会发现新市场并增加新产品
库存	增加	至少保持 3 个月销量的库存
资金	增加	除库存费用外，增加了直通车的费用
人员	2～3 人	增加直通车及活动推广专员

13.2.3 完善流量来源（淘宝客，站内其他）

在直通车运营良好的情况下，会促使产品的搜索排名稳定靠前，此时可以进一步完善流量来源。

在“卖家中心”→“营销中心”→“生意参谋”→“经营分析”→“流量地图”→“流量来源”中，可以看到流量来源的组成，如图 13-7 所示。

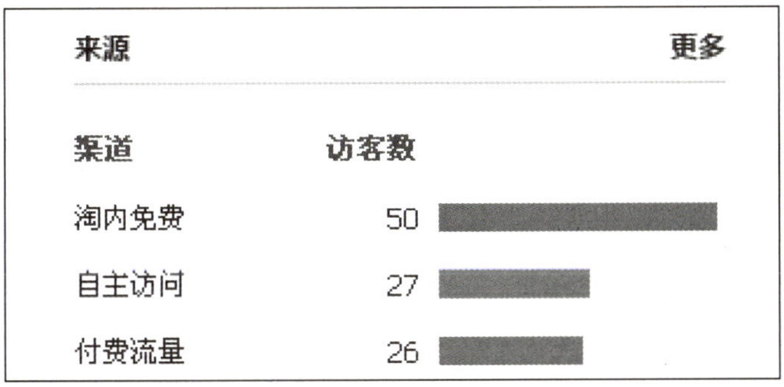

来源 更多

渠道	访客数
淘内免费	50
自主访问	27
付费流量	26

图 13-7 流量来源

此时的店铺流量来源除免费流量以及直通车以外，还需要增加站内其他与淘宝客的流量，如图 13-8 所示。

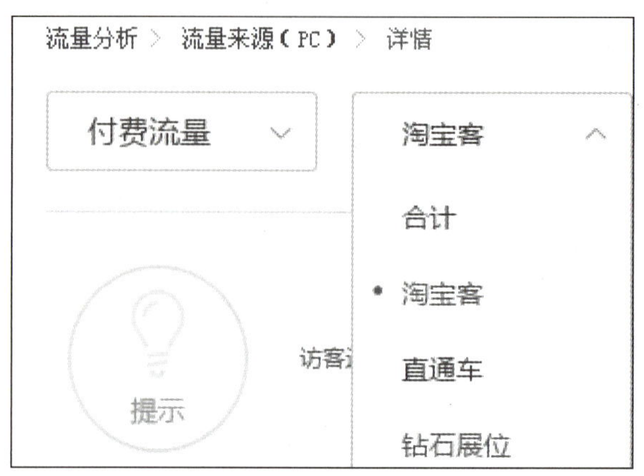

图 13-8　付费流量

13.2.4　制定老客户营销并测新品

店铺到达这个阶段，已经开始积累了一定数量的老客户。老客户是店铺稳定发展的基石，也是店铺扩大运营的主要力量。因此，掌柜需要开始制定老客户等级、关怀计划等，并通过老客户测新品、报活动。具体内容可参考第 4 章。

13.2.5　组成合理的全店产品结构

完成直通车、促销、淘宝客等方式的引流后，在中级发展阶段的后期要调整自己店铺的产品结构，使其合理。卖家可以收集同行数据，并进行对比和调研，扬长避短，制定自己店铺的合理结构。

在淘宝的服务市场里，有收集同行业数据的工具，卖家可以进入淘宝服务市场（http://fuwu.taobao.com），然后使用该工具对比产品价格、销量、信用等级等，再根据自己的销售情况，以及数据魔方、生意参谋等分析，做出产品结构调整，扬长避短。

> **总结：** 此时是店铺调整期，经过新品、活动、直通车及淘宝客等操作，卖家已经对店铺的运营推广有了全方位的了解。需要进一步在实践过程中调整产品，在店铺后台的操作上增加对数据的把控，尤其是增加生意参谋的使用。在生意参谋中对店铺的流量来源及波动，要会分析，会总结，能拿出方案。最终做到分析同行，对比同行，战胜同行。

调整阶段店铺指标如表 13-4 所示。

表 13-4 调整阶段店铺指标

指标	现状	分 析
流量	稳定	此时处于调整期，流量稳定，有少量增长
销量	稳定	主推品稳定在 100 件以上
利润	增加	直通车 ROI 的提升及淘宝客带来利润
产品	多样性	引流品、主推品、高端品各自就位
库存	多	产品结构的增多导致库存的增大，注意库房问题
资金	多	多产品的长期库存
人员	2～3 人	培养美工设计专员，为爆款活动准备

13.3 成熟阶段

经过了初期、中级的发展阶段，店铺所有的推广方式基本都已经使用过，同时店铺的产品结构、销量和排名都会处于一个稳定的状态。此时应该通过打造爆款，来获取开网店的终极目标——盈利。

13.3.1 报活动打造爆款

打造爆款在第 12 章已经做过详细介绍。爆款是店铺做大的过程中必不可少的一步，没有爆款就不会有成功的店铺。也就是说，成功的店铺中一定要有爆款。

13.3.2 站外团购、硬广告

网店做完爆款活动后，产品排名会冲到行业前面，淘宝内部的流量已经到达上限，此时应该开拓站外流量。开拓站外流量可以从团购入手，包括专业的团购网站、微博团购、论坛团购等。另外，还可以投放站外广告，所有广告尽量风格统一，为下一步的品牌升级作准备。

13.3.3 创造粉丝经济，打造淘品牌

这一阶段推广的目标是打造品牌形象而不是赚钱。这阶段的操作应重点注意以下几个

方面：

➢ 安排专门的人来管理店铺微博、微信，不定时发布内容，与粉丝形成互动。

➢ 店铺及产品的个性从雏形到改善到最终定位要完全成熟，不再更改，使其具有鲜明的个性烙印。

➢ 通过事件营销、新闻营销，参与热点话题等，打造淘品牌。

总结： 爆款是一个店铺是否成功的标志，通向爆款的路很长，不是一天就能打造的；通向爆款的路也很挤，一个活动位置有很多家店铺争夺。打好店铺的基础，稳定销量和流量，然后用恒心和毅力去进行爆款的打造，是店铺最终的成熟之路。

成熟阶段店铺指标如表 13-5 所示。

表 13-5　成熟阶段店铺指标

指标	现状	分　析
流量	很高	不浪费高流量需要做好前期的产品与服务
销量	很高	高销量是直接推动产品进入首页前排的关键权重
利润	高	大量的成交是带来丰厚利润的前提
产品	丰富	多流量的爆款会自然向全店分流
库存	很多	库房启用进存销软件，保证正常的库存管理
资金	有缺口	融资（淘宝信用贷款）
人员	4～5 人	培养团队的分工，人力资源管理开始显现

13.4 长期发展

网店经过初级发展阶段、中级发展阶段、成熟阶段以后，开始进入长期发展阶段，这时需要做的是团队建设。

13.4.1 推广团队的组成与管理

网店的人员配置包括运营、推广、美工、销售、打包、库管等。

其中，运营具有全店营销的统筹能力；推广负责网站的引流，与运营在职能上有重合之处；美工负责网店的设计与美化；销售负责销售产品的接待处理工作；打包及库管为发货部门，负责产品的打包与管理。

13.4.2　推广团队的竞争与合作模式

团队中，常见的合作及竞争模式为：推广与美工两人一组，负责一个或几个单品。不同组之间负责不同的品类，不同组之间进行推广及美工竞争，而销售统一由销售客服完成。员工需做每日、每周、每月、每年的工作汇总。

13.4.3　多店群——网店的成功可以不停复制

当一个店铺可以完全独立并良好地运转时，可以使用同样的方法开新店，占据多个产品类目，复制当前网店的成功。

但是，淘宝是不允许重复开店的，判定重复开店的依据为：同一台电脑登录两个卖家账号或不同电脑，但是为同一 IP 地址，并且店铺所售品类相同。

但是同一电脑登录不同的子账号是允许的。

> **总结：** 从爆款的成功，到淘品牌的进化，不在于品牌的影响力有多大，毕竟在激烈的竞争中，能够脱颖而出的大品牌只有少数。淘品牌的重点在于个性及风格的塑造，个性鲜明的店铺和产品更容易积累特定的粉丝，并使粉丝保持长期的忠诚度，这些将使店铺在某一个领域成为具有影响力的店铺及风向标，进而使店铺的运营更加稳定，这也是淘宝倡导细分类目的意义所在。

网店从开始到壮大的过程中使用的所有推广方法，可以总结为一张图，如图 13-9 所示。

> **结语：** 到此为止，所有关于网店推广的内容就已经讲完了，本书基本涵盖了网店推广的所有环节，从免费到收费，从站内到站外，从技术到方向。然而由于篇幅有限，每部分的推广涉及到的细节无法一一讲全，尤其是需要反复测算的数据类细节，因此下面列出细节与深度知识的学习途径，供大家参考。

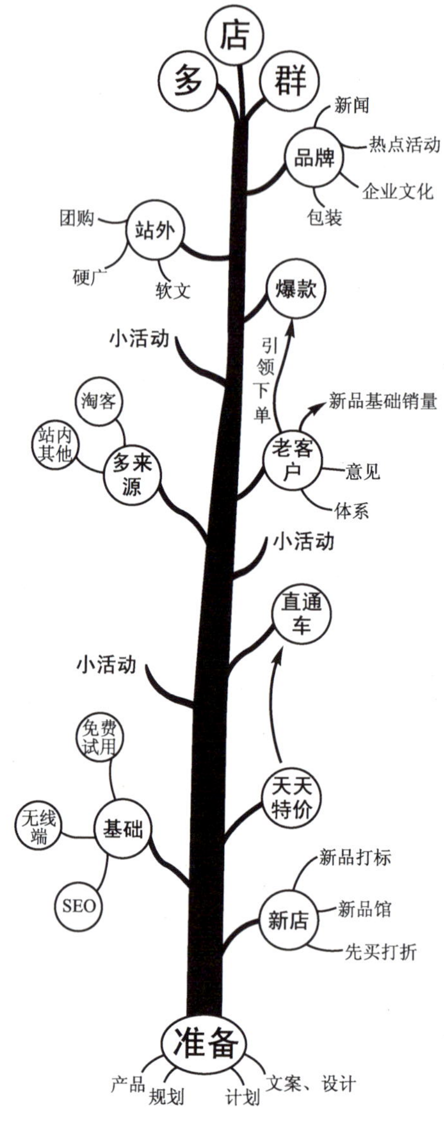

图 13-9　店铺推广历程

附：细节与深度知识的学习途径

1．店铺规则类

淘宝开店的规则有很多，例如开店的流程、发布产品的条件、违规处罚等，这些规则可以通过淘宝的“服务中心”来查找，入口在淘宝网首页右上方的“联系客服”，如图 13-10 所示。

图 13-10 “服务中心”入口

“服务中心”的“自助服务”里有各种问题的分类，卖家可以按分类查找问题的答案，如图 13-11 所示。

图 13-11 自助服务

如果“自助服务”无法解决问题，可以单击“联系客服”，卖家客服包括商家智能客服、在线人工客服和商家服务热线 3 种，如图 13-12 所示。

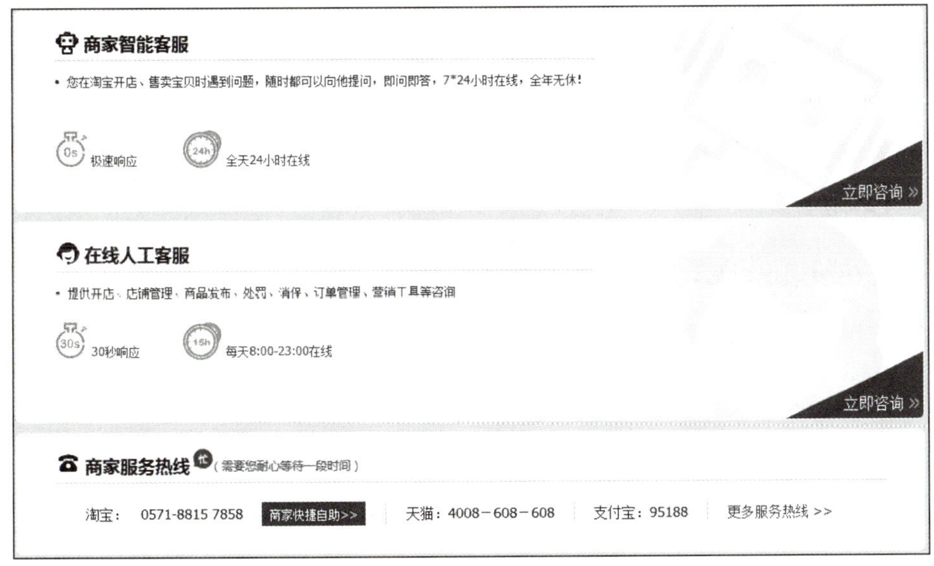

图 13-12 卖家客服

2. 互动类

如果“自助服务”无法解决问题，尤其是细节方面的知识，可以在淘宝论坛或帮派里用“搜索帖子”的功能来实现。如果没有搜索到所需的结果，则可以发帖提问，具体操作在第5章有介绍。

3. 技巧类

淘宝为了培养高水平网店人才，成立了淘宝大学，并提供了很多免费的课程，包括文字、图片、视频等各种形式。淘宝大学的网址为http://daxue.taobao.com，首页中有淘宝知识的热门分类，如图13-13所示。卖家可以在淘宝大学中学习开网店的各类技巧。

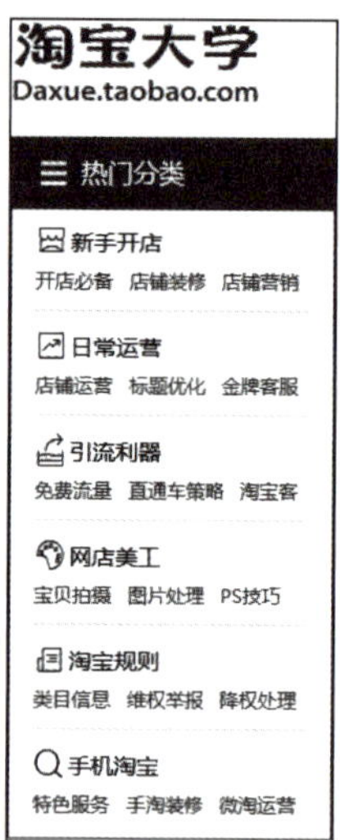

图13-13 淘宝大学热门分类

4. 电商进化

学习完初级知识以后，若想了解电商圈子、行业动向，完善互联网思维，需要学习更高层的知识，卖家可以到专业电商论坛进行学习，如派代网。

参考文献

[1] 淘宝大学. 网店推广实战分析［M］. 北京：电子工业出版社，2012.

[2] 佟国金. 网店推广宝典［M］. 北京：电子工业出版社，2015.

[3] 刘珂. 淘宝、天猫网上开店速查速用一本通［M］. 北京：北京时代华文书局，2015.

[4] 孙东云，等. 网店应该这样推广［M］. 北京：电子工业出版社，2015.

[5] 崔恒华. 淘宝网店推广策略和工具大全［M］. 北京：电子工业出版社，2014.